财务与会计专业

财务报表分析
（第二版）

CAIWU YU KUAIJI

CAIWU BAOBIAO

FENXI

主编 罗宏

西南财经大学出版社
Southwestern University of Finance &
Economics Press

中国·成都

图书在版编目(CIP)数据

财务报表分析/罗宏主编.—2 版.—成都:西南财经大学出版社,2014.8
(2023.2 重印)
ISBN 978-7-5504-1443-3

Ⅰ.①财… Ⅱ.①罗… Ⅲ.①会计报表—会计分析 Ⅳ.①F231.5

中国版本图书馆 CIP 数据核字(2014)第 128795 号

财务报表分析(第二版)

主编:罗 宏

责任编辑:向小英
封面设计:穆志坚
责任印制:朱曼丽

出版发行	西南财经大学出版社(四川省成都市光华村街 55 号)
网　　址	http://cbs.swufe.edu.cn
电子邮件	bookcj@swufe.edu.cn
邮政编码	610074
电　　话	028-87353785
照　　排	四川胜翔数码印务设计有限公司
印　　刷	郫县犀浦印刷厂
成品尺寸	185mm×260mm
印　　张	17.25
字　　数	395 千字
印　　次	2023 年 2 月第 6 次印刷
书　　号	ISBN 978-7-5504-1443-3
定　　价	48.80 元

罗宏简介

　　罗宏，西南财经大学会计学院教授，博士生导师，现代会计研究所所长，全国会计学术领军后备人才，财政部会计资格考试命审题专家组成员。先后毕业于中南工学院、中南财经政法大学和暨南大学，分别获会计学学士学位、硕士学位和博士学位。主要从事公司治理、资本市场财务与会计问题研究。出版专著、译著5部，教材3部，在 China Journal of Accounting Studies、《管理世界》、《会计研究》等刊物公开发表学术论文100余篇。主持完成国家社会科学基金项目2项，主研国家自然科学基金项目5项，其他科研项目10多项。研究成果获得四川省哲学社会科学优秀成果奖两项，以及中国会计学会优秀论文、刘诗白奖励基金等其他奖励10多项。

　　罗宏教授长期从事高校财务、会计教学，多次获评学校优秀教师，当选西南财经大学首届"精彩一课"优秀授课教师、首届"学生心目中的好老师"。罗宏教授从20世纪90年代初期一直从事"财务报表分析"课程的教学，因此为本书的写作提供了诸多第一手的教学素材。

第二版前言

《财务报表分析》教材出版三年来，得到了广大同行和学生的青睐，感谢教材使用者对本教材的支持。在目前的学术评价体系中，教材并未得到较多认可的情况下，激励学者们从事教材编著的最大动力无疑来自教材使用者的关注程度。为了让学生们从教材中获取更多的营养，在出版社编辑的鼓励下，我们在保持原框架和风格的基础上，尝试着对《财务报表分析》进行了修订。相对上版，本版教材主要在以下方面进行了调整：

1. 增加了第九章"企业价值评估"。对企业价值作出准确评估是财务报表分析的重要目标，对企业价值的准确把握，无论是对投资者、债权人，还是其他企业信息使用者，均具有重要意义。因此，本教材增加了"企业价值评估"一章。一方面保证教材的完整性，另一方面，让本教材使用者结合财务报表分析，对企业价值评估的基本原理和方法有一定的了解和认识。

2. 增加了第二章第六节"审计报告解读"和第七节"报表附注解读"。传统财务报表分析重点关注主要财务报表。但囿于财务报表本身的缺陷，使得财务报表之外，财务报告中的文字信息显得十分重要。审计报告是指注册会计师根据审计准则的规定，在审计工作的基础上，对被审计单位财务报表发表审计意见的书面文件，是企业财务报告中的重要组成部分。财务报表附注是为了便于财务报表使用者理解财务报表的内容而对财务报表的编制基础、编制依据、编制原理和方法以及主要项目等所作的解释。它是对财务报表的补充说明，是财务报告体系的重要组成部分。因此，本教材将审计报告和财务报表附注纳入教材体系，以提高财务分析的准确性和效率。

3. 增加了第四章第六节"基于战略视角下的企业资产营运能力分析"。随着进入信息社会后行业技术革新速度的加快，竞争环境变化加快，在全球化大背景下，企业的成功越来越依赖于其战略规划。作为企业战略的一部分，财务战略犹如大脑中的脑干，在整个公司的战略体系汇总中占据了举足轻重的地位。企业资产营运状况是企业战略和财务战略的重要体现，从战略视角对企业资产营运能力进行分析具有重要意义。为此，本教材特别增加了该节内容，并将之前营运能力分析一章的内容进行了重新整合。

4. 全面更新教材的财务报表分析案例。上版教材选用的是上市公司福田汽车的财务报告作为分析案例，并贯穿整个教材。由于时间的变化，在教材修订中，我们继续延续了这一做法，选取了上市公司青岛海信电器股份有限公司最新年报资料作为分析依据，并在教材中保持了案例的一致性。

　　此外，我们在教材修订中，为了保证新版教材的一致性，对教材部分内容和顺序进行了调整，也对第一版教材中存在的一些瑕疵进行了修正，此处不再赘述。在这次教材的修订中，我的学生们不遗余力给予了大力支持，他们参与了文字的梳理，案例的搜集和处理，以及部分新增章节素材的整理和初稿的撰写。他们的辛勤付出也使得本教材及时再版成为可能。他们是硕士生丁界、陶玥霖、赵一蔚、胡汀然、辛佩颖、李杨、杨行、苗泽慧、史颉琼。博士生吴澄澄协助我对教材体系和内容进行了梳理，硕士生范天伟帮助我对全文进行了文字校阅。

　　诚然，教材的编写的确是一件需要耗用编写者大量时间和精力的事情，对编写者自身专业素养也极具考验。因此，本教材一定存在诸多不足，对教材使用者的意见和建议，我们一定认真吸取！

罗　宏

2014 年 3 月于光华园

前　言

2010年，中国证监会对南京中北、莲花味精等会计舞弊案的查处，可能只是表明公司的财务报表会影响信息使用者决策的具体例子，这些事件与国内外之前披露的诸如安然、世通、银广夏、蓝田股份等一系列舞弊事件使得我们更加关注财务报表的重要性。媒体和财务会计专业人士不断反思财务报表的现状及其对资本市场的影响。尽管财务报表分析从来都是非常重要的，但随着我国市场经济改革的不断深入和资本市场的进一步发展，今天对财务报表分析的需要比其他任何时候都显得更为紧迫。

财务报表分析是典型的致用之学，是联系财务会计学和财务管理学的有效工具，能够为包括企业管理层在内的企业财务报表分析主体提供其决策需要的有用信息。过去十多年的研究证明使用权责发生制会计数据预测企业未来现金流的好处，而使用公认会计原则（GAAP）的财务报表数据可以进行有效的财务分析和证券估值（Lawrence Revsine Evanston，2002）。利用财务报表分析，不同信息使用者能够很好识别公司的财务状况和经营成果，能够评估财务报告的质量并作必要的调整；明确由于不完善的会计规则与审计的限制，使公司不能反映其实际业绩的情况；有效预测公司的前景并估计公司的价值。

为了让我们的学生更好地掌握财务报表分析的基本知识和技能，训练他们作为专业人士分析企业财务报表的能力，本教材的编写力求通俗易懂，并体现出以下特点：

——严谨的理论与实务相结合的分析方法。本教材以财务报表分析基本理论为指导，重点培养学生财务报表分析的基本技能和应用能力。

——注重以实际财务报表和现实业务为例。本教材使用实际上市公司的财务报表为例进行分析，并贯穿始终。本教材还尽力挖掘财务报表的微妙之处，介绍如何对一个真实的公司进行报表分析。

——会计、财务和公司战略的有机结合。会计披露财务报表等信息，财务利用各项信息进行科学的财务决策，信息披露和财务决策均与企业的战略紧密相关。本教材力争将三者纳入统一的框架进行分析。

——关于财务报表质量分析的理念贯穿始终。财务报表分析必须关注财务报表质量，财务报表质量对于信息使用者正确决策十分重要。全书重点围绕利润质量问题展开讨论。

本教材可以作为各层次学生学习财务报表分析之用，也可以作为有志于掌握财务报表分析方法的其他相关人士参考阅读。

在本教材的写作过程中，参考了国内外已出版的相关教材、专著，在此对同行们的杰出工作表示感谢。

本教材的写作得到了我指导的硕士研究生邢广彦、张郁婧、阮璇、周进、谢加燕的大力支持，他们参与了本教材部分初稿的撰写，他们的努力也为本教材的付梓贡献良多。

当然，由于水平和时间的原因，本教材一定存在诸多不足，我非常乐意使用者提出意见和建议，也欢迎大家批评指正！

罗 宏

2010 年 5 月于光华园

目 录

第一章 财务报表分析概论

本章导读

　　本章主要介绍了财务报表分析的一些基本知识，如财务报表分析的内涵、目的、作用、程序和方法等。通过本章的学习，学生应能够理解财务报表分析的内涵，明确财务报表分析与相关学科的关系；了解财务报表分析的目的与作用；熟悉财务报表分析的内容和程序；学会财务报表分析的基本方法，并能够在财务报表分析实践中灵活运用。

第一节 财务报表分析的内涵

一、财务报表分析的定义

　　关于财务报表分析的定义可以从不同的角度来认识和理解。从分析的主体来看，既可以指从企业所有者和债权人的角度对企业财务状况、经营成果进行的分析，也可以指从企业管理当局的角度对企业整体或局部过去、未来的财务状况、经营成果进行的分析预测；从分析的内容来看，财务报表分析既可以指对企业历史的财务状况与经营成果进行的分析，也可以指对企业将要实施的投资项目在财务方面进行的评价与分析；等等。

　　我们认为：财务报表分析是以会计核算和报表资料及其他相关资料为依据，采用一系列专门的分析技术和方法，对企业等经济组织过去和现在有关筹资活动、投资活动、经营活动的偿债能力、盈利能力和营运能力状况等进行分析与评价，为企业的投资者、债权人、经营者及其他利益相关者了解企业过去、评价企业现状、预测企业未来，作出正确决策提供准确信息或依据的经济应用学科。要正确理解财务报表分析的基本内涵，必须搞清以下几个问题：

（一）财务报表分析是一门综合性、边缘性学科

　　财务报表分析是在企业经济分析、财务管理和会计基础上形成的一门综合性、边缘性学科。所谓综合性、边缘性是指财务报表分析不是对原有学科中关于财务报表分析问题的简单重复或拼凑，而是依据经济理论和实践的要求，综合了相关学科的长处产生的一门具有独立的理论体系和方法论体系的经济应用学科。

（二）财务报表分析有完整的理论体系和健全的方法论体系

随着财务报表分析的产生与发展，财务报表分析的理论体系不断完善。从财务报表分析的内涵、财务报表分析的目的、财务报表分析的功能、财务报表分析的内容，到财务报表分析的原则、财务报表分析的形式及财务报表分析组织等，都日趋成熟。财务报表分析的实践使财务报表分析的方法不断发展和完善，它既有财务报表分析的一般方法或步骤，又有财务报表分析的专门技术方法，如比较分析法、比率分析法、趋势分析法及因素分析法等都是财务报表分析的专门技术方法。

（三）财务报表分析有系统、客观的资料依据

财务报表分析的最基本资料是财务报表，财务报表体系和财务报表结构及内容的科学性、系统性、客观性为财务报表分析的系统性与客观性奠定了坚实的基础。此外，财务报表分析不仅以财务报表资料为依据，而且还参考管理财务报表、市场信息及其他有关资料，使财务报表分析资料更加真实完整。

（四）财务报表分析有明确的目的与功能

财务报表分析的目的受财务主体和财务报表分析服务对象的制约，不同的财务主体进行财务报表分析的目的是不同的，不同的财务报表分析服务的对象所关心的问题也是不同的。各种财务主体的分析目的和财务报表分析服务的对象所关心的问题，也就构成了财务报表分析的目的或研究目标。财务报表分析的功能从不同角度看是不同的：从财务报表分析的服务对象看，财务报表分析不仅对企业内部生产经营管理有着重要作用，而且对企业外部投资决策、贷款决策、赊销决策等有着重要作用；从财务报表分析的职能作用来看，它对于正确预测、决策、计划、控制、考核与评价都有着重要作用。

二、财务报表分析与相关学科的关系

财务报表分析综合了相关学科的长处，形成了一门具有独立理论体系和方法体系的经济应用学科。在明确了财务报表分析的内涵之后，还应进一步理解财务报表分析与经济活动分析、管理会计、财务会计、财务管理等学科的关系。

（一）财务报表分析与经济活动分析

从财务报表分析与经济活动分析的关系看，它们的相同点在于"分析"，如有相同或相近的分析程序、分析方法、分析形式等。它们的区别主要表现在：

（1）分析主体不同。财务报表分析主体具有多元性，包括企业的投资者、债权人、企业管理当局、职工、政府管理部门等利益相关者群体；经济活动分析通常是一种经营分析，分析主体一般是企业管理当局。

（2）分析对象与内容不同。财务报表分析的对象是财务活动，包括资金的筹集、投放、运用、消耗、回收、分配等；经济活动分析的对象是企业的经济活动，包括企业的财务活动和一切生产经营活动。

（3）分析的依据不同。财务报表分析的依据主要是企业财务报告资料及有关的市场利率、股市行情等信息;经济活动分析的资料则包括企业内部的各种会计资料、统计资料、技术或业务等。

（二）财务报表分析与管理会计

财务报表分析与管理会计具有一定的联系,管理会计在一些步骤上应用财务报表分析方法,财务报表分析也需要以管理会计资料为依据进行。二者的相同点对企业来说是目标相近,都是为企业今后的决策提供有用信息。然而它们的具体目标差距较大,而且无论在理论体系还是方法论体系上两者都有所区别,相互之间不可替代。它们的区别主要表现在:

（1）职能不同。财务报表分析侧重于分析和判断,管理会计侧重于预测和决策。

（2）服务对象不同。财务报表分析服务于与企业有利益关系的所有当事人,管理会计主要服务于企业内部的决策和控制。

（3）所受限制不同。财务报表分析的主要依据是财务报告资料,因此,财务报表分析在一定程度上是建立在有关会计核算制度或法律的基础之上的,受到有关核算原则和法律的制约,而管理会计可以不受有关的核算原则和法律的限制,其核算方法也可以根据企业实际需要确定。

（三）财务报表分析与财务会计

财务报表分析与财务会计的共同点在于:前提一致,都遵循会计主体、持续经营、货币计量等基本假设;同时,两者有着非常密切的联系,主要表现在:

（1）财务会计是财务报表分析的基础,财务报表分析是对财务会计信息的充分利用,没有财务会计资料的正确性,就没有财务报表分析的准确性。

（2）财务报表是企业财务报表分析的主要依据,但财务报表是以一定的会计原则、会计政策选择等为依据编制的,不同的会计政策将形成不同的财务状况和经营成果。从这一角度来说,会计分析也是财务报表分析的一部分。但财务报表信息并不是财务报表分析的全部依据,财务报表分析还包括对管理会计资料、其他业务核算资料和市场信息资料的分析。

两者的区别主要表现在:

（1）研究对象不同。财务会计研究如何反映企业的生产经营过程和经营成果,财务报表分析则对企业生产经营活动的财务成果进行研究。

（2）研究内容不同。财务会计研究的是记账和核算的方法、程序,财务报表分析研究的是以财务报告及其他财务资料为主的会计信息。

总的来说,财务会计是研究如何通过会计核算程序,客观、公正、准确地反映企业的生产经营过程,定期为企业管理者提供企业过去和目前经济活动情况的会计信息;财务报表分析则是利用这些会计信息,分析企业的财务状况和经营成果。

（四）财务报表分析与财务管理

财务报表分析与财务管理的相同之处表现在:

（1）基础相同。财务报表分析和财务管理都以财务会计信息为基础,离开了客观、公正、准确的财务会计信息，就谈不上有效的财务管理和分析。

（2）研究内容相近，都将企业经济活动中的财务问题作为研究对象。

（3）目标相近，都是为企业经营管理服务。

两者的区别主要表现在：

（1）职能与方法不同。从职能与方法角度看，财务报表分析的着眼点在于分析，而财务管理的着眼点在于管理。管理包括预测、决策、计划、预算、控制、分析、考核等，但财务管理中的财务报表分析往往只局限于对财务报表的比率分析，不是财务报表分析的全部含义。

（2）研究财务问题的侧重点不同。财务报表分析侧重于对财务活动状况和结果的研究；财务管理则侧重于对财务活动全过程的研究。

（3）两者结果的确定性不同。财务报表分析以实际的财务报表等资料为基础进行分析，结果具有确定性；而财务管理的结果往往是根据预测值及概率估算得到，通常是不确定的。

（4）服务对象不同。财务报表分析服务对象包括投资者、债权人、经营者等所有有关人员，而财务管理的服务对象主要是企业内部的经营者和所有者。

第二节　财务报表分析的目的与作用

一、财务报表分析的目的

财务报表分析的目的一般是通过对公司一段时期经营活动的过程与结果的分析评价，为分析者未来的财务活动和经营决策提供所需要的依据。财务报表分析的目的对于不同的分析主体来说是不同的，但不同的分析主体的分析目的也有着一般性，这就是财务报表分析的一般目的。比如掌握和认识生产经营中资金运动的变化规律，为企业的生产经营和财务管理服务；了解企业的经营管理现状和存在的问题，为企业的决策和日常管理服务；与竞争对手比较，分析企业的优势和弱点，做到知己知彼，保持企业的长久竞争优势。

由于不同的财务报表分析服务对象所关心的问题不同，因此财务报表分析的目的受财务报表分析主体和财务报表分析服务对象的制约。各种财务报表分析主体的分析目的和财务报表分析服务对象所关心的问题，也就构成了财务报表分析的具体目的。具体而言，进行财务报表分析的主体及其目的包括以下几个方面：

（一）企业投资者

投资者拥有收益权与企业最终资产的剩余要求权，是公司最终风险的承担者。出于对自身经济利益的关心，投资者需要随时了解企业总体的经营状况，使资本得以保全与增值。他们进行财务报表分析的目的是：通过了解企业的投资报酬率，正确判断企业在资本市场上的投资价值；发现有效的避税渠道，了解企业未来的发展趋势，分析企业在激烈的市场竞争中可能具备的竞争优势或隐含的弊端，防范经营者或其他相关人员可能存在的会计舞弊和欺诈行为；合理评价公司经营与盈利的风险，评估公司的潜在成长性，以便最终决定自己的投资与进退策略等。

（二）债权人

债权人包括贷款银行、融资租赁出租房、企业债权持有人等，企业与债权人之间是债券资金的取得和本金及利息的偿还关系。一般来说，债权人不仅要求本金的及时收回，而且要得到相应的报酬或收益，而收益的大小又与其承担的风险程度相适应，通常偿还期越长，风险越大。债权人进行财务报表分析的主要目的，一是研究企业偿债能力的大小，看其对企业的借款或其他债权是否能及时、足额收回；二是将偿债能力分析与盈利能力分析相结合，看债权人的收益状况与风险程度是否相适应。

（三）企业经营管理者

企业经营管理者是企业日常生产经营活动的决策者、组织者和管理者。作为被聘任方，经营管理者往往被授予对企业的全面生产经营负责，对企业的经营业绩起着举足轻重的决定作用。他们进行财务报表分析的目的主要是：全面了解企业目前的财务状况，包括企业可利用的经济资源及其质量、企业承担的债务构成及其偿还期限等；了解企业对现有资产的利用效率与利用效果，检查各项财务计划指标的完成情况；了解企业目前的现金流向并预测未来的流量构成，了解企业资产的流动性与资本结构弹性，发现企业可能存在的问题以便及时进行有效控制和科学规划。此外，通过对竞争对手的分析，掌握所在企业目前所处的外部环境及具备的竞争优势，有利于管理者审时度势，及时调整生产经营战略，进一步抓住机遇，进行科学合理的资本经营、规模扩张、兼并收购等决策。

（四）其他主体

其他财务报表分析的主体主要指与企业经营有关的企业和国家行政管理与监督部门。与企业经营管理有关的企业单位主要指材料供应者、产品购买者等。这些企业单位出于保护自身利益的需要，也非常关心未来企业的财务状况，从而进行财务报表分析。他们进行财务报表分析的主要目的在于搞清企业的信用状况，包括商业上的信用和财务上的信用。商业信用是指按时、按质完成各种交易行为；财务信用则指及时清算各种款项。企业信用状况分析，既可以通过对企业支付能力和偿债能力的评价进行，也可以根据对企业利润表中反映的企业交易完成情况进行分析判断来说明。

国家行政管理与监督部门主要指工商、物价、财政、税务以及审计部门。它们进行财务报表分析的目的主要是：监督检查党和国家的各项经济政策、法规、制度在企业单位的执行情况；保证企业财务会计信息和财务报表分析报告的真实性、准确性，为宏观政策提供可靠依据。

二、财务报表分析的作用

从财务报表分析的产生、发展及与其他学科的关系到财务报表分析的目的，都说明财务报表分析是十分必要的。财务报表分析的作用从不同角度看是不同的。从财务报表分析的服务对象看，财务报表分析不仅对企业内部生产经营管理有着重要作用，而且对企业外部投资决策、贷款决策、赊销决策等也有着重要作用。从财务报表分析的职能作用看，它对于正确预测、决策、计划、控制、考核、评价都有着重要作用。这里主要从财务报表分析对评价企业过去、现在及未来的作用加以说明。

（一）财务报表分析可正确评价企业过去

正确评价过去，是说明现在、揭示未来的基础。财务报表分析通过对实际财务报表等资料的分析，能够准确地说明企业过去的业绩状况，指出企业的成绩和问题及产生的原因，这不仅对于正确评价企业过去的经营业绩是十分有益的，而且可对企业投资者和债权人的行为产生正确的影响。

（二）财务报表分析可全面反映企业现状

财务报表及管理财务报表等资料是企业各项生产经营活动的综合反映。但财务报表的格式及提供的数据往往是根据会计的特点和管理的一般需要而设计的，它不可能全面提供不同目的报表使用者所需要的各方面数据资料。财务报表分析可根据不同分析主体的分析目的，采用不同的分析手段和分析方法，得出反映企业在该方面现状的指标，如反映企业资产结构的指标、企业权益结构的指标、企业支付能力和偿债能力的指标、企业营运状况的指标、企业盈利能力的指标等。通过这种分析，对于全面反映和评价企业的现状有重要作用。

（三）财务报表分析可用于估价企业未来

财务报表分析不仅可用于评价过去和反映现状，更重要的是它可通过对过去与现状的分析与评价，估价企业的未来发展状况与趋势。财务报表分析对企业未来的估价，第一，可为企业未来财务预测、财务决策和财务预算指明方向；第二，可为企业进行财务危机预测提供必要信息；第三，可准确评估企业的价值及价值创造，这对企业进行经营者业绩评价、资本经营和产权交易都是十分有益的。

第三节　财务报表分析的内容

财务报表分析是在会计分析的基础上，应用专门的分析技术和方法，对企业的财务状况与经营成果进行分析。通常包括对企业投资收益、获利能力、短期支付能力、长期偿债能力、资产运用效率等方面的分析，以得出对企业财务状况及经营成果全面、准确的分析结论。

尽管不同的分析主体有不同的分析目的，但是通过深入分析可以发现，债权人对企业偿债能力和盈利能力的分析，投资者对企业的投资收益能力、利润分配能力、经营管理水平的分析，经营者对企业经营现状的分析等，都是对企业经营成果及财务状况的分析。经营成果是企业供、产、销各环节业务活动的成果，反映企业经营活动的效率或效益，一般由实现利润的数额来表示。企业的财务状况揭示了企业资金运筹、分配、调度、管理的现状，是企业资金在时间和数量上相互协调情况的描述和反映，一般通过企业资金的结构和平衡情况来揭示。简而言之，财务报表分析就是对企业经营成果和财务状况的分析。

财务报表分析主要研究的是财务指标之间的差异及其形成的原因。它以财务资金分析和财务能力分析为中心。财务资金的运行情况是财务活动的过程本身，而财务能力表现则是财务活动的必然结果。财务报表分析实务构成财务报表分析工作的全部业务内容，包括财务报表的个别分析、财务能力分析和财务综合分析与业绩评价三部分。

1. 财务报表的个别分析

财务报表的个别分析主要是指对资产负债表、利润表、现金流量表及所有者权益变动表等主要报表的分析。大多数的财务报表分析都是以企业财务会计报告所反映的数据及其他相关信息为主要原始资料进行分析的，因此对于企业财务会计报告，特别是财务报表的阅读与理解，便成为决定财务报表分析质量的基本要素之一。

2. 财务能力分析

财务能力分析主要包括偿债能力分析、资产营运能力分析、盈利能力分析、现金流量分析、成长性分析等内容。

企业偿债能力是指企业偿还到期债务（包括本金与利息）的能力。企业的债务是以持有一定的资产作为物质保障的，债务到期就必须用资产变现偿付。如果企业变现资产不足以清偿到期债务，就很难再从银行或者其他金融机构取得借款，也难以再从供应商那里取得赊购的优惠，从而直接影响企业筹措资金的能力，影响正常的生产经营活动。企业偿债能力分析包括短期偿债能力分析和长期偿债能力分析。

资产营运能力主要是指企业营运资产的利用效率和效益。营运资产的效率是指各项资产的周转速度，周转速度越快，资产的利用效率越高。营运资产的效益是指资产的利用效果，用资产的投入与产出之间的比率来表示，同等数量的资产可能为企业带来的收益越高，利用效果越好。资产营运能力分析主要从流动资产营运能力、固定资产营运个能力及全部资产营运能力三个方面进行。

盈利能力是指企业在一定时期内赚取利润的能力。一般来说，利润相对于收入和资源投入的比率越高，盈利能力越强；比率越低，盈利能力就越弱。由于利润是衡量企业经营成果的重要尺度，企业经营业绩的好坏最终可以通过企业的盈利能力来反映。同时，投资者、债权人等分析主体对企业盈利能力的分析都是其行为决策的重要依据，因此无论是企业经营者、投资者、债权人，还是企业职工甚至政府都十分关心企业的盈利能力，非常重视对盈利能力水平、变化的分析和判断。盈利能力分析可以针对一般企业和上市公司等从不同角度进行，并且要十分关注收益质量问题。

企业现金流量是伴随着企业的经营活动、筹资活动和投资活动产生的，而这些活动的背后是一系列业务交易行为，现金流量一定程度上反映了企业交易行为的合理性与有效性，企业现金流量动态反映着企业业务、业绩的变化过程，现金流量状况反映着企业财务状况的质量与经营成果的水平。企业现金流量分析，包括对现金流量表进行水平方向以及结构层面的分析、创现能力分析、偿债能力分析、股利支付能力分析以及资本支出能力分析等内容。

企业的成长性是企业从起步期开始，逐渐发展壮大的一个动态过程，在这个过程中，企业可以综合运用内部积累和外部融资两种方式，充分考虑各利益相关者的要求，合理制定发展战略，实现企业价值的不断提升。企业成长性分析主要采用两种分析框架：成长性指标分析和企业可持续成长分析。在实际分析当中不仅要采用这两种分析框架进行分别分析，还应当关注两种分析思路获得的分析结果之间的联系，以求更加全面地展现企业成长的实际情况。

3. 财务综合分析与业绩评价

企业财务综合分析是在单项财务报表分析的基础上，运用财务综合分析方法将反映企业营运能力、偿债能力、盈利能力和成长性等各方面的财务指标纳入一个有机的整体之中，全面地反映和揭示企业的财务状况和经营成果。财务业绩评价是指在财务综合分析的基础上，运用财务综合评价方法对财务活动过程和财务效果得出的综合评判。财务评价以财务报表分析为前提，财务报表分析以财务评价为结论，只有在综合分析的基础上进行综合评价，才能从整体上系统全面地评价企业的财务状况和经营成果。

第四节　财务报表分析的程序

财务报表分析的程序，亦称财务报表分析的一般方法，是指进行财务报表分析所应遵循的一般过程。研究财务报表分析程序是进行财务报表分析的基础与关键，它为开展财务报表分析工作，掌握财务报表分析技术指明了方向。财务报表分析的基本程序包括以下几个步骤：确立分析目的与分析范围、收集分析资料、确定分析标准、选择分析方法和作出分析结论。

一、明确分析目的与分析范围

在进行财务报表分析时，首先是确立分析目的。进行财务报表分析的一般目的是解读财务信息，并作为某项决策的依据。因为不同的财务报表使用者与企业的利益关系不同，他们所需要作出的决策不同，所以其财务报表分析的具体目标也不尽相同。企业短期债权人进行财务报表分析的目的在于了解企业的短期偿债能力，便于进行短期投资决策；企业长期债权人分析财务报表的目的在于企业的长期偿债能力，为长期投资提供决策依据；企业投资者进行财务报表分析的目的在于获悉企业的经营业绩、获利能力、财务状况及资本结构等信息，这些信息对股票价值的涨落具有重大影响；企业经营管理者进行财务报表分析的目的在于及时掌握企业的财务状况及经营成果，检查各项措施的执行情况，及时发现问题所在，采取有效措施，促使企业稳定发展。由此可见，不同的分析主体必然具有不同的分析目的。明确了分析目标后才能明确应该收集哪些资料，选用什么分析方法。所以，明确分析目的是进行财务报表分析的首要步骤。

财务信息需求者不同，分析目的不同，所需的分析范围也不同。大多数财务报表分析并不需要对企业的财务状况和经营成果进行全面分析，更多的情况是仅对其中的某一个方面进行分析，或是重点对某一方面进行分析，其他方面的分析仅起着参考的作用。这就要求在确立分析目的的基础上，应明确分析的范围，做到有的放矢，将精力集中在分析重点上，以节约收集分析资料、选择分析方法等环节的成本。

二、收集、整理、核实分析资料

确定分析范围之后，分析者要根据分析目标，收集分析所需的数据资料。通常财务报表是任何分析都需要的，除此之外，还需要相关的资料和信息，如宏观经济形势信息、行业情况信息、企业内部数据（包括企业市场占有率、企业的销售政策与措施、产品品种、有关经济预测数据）等。信息的收集可通过查找资料、专题调研、召开座谈会或有关会议等多种渠道来完成。

收集资料的过程还需要对所收集的资料进行整理和核实。首先要核对财务报表的真实性。财务报表分析的重要前提之一是财务报表能够反映企业的真实财务状况和经营成果，否则财务报表分析将毫无意义。这就要求对所收集的资料进行认真的核实，尽可能地保证资料的真实性。在实施内部分析的情况下，如发现资料数据不真实、不全面，可以进一步查对，寻求真实情况。但就企业外部分析者而言，这个过程相对比较困难。因此，在分析时需要对财务报表的真实性高度重视。

三、确定分析标准

财务报表分析的对象是特定的企业，在得出分析结论的过程中，必须将企业的财务状况、经营业绩与分析标准相比较，从而进行判断。财务报表分析者应根据分析目的和分析范围，对财务报表分析标准进行选择。如对企业的经营业绩进行分析，就要选择企业历史同期经营业绩，即历史标准；还要将本企业的经营业绩与同行业的标准企业进行比较，即行业标准；如果是企业内部业绩评价则还应与企业预算、计划进行比较，即预算标准。可见在分析时，分析者可选择其中的一个或多个作为分析评价的标准。

四、选择分析方法

分析方法服从于分析目的，分析者应当根据不同的分析目的，采用不同的分析方法。常用的分析方法有比较分析法、比率分析法、趋势分析法和因素分析法。这些分析方法各有特点，在进行财务报表分析时可以结合使用。进行局部分析时，可以选择其中某一种方法。例如，对营运能力进行分析，通常选用比率分析法；对计划的执行情况进行分析，往往采用因素分析法。而全面的财务报表分析则应综合运用各种方法，以便进行对比，做出客观、全面的评价。

五、编写分析报告

编写财务报表分析报告是财务报表分析的最后步骤，它将财务报表分析的基本问题、财务报表分析结论，以及对问题的措施建议以书面的形式表示出来，为财务报表分析主体及财务报表分析报告的其他受益者提供决策依据。财务报表分析报告作为对财务报表分析工作的总结，还可以作为历史信息，以供后来财务报表分析的参考，保证财务报表分析的连续性。财务报表分析报告要明确分析目的，评价要客观、全面、准确，说明评价的依据，对分析的主要内容、选用的主要方法、采用的分析步骤也要简明扼要地叙述，以备审阅分析报告的人了解整个分析过程中发现的问题、所提出的改进建议。如果分析报告能对企业今后的发展提出预测性意见，则具有更大的作用。

第五节　财务报表分析的基本方法

由于分析目标不同，在实际财务报表分析时必然要适应不同目标的要求，采用多种多样的分析方法。本节将介绍几种常用的分析方法：比较分析法、比率分析法、趋势分析法及因素分析法等。

一、比较分析法

（一）比较分析法的含义

比较分析法是指通过主要项目或指标数值的对比，确定出差异，分析和判断企业经营及财务状况的一种方法。比较分析法在财务报表分析中运用得最为广泛，因为通过比较分析，可以发现差距，找出产生差距的原因，进一步判定企业的财务状况和经营成果；通过比较分析，可以确定企业生产经营活动的收益性和企业资金投向的安全性，分析企业是否健康发展。

（二）比较分析法的形式

比较分析法有绝对比较分析和相对比较分析两种形式。

1. 绝对比较分析

绝对比较分析方法是将各报表项目的绝对数额与比较对象的绝对数额进行比较，以揭示其数量差异。绝对数比较分析一般是通过编制比较财务报表来完成的，包括编制比较资产负债表和比较利润表。比较资产负债表是将两期或两期以上的资产负债表项目予以并列，以直接观察资产负债或所有者权益每一项目增减变化的绝对数。比较利润表是将两期或两期以上的利润表的各有关项目的绝对数予以并列，直接分析利润表内每一项目的增减变化情况。

2. 相对比较分析

相对比较分析方法是利用财务报表中有相关关系的数据的相对数进行比较。如将绝对数换算成百分比、结构比重、比率等进行对比，以揭示相对数之间的差异。例如，某企业上年的成本费用利润率为25%，今年的成本费用利润率为20%，则今年与上年相比，成本费用率下降了5%，这就是利用百分比进行比较分析。将财务报表中存在一定关系的项目的数据组成比率进行对比，以揭示企业某一方面的能力如偿债能力、获利能力、营运能力等，这就是利用比率进行比较分析。各种比率的计算方法将在以后的各章节中予以介绍。

一般来说，绝对数比较只通过差异数说明差异金额，但没有表明变动程度，而相对数比较则可以进一步说明变动程度。在实际工作中，绝对数比较和相对数比较可以同时使用，以便通过比较作出更充分的判断和更准确的评价。

（三）运用比较法应注意的问题

在运用比较分析法时应注意相关指标的可比性。具体说来有以下几点：

（1）指标内容、范围和计算方法的一致性。例如，在运用比较分析法时，必须大量运用资产负债、利润表、现金流量表等财务报表中的项目数据，应注意这些项目的内容、范围，以及使用这些项目数据计算出来的经济指标的内容、范围和计算方法的一致性，只有一致才具有可比性。

（2）会计计量标准、会计政策和会计处理方法的一致性。财务报表中的数据来自账簿记录，而在会计核算中，会计计量标准、会计政策和会计处理方法都有变动的可能，若有变动，则必然影响到数据的可比性。因此，在运用比较分析法时，对于由于会计计量标准、会计政策和会计处理方法的变动而不具可比性的会计数据，必须进行调整，使之具有可比性后才能进行比较。

（3）时间单位和长度的一致性。在采用比较分析法时，不管是实际与实际的对比，实际与预定目的的对比，或是本企业与先进企业的对比，都必须注意所使用数据的时间及其长度的一致，包括月度、季度、年度的对比，所选择的时间长度和所选择的年份都必须具有可比性，以保证通过比较分析法分析所作出的判断和评价具有可靠性和准确性。

（4）企业类型、经营规模和财务以及目标大体一致。这主要是指本企业与其他企业对比时应当注意之处。只有大体一致，企业之间的数据才具有可比性，比较的结果也才具有实用性。

【例 1-1】海信电器 2011 年营业收入 23 523 723 550.20 元，2012 年营业收入 25 251 980 431.00 元。2012 年与 2011 年比较，营业收入增加了 1 728 256 880.80 元。或者说，海信电器 2012 年的营业收入为 2011 年的 107.35%，增长了 7.35%。

【例 1-2】以海信电器 2011 年和 2012 年两年的资产负债表及利润表的部分数据为例，分别编制比较资产负债表和比较利润表，如表 1-1 和表 1-2 所示。

表 1-1　　　　　　　　海信电器比较资产负债表（以资产部分为例）

2012 年 12 月 31 日　　　　　　　　　　　　　单位：元

资产	期末余额	年初余额	增减变动	
			金额	百分比（%）
流动资产：				
货币资金	1 552 562 681.45	2 766 219 940.16	-1 213 657 258.71	-43.87
交易性金融资产				
应收票据	8 680 061 208.82	8 225 683 678.34	454 377 530.48	5.52

表1-1(续)

资产	期末余额	年初余额	增减变动	
			金额	百分比(%)
应收账款	1 243 531 528.15	1 041 732 919.39	201 798 608.76	19.37
预付款项	25 270 599.19	27 682 217.37	-2 411 618.18	-8.71
应收利息	6 568 458.13			
其他应收款	17 907 596.72	13 622 355.61	4 285 241.11	31.46
存货	3 599 554 763.32	2 280 163 378.63	1 319 391 384.69	57.86
流动资产合计	15 125 456 835.78	14 355 104 489.50	770 352 346.28	5.37
非流动资产:				
持有至到期投资	982 000 000.00			
长期股权投资	209 498 981.31	189 221 587.75	20 277 393.56	10.72
投资性房地产	46 740 309.41	51 137 433.57	-4 397 124.16	-8.60
固定资产	1 285 485 641.06	1 005 536 775.05	279 948 866.01	27.84
在建工程	74 206 955.57	38 511 686.68	35 695 268.89	92.69
固定资产清理	331 391.10	366 061.16	-34 670.06	-9.47
无形资产	174 706 531.15	180 635 323.87	-5 928 792.72	-3.28
商誉	19 903 430.84			
长期待摊费用	37 212 248.47	30 275 572.12	6 936 676.35	22.91
递延所得税资产	295 814 973.19	293 825 889.63	1 989 083.56	0.68
非流动资产合计	3 125 900 462.10	1 789 510 329.83	1 336 390 132.27	74.68
资产总计	18 251 357 297.88	16 144 614 819.33	2 106 742 478.55	13.05

表 1-2

海信电器比较利润表

2012 年

单位:元

项 目	本期金额	上期金额	增减变动	
			金额	百分比(%)
一、营业收入	25 251 980 431.00	23 523 723 550.20	1 728 256 880.80	7.35
减:营业成本	20 702 079 214.39	18 614 493 179.63	2 087 586 034.76	11.21
营业税金及附加	66 910 929.16	106 432 184.97	-39 521 255.81	-37.13
销售费用	2 122 622 457.21	2 484 786 746.45	-362 164 289.24	-14.58
管理费用	564 601 542.43	471 411 626.69	93 189 915.74	19.77
财务费用	-54 353 339.85	-43 693 207.90	-10 660 131.95	24.40
资产减值损失	69 573 129.50	36 469 780.54	33 103 348.96	90.77
加:公允价值变动收益(损失以"-"号填列)				
投资收益(损失以"-"号填列)	30 763 705.76	16 728 594.20	14 035 111.56	83.90

表1-2(续)

项　　目	本期金额	上期金额	增减变动	
			金额	百分比(%)
其中：对联营企业和合营企业的投资收益	20 277 393.56	16 728 594.20	3 548 799.36	21.21
二、营业利润（亏损以"-"号填列）	1 811 310 203.92	1 870 551 834.02	-59 241 630.10	-3.17
加：营业外收入	124 731 704.04	99 163 630.22	25 568 073.82	25.78
减：营业外支出	24 506 900.91	4 909 589.41	19 597 311.50	399.16
其中：非流动资产处置损失	611 678.29	2 123 386.89	-1 511 708.60	-71.19
三、利润总额（亏损总额以"-"号填列）	1 911 535 007.05	1 964 805 874.83	-53 270 867.78	-2.71
减：所得税费用	280 783 668.19	253 007 029.87	27 776 638.32	10.98
四、净利润（净亏损以"-"号填列）	1 630 751 338.86	1 711 798 844.96	-81 047 506.10	-4.73
五、每股收益：				
（一）基本每股收益	1.229	1.947	-0.72	-36.88
（二）稀释每股收益	1.225	1.937	-0.71	-36.76

二、比率分析法

（一）比率分析法的含义

比率分析法是利用指标间的相互关系，通过计算比率来考察、计量和评价企业经济活动效益的一种方法。把财务报表中具有重要联系的相关数字相比，就可以计算出一系列有意义的比率，这种比率通常叫做财务比率，如资产负债率、流动比率等。比率是一种相对数，它揭示了指标间的某种关系，可以把某些用绝对数不可比的指标转化为可比的指标。比率分析法是财务报表分析中的一个重要方法。由于比率是由密切联系的两个或两个以上的相关数字计算出来的，所以通过比率分析，往往可以利用一个或几个比率就可以独立地揭示和说明企业某一方面的财务状况和经营业绩。

当然，对比率分析法的作用也不能估计过高。它和比较分析法一样，只适用于某些方面，其揭示出的信息的范围也有一定局限性。在实际运用比率分析法时，还必须以比率所揭示的信息为起点，结合其他有关资料和实际情况，做更深层次的研究，才能作出正确的判断和评价，更好地为决策服务。因此，在财务报表分析中既要重视财务比率分析方法的作用，又要和其他方法密切配合，合理运用，以提高财务报表分析的效果。

（二）财务比率的种类

在比率分析法中应用的财务比率很多，为了有效地应用，一般要对财务比率进行科学的分类。依据比率分析法中联系起来的两个数据之间的关系，可以将财务比率分为三类：

1. 构成比率

构成比率又称为结构比率，是指一项财务指标中的某一个或几个在项目总体中所占的比重，以反映部分与总体之间的相互关系。这类比率的一般计算公式如下：

构成比率＝某一部分数额/总体数额

财务报表分析中常用的结构比率主要有：资产项目占总资产的比重；负债项目占总负债的比重；负债、所有者权益占总资产的比重；各项业务、产品的利润占总利润的比重；单位成本中，各成本项目占单位成本的比重等。利用结构比率，可以考察总体中各个部分的比重是否合理，以便协调各项财务活动。

2. 效率比率

效率比率用来计算某项财务活动中投入与所得的比例，反映投入和耗费与收入之间的比例关系。如成本费用与销售收入之间的比率，资金占用与销售收入之间的比率，资金占用与净收益之间的比率，净收益与所有者权益之间的比率等。这类比率旨在反映单位运用资源产生收益的能力，因而可以反映企业的经营效率，故称为效率比率。

3. 相关比率

相关比率是以某个项目与相互关联但性质不同项目加以对比所得的比率，反映有关经济活动的相互关系。利用相关比率指标，可以考察有联系的相关业务安排得是否合理，以保障企业经济活动能够顺利进行。如将流动资产与流动负债加以对比，计算出流动比率，据以判断企业的短期偿债能力。

综上所述，比率分析法的优点是计算简便，计算结果容易判断，而且可以使某些指标在不同规模的企业之间进行比较，甚至也能在一定程度上超越行业之间的差别进行比较。但比率分析法也有不足之处：第一，比率的变动可能仅仅被解释为两个相关因素之间的变动；第二，很难综合反映比率与计算它的财务报表的联系；第三，比率给人们不保险的最终印象；第四，不能给人们财务报表关系的综合观点。

（三）运用比率分析法应注意的问题

运用比率分析法时，应注意以下几个问题：

1. 正确计算比率

由于财务报表的期间不同，采用比率指标来对比资产负债表和利润表数据存在一些不可比因素。这是因为利润表是期间财务报表，反映整个会计年度的经营成果，而资产负债表只是反映某个时点的财务状况，反映不出各项目的全年平均数据。例如，在计算应收账款周转率时，我们通常使用期初和期末应收账款的算术平均数来代表企业全年的应收账款水平。这种方法实际上是假设在会计期间内各月的应收账款余额相等，没有考虑营业的季节性和营业周期的变化，也没有解决在整个会计年度内应收账款余额不均衡变动的问题。分析者对此要慎重对待，需要结合其他有关比率指标一起分析才能得到有说服力的结论。

2. 财务比率的可比性

不同企业的会计政策和经营方针会影响不同企业间财务比率的可比性。因为在会计准则中有许多会计处理方法可供选择，不同的会计处理方法会产生不同的资产、负债、所有者权益以及当期损益，进而影响财务比率的数值。而且，同行业不同企业采用的经营方式不同，也会造成财务比率数值的不同，从而影响可比性。例如，企业固定资产是采用租赁方式还是购置方式，对很多财务比率影响都相当大。

3. 分析标准的选择

在进行行业比较时，多元化的大公司很难找到一个行业作为其标准，最好的比较对象是其主要的竞争对手。同时，在判断许多财务比率合理性方面，行业平均水平不是理想的标准。例如，盈利能力比率应以该行业的优秀者作为比较的标准。在同行业水平进行比较时，要注意通货膨胀对行业的影响与对企业的影响程度和影响时间是否一致。

4. 财务比率的综合分析评判

财务比率分析应注意各比率所反映的企业经营状况之间相互支持的程度。分析人员最重要的是通过财务比率分析了解企业的全貌，不应仅仅根据某一个比率来作出判断。例如，高的固定资产周转率可能说明企业固定资产使用效率高，也可能说明企业固定资产的不足或固定资产更新太慢。

三、趋势分析法

趋势分析法是指根据企业连续时期的财务报表中的相同指标，运用指数或完成率的计算，确定分析期各有关项目的变动情况和趋势的一种财务报表分析方法。趋势分析法既可用于对财务报表的整体分析，即研究一定时期报表各项变动趋势，也可对某些主要指标的发展趋势进行分析。趋势分析法的一般步骤如下：

第一，计算趋势比率或指数。通常指数的计算有两种方法：一是定基指数法，一是环比指数法。定基指数就是各个时期的指数都以某一固定时期为基期来计算的。环比指数则是各个时期的指数以前一期为基期来计算的。趋势分析法通常采用定基指数，但应注意的是，对基年的选择要有代表性，如果基年选择不当，则以其为基数计算出的百分比趋势，会造成判断失误或作出不准确的评价。

第二，根据指数计算结果，评价与判断企业各项指标的变动趋势及其合理性。

第三，预测未来的发展趋势。根据企业以前各项的变动情况，研究其变动趋势或规律，从而可预测出企业未来发展变动情况。

【例 1-3】海信电器采用定基指数法分析营业收入与净利润的变化趋势，公司以 2007 年作为基期，数据资料见表 1-3。运用趋势分析法对海信电器最近几年的营业收入及净利润进行趋势分析，计算结果见表 1-4。

表 1-3　　　　　　　　　　　海信电器利润表部分数据　　　　　　　　　　　单位：元

项　　目	2007 年	……	2010 年	2011 年	2012 年
营业收入	14 838 636 157.26	……	21 263 700 581.01	23 523 723 550.20	25 251 980 431.00
净利润	212 221 014.88	……	839 386 541.38	1 711 798 844.96	1 630 751 338.86

项　目	2007 年	……	2010 年	2011 年	2012 年
营业收入	100%	……	143.30%	158.53%	170.18%
净利润	100%	……	395.52%	806.61%	768.42%

表 1-4　　　　　　　　　海信电器定基指数法趋势分析表　　　　　　　　单位：元

从表 1-4 可看出，海信电器在 2010—2012 年期间，营业收入逐年稳定增长，2012 年的营业收入与基期相比增加了 70.18%；与此同时，净利润有所波动，2011 年出现了一次激增，较基期增加了 7 倍之多，而 2012 年净利润较基期只增长了 6 倍多。

采用趋势分析法时应该注意以下问题：

（1）当基期的某个项目为零或负数时，是不能计算趋势百分比的。

（2）如果分析中前后期的会计政策不一致，则相关趋势分析将失去意义。例如，在计算分析存货项目的趋势百分比时，如果上个期间存货采用了加权平均法对存货进行计价，而本期改用了先进先出法进行计价，那么由于这两期的存货所采用的会计政策不一致，计算趋势百分比就失去了意义。

（3）在分析中，物价水平的变动将直接影响趋势分析。如果不同时期的物价水平发生了比较大的变动，则在趋势分析之前应首先剔除物价水平波动对企业财务报表分析信息的影响，否则会削弱趋势分析的意义。

四、因素分析法

因素分析法是依据分析指标与其影响因素之间的关系，按照一定的程序和方法，确定各因素对分析指标差异程度的一种分析方法。运用这一方法的出发点在于，当有若干因素对分析指标发生作用时，假定其他各个因素都无变化，顺序确定每一个因素单独变化所产生的影响。因素分析法有连环替代法和差额计算法两种具体方法。

（一）连环替代法

所谓连环替代法是指通过顺次、逐个替代影响因素，计算各因素变动对指标变动影响程度的一种因素分析方法。

1. 连环替代法的计算步骤

（1）确定指标与其各组成因素之间的关系。确定指标与其各组成因素之间的关系，通常是用指标分解法，即将分析指标在计算公式的基础上进行分解或扩展，从而建立各影响因素与分析指标之间的关系式。

$P = A \times B$

分析指标关系式既说明了哪些因素影响分析指标，又说明这些因素与分析指标之间的关系及顺序。

（2）根据分析指标的报告期数值与基期数值列出两个关系式，确定分析对象。

基期关系式：$P_0 = A_0 \times B_0$

报告期关系式：$P_1 = A_1 \times B_1$

分析对象即为报告期与基期的差异值：$\triangle P = P_1 - P_0$

（3）采用连环替代法，即以基期关系式为计算基础，用报告期关系式中的每一因素的实际数顺序地替代其相应的基期数，每次替代一个因素，替代后的因素被保留下来，并计算出每次替代的结果，有几个因素就替代几次。

首先，替代影响因素排在第一位的 A：$P_2 = A_1 \times B_0$。

然后，替代影响因素排在第二位的 B：$P_1 = A_1 \times B_1$。

（4）将上述替代式的计算值依次反向相减进行比较，其差额分别为各组成因素变动对综合指标变动的影响程度。比较替代结果是连环进行的，用公式表示如下：

A 因素变动的影响程度为：$\triangle A = P_2 - P_0$

B 因素变动的影响程度为：$\triangle B = P_1 - P_2$

（5）检验分析结果，即将各组成因素的影响程度相加，检验其代数和应等于分析对象。将 A、B 两个因素影响程度相加即为综合影响因素：

$$\triangle A + \triangle B = (P_2 - P_0) + (P_1 - P_2) = P_1 - P_0 = \triangle P$$

分析结果与分析对象，即变动数指标与基数指标的差异相符合。

【例1-4】某公司汽车的销售收入、销售量与单价的资料，如表1-5所示：

表1-5　　　　　　　　某公司汽车销售收入、销售量与单价数据表

项　目	2013 年	2012 年	差异
销售收入（亿元）	420	300	+120
销售量（万辆）	60	40	+20
单价（万元）	7	7.5	-0.5

要求：分析各因素变动对销售收入的影响程度。

分析过程如下：

（1）销售收入的因素分解式为：销售收入＝销售量×单价。

（2）根据连环替代法的程序和对上述销售收入的因素分解式，可以得出：

基期指标体系（2012 年销售收入）＝40×7.5＝300（亿元）

报告期指标体系（2013 年销售收入）＝60×7＝420（亿元）

分析对象是：420-300＝120（亿元）。

（3）根据第三步骤进行连环顺序替代，并计算每次替代后的结果。

基期指标体系（2012 年销售收入）＝40×7.5＝300（亿元）　　　　　　　　　①

替代第一因素：以 2013 年销售量替代，则

销售收入＝60×7.5＝450（亿元）　　　　　　　　　②

替代第二因素：以 2013 年销售单价替代，则

销售收入＝60×7＝420（亿元）　　　　　　　　　③

（4）根据第四步骤确定销售量和销售单价两个因素的变动对销售收入的影响程度。

销售量变动对销售收入的影响数＝②-①＝450-300＝150（亿元）

销售单价变动对销售收入的影响数＝③-②＝420-450＝-30（亿元）

（5）检验分析结果。

各因素对销售收入的影响数=销售量影响数+销售单价影响数

$$=150+（-30）=120（亿元）$$

根据上述测算可得出如下结论：2013 年销售收入比 2008 年销售收入增加 120 亿元，主要是 2013 年的销售量比上年多 20 万辆，从而使销售收入增加 150 亿元；由于销售单价 2013 年比上年降低 0.5 万元，从而使销售收入减少 30 亿元。因此，增加市场销售数量应为今后的努力方向。

2. 连环替代法应注意的问题

连环替代法作为因素替代法的主要形式，在实践中应用比较广泛。但是，在应用连环替代法的过程中应注意以下几个问题：

（1）因素分解的相关性。因素分解的相关性是指分析指标与其影响因素之间必须真正相关，即有实际经济意义，各影响因素的变动确实能说明分析指标差异产生的原因。

（2）因素替代的顺序性。因素替代的顺序性是指连环替代置换各因素时，要按一定的顺序逐个替代，不能随意改变各因素替代的先后顺序。若对同一指标的分析采用不同的替代顺序，则各个因素变动影响的总和虽然仍会等于指标变动的总差异，但是各因素变动的影响程度会随着不同的替代顺序而不同。

（3）顺序替代的连环性。顺序替代的连环性是指在确定各因素变动对分析对象的影响时，都是将某因素替代后的结果与该因素替代前的结果对比，一环套一环。这样既能保证各因素对分析对象影响结果的可分性，又便于检验分析结果的准确性。因为只有连环替代并确定各因素影响额，才能保证各因素对经济指标的影响之和与分析对象相等。

（4）分析前提的假定性。分析前提的假定性是指分析某一因素对经济指标差异的影响时，必须假定其他因素不变，否则就不能分清各单一因素对分析对象的影响程度。但是实际上，有些因素对经济指标的影响是共同作用的结果，共同影响的因素越多，那么假定的准确性就越差，分析结果的准确性也就越低。因此，在对因素分解时，并非分解的因素越多越好，而应根据实际情况，具体问题具体分析，尽量减少对相互影响较大的因素再分解，使之与分析前提的假设基本相符。

（二）差额计算法

差额计算法是利用因素本身变动的差额，直接计算各因素变动对综合指标变动影响程度的方法，是因素分析法在实际应用中的一种简化形式。它的计算程序是：第一步，计算各个因素的差额；第二步，如果影响因素是两个，先以第一个因素的差额乘以第二个因素的差额上年数（或计划数等），求出第一个因素的影响程度，再以第二个因素的差额乘以第一个因素的本年数（或实际数等），求出第二个因素的影响程度；第三步，检验分析结果，汇总各个因素对综合指标差异数的影响数。仍以例 1-4 来说明。

第一步，计算各因素的差额。

销售量差额=2013 年销售量-2012 年销售量=60-40=20（万辆）

销售单价差额=2013 年销售单价-2012 年销售单价=7-7.5=0.5（万元）

第二步，测算各因素变动对销售收入差异数的影响额。

销售量变动的影响额=销售量差额×上年销售单价=20×7.5=150（亿元）

销售单价变动的影响额＝销售单价差额×本年销售量＝－0.5×60＝－30（万元）

第三步，汇总各个因素的影响数。

销售收入差异数＝销售量变动影响额＋销售单价变动影响额

＝150＋（－30）＝120（亿元）

案例1-1：青岛海信电器股份有限公司2012年财务报告（部分内容）

一、财务报表

表1-6

资产负债表

2012年12月31日   单位：元

资产	期末余额	年初余额	负债和股东权益	期末余额	年初余额
流动资产：			流动负债：		
货币资金	1 552 562 681.45	2 766 219 940.16	短期借款		
交易性金融资产			交易性金融负债		
应收票据	8 680 061 208.82	8 225 683 678.34	应付票据	845 048 718.10	746 384 332.95
应收账款	1 243 531 528.15	1 041 732 919.39	应付账款	5 112 704 072.04	4 842 231 010.58
预付款项	25 270 599.19	27 682 217.37	预收款项	777 610 665.33	714 272 208.74
应收利息	6 568 458.13		应付职工薪酬	144 281 707.57	145 023 514.25
应收股利			应交税费	188 522 604.04	346 234 028.37
其他应收款	17 907 596.72	13 622 355.61	应付利息	962 975.00	962 975.00
存货	3 599 554 763.32	2 280 163 378.63	应付股利		
一年内到期的非流动资产			其他应付款	2 153 689 484.55	2 010 992 667.32
其他流动资产			一年内到期的非流动负债		
流动资产合计	15 125 456 835.78	14 355 104 489.5	其他流动负债		
非流动资产：			流动负债合计	9 222 820 226.63	8 806 100 737.21
可供出售金融资产			非流动负债：		
持有至到期投资	982 000 000.00		长期借款	6 500 000.00	6 500 000.00
长期应收款			应付债券		
长期股权投资	209 498 981.31	189 221 587.75	长期应付款		
投资性房地产	46 740 309.41	51 137 433.57	专项应付款		
固定资产	1 285 485 641.06	1 005 536 775.05	预计负债		
在建工程	74 206 955.57	38 511 686.68	递延所得税负债		
工程物资			其他非流动负债	40 386 063.01	12 070 628.09
固定资产清理	331 391.10	366 061.16	非流动负债合计	46 886 063.01	18 570 628.09
生产性生物资产			负债合计	9 269 706 289.64	8 824 671 365.30
油气资产			股东权益：		
无形资产	174 706 531.15	180 635 323.87	股本	1 306 645 222.00	868 874 265.00
开发支出			资本公积	2 246 247 463.97	2 671 905 170.49

表1-6（续）

资产	期末余额	年初余额	负债和股东权益	期末余额	年初余额
商誉	19 903 430.84		盈余公积	1 188 228 097.78	876 008 859.36
长期待摊费用	37 212 248.47	30 275 572.12	未分配利润	4 072 846 875.27	2 777 347 584.89
递延所得税资产	295 814 973.19	293 825 889.63	外币报表折算差额	−29 537 604.79	−26 686 569.08
其他非流动资产			少数股东权益	197 220 954.01	152 494 143.37
非流动资产合计	3 125 900 462.10	1 789 510 329.83	股东权益合计	8 981 651 008.24	7 319 943 454.03
资产总计	18 251 357 297.88	16 144 614 819.33	负债和股东权益总计	18 251 357 297.88	16 144 614 819.33

表1-7

利 润 表

2012 年 单位：元

项 目	本期金额	上期金额
一、营业收入	25 251 980 431.00	23 523 723 550.20
减：营业成本	20 702 079 214.39	18 614 493 179.63
营业税金及附加	66 910 929.16	106 432 184.97
销售费用	2 122 622 457.21	2 484 786 746.45
管理费用	564 601 542.43	471 411 626.69
财务费用	−54 353 339.85	−43 693 207.90
资产减值损失	69 573 129.50	36 469 780.54
加：公允价值变动收益（损失以"−"号填列）	0	0
投资收益（损失以"−"号填列）	30 763 705.76	16 728 594.20
其中：对联营企业和合营企业的投资收益	20 277 393.56	16 728 594.20
二、营业利润（亏损以"−"号填列）	1 811 310 203.92	1 870 551 834.02
加：营业外收入	124 731 704.04	99 163 630.22
减：营业外支出	24 506 900.91	4 909 589.41
其中：非流动资产处置损失	611 678.29	2 123 386.89
三、利润总额（亏损总额以"−"号填列）	1 911 535 007.05	1 964 805 874.83
减：所得税费用	280 783 668.19	253 007 029.87
四、净利润（净亏损以"−"号填列）	1 630 751 338.86	1 711 798 844.96
归属于母公司所有者的净利润	1 603 158 980.57	1 689 067 139.83
少数股东权益	27 592 358.29	22 731 705.13
五、每股收益：		
（一）基本每股收益	1.229	1.298
（二）稀释每股收益	1.225	1.292
六、综合收益总额	1 627 698 913.97	1 700 534 037.76
归属于母公司所有者的综合收益总额	1 600 307 944.86	1 678 566 446.26
归属于少数股东的综合收益	27 390 969.11	21 967 591.50

表 1-8　　　　　　　　　　　　　　　现 金 流 量 表

2012 年度　　　　　　　　　　　　　　　　　　　单位：元

项　　目	本期金额	上期金额
一、经营活动产生的现金流量：		
销售商品、提供劳务收到的现金	24 641 296 894.25	19 751 984 568.30
收到的税费返还	7 580 971.10	6 492 229.49
收到其他与经营活动有关的现金	428 535 274.13	348 693 021.03
经营活动现金流入小计	25 077 413 139.48	20 107 169 818.82
购买商品、接受劳务支付的现金	20 695 419 847.94	15 744 330 240.03
支付给职工以及为职工支付的现金	1 325 112 441.91	1 083 071 937.38
支付的各项税费	1 073 040 560.48	1 120 160 765.16
支付其他与经营活动有关的现金	1 750 079 836.59	1 364 136 116.70
经营活动现金流出小计	24 843 652 686.92	19 311 699 059.27
经营活动产生的现金流量净额	233 760 452.56	795 470 759.55
二、投资活动产生的现金流量：		
收回投资收到的现金	410 000 000.00	0
取得投资收益收到的现金	8 501 955.53	3 534 000.00
处置固定资产、无形资产和其他长期资产收回的现金净额	628 862.18	7 559 414.84
处置子公司及其他营业单位收到的现金净额	338 604.14	0
收到其他与投资活动有关的现金	0	0
投资活动现金流入小计	419 469 421.85	11 093 414.84
购建固定资产、无形资产和其他长期资产支付的现金	464 720 052.06	316 480 874.44
投资支付的现金	1 392 000 000.00	0
取得子公司及其他营业单位支付的现金净额	9 963 619.70	0
支付其他与投资活动有关的现金	0	102 730.73
投资活动现金流出小计	1 866 683 671.76	316 583 605.17
投资活动产生的现金流量净额	-1 447 214 249.91	-305 490 190.33
三、筹资活动产生的现金流量：		
吸收投资收到的现金	14 899 677.60	22 504 102.10
其中：子公司吸收少数股东投资收到的现金	7 295 577.00	14 900 000.00
取得借款收到的现金	0	0
收到其他与筹资活动有关的现金	0	0
筹资活动现金流入小计	14 899 677.60	22 504 102.10
偿还债务支付的现金	0	0
分配股利、利润或偿付利息支付的现金	10 235 577.00	175 780 343.00
其中：子公司支付给少数股东的股利、利润	10 235 577.00	
支付其他与筹资活动有关的现金	0	0

表1-8（续）

项　　目	本期金额	上期金额
筹资活动现金流出小计	10 235 577.00	175 780 343.00
筹资活动产生的现金流量净额	4 664 100.60	−153 276 240.90
四、汇率变动对现金及现金等价物的影响	−4 867 561.96	−7 390 846.08
五、现金及现金等价物净增加额	−1 213 657 258.71	329 313 482.24
加：期初现金及现金等价物余额	2 766 219 940.16	2 436 906 457.92
六、期末现金及现金等价物余额	1 552 562 681.45	2 766 219 940.16
补充资料		
1. 将净利润调节为经营活动现金流量：		
净利润		
加：资产减值准备		
固定资产折旧、油气资产折耗、生产性生物资产折旧		
无形资产摊销		
长期待摊费用摊销		
处置固定资产、无形资产和其他长期资产的损失（收益以"−"号填列）		
固定资产报废损失（收益以"−"号填列）		
公允价值变动损失（收益以"−"号填列）		
财务费用（收益以"−"号填列）		
投资损失（收益以"−"号填列）		
递延所得税资产减少（增加以"−"号填列）		
递延所得税负债增加（减少以"−"号填列）		
存货的减少（增加以"−"号填列）		
经营性应收项目的减少（增加以"−"号填列）		
经营性应付项目的增加（减少以"−"号填列）		
其他		
经营活动产生的现金流量净额		
2. 不涉及现金收支的重大投资和筹资活动：		
债务转为资本		
一年内到期的可转换公司债券		
融资租入固定资产		
3. 现金及现金等价物净变动情况：		
现金的期末余额		
减：现金的期初余额		
加：现金等价物的期末余额		
减：现金等价物的期初余额		
现金及现金等价物净增加额		

表 1-9

股东权益变动表
2012年

单位：元

项 目	股本	资本公积	减：库存股	盈余公积	未分配利润	其他	少数股东权益	所有者权益合计
					本年金额			
一、上年年末余额	868 874 265.00	2 671 905 170.49		876 008 859.36	2 777 347 584.89	-26 686 569.08	152 494 143.37	7 319 943 454.03
加：会计政策变更								
前期差错更正								
二、本年年初余额	868 874 265.00	2 671 905 170.49		876 008 859.36	2 777 347 584.89	-26 686 569.08	152 494 143.37	7 319 943 454.03
三、本年增减变动金额（减少以"-"号填列）	437 770 957.00	-425 657 706.52		312 219 238.42	1 295 499 290.38	-2 851 035.71	44 726 810.64	1 661 707 554.21
（一）净利润					1 603 158 980.57		27 592 358.29	1 630 751 338.86
（二）直接计入所有者权益的利得和损失					4 559 548.23	-2 851 035.71	-719 443.06	989 069.46
上述（一）和（二）小计					1 607 718 528.80	-2 851 035.71	26 872 915.23	1 631 740 408.32
（三）所有者投入和减少资本	3 333 825.00	8 779 425.48					28 089 472.41	40 202 722.89
1. 所有者投入资本	3 333 825.00	4 270 275.60					28 089 472.41	40 202 722.89
2. 股份支付计入所有者权益的金额		4 509 149.88					28 089 472.41	35 693 573.01
3. 其他								
（四）利润分配				312 219 238.42	-312 219 238.42		-10 235 577.00	-10 235 577.00
1. 提取盈余公积				312 219 238.42	-312 219 238.42			
2. 对所有者（或股东）的分配							-10 235 577.00	-10 235 577.00
3. 其他								
（五）所有者权益内部结转	434 437 132.00	-434 437 132.00						
1. 资本公积转增资本（或股本）	34 437 132.00	-434 437 132.00						
2. 盈余公积转增资本（或股本）								
3. 盈余公积弥补亏损								
4. 其他								
四、本年年末余额	1 306 645 222.00	2 246 247 463.97		1 188 228 097.78	4 072 846 875.27	-29 537 604.79	197 220 954.01	8 981 651 008.24

二、财务报表附注

（一）公司基本情况

1. 简述公司历史沿革：

青岛海信电器股份有限公司（以下简称本公司）成立于 1997 年 4 月 17 日。本公司前身是海信集团有限公司所属的青岛海信电器公司。1996 年 12 月 23 日青岛市经济体制改革委员会青体改发〔1996〕129 号文件批准由原青岛海信电器公司作为发起人，采用募集方式，组建股份有限公司。本公司于 1997 年 3 月 17 日经中国证券监督管理委员会批准，首次向社会公众发行人民币普通股 7 000 万股。其中 6 300 万股社会公众股于 1997 年 4 月 22 日在上海证券交易所上市，700 万股公司职工股于同年 10 月 22 日上市。

1998 年海信电器经中国证券监督管理委员会证监上字〔1998〕62 号文批准，以 1997 年末总股本 27 000 万股为基数，向全体股东按 10：3 比例实施增资配股，其中国有法人股海信集团有限公司认购其应配 6 000 万股中的 506.5337 万股，其余部分放弃配股权，社会公众股东全额认购配股 2 100 万股，本次配股实际配售总额为 2 606.5337 万股，配售后总股本为 29 606.5337 万股。

1999 年 6 月 4 日本公司实施 98 年度资本公积金 10 转 4 后总股本为 41 449.1472 万股。

2000 年 12 月经中国证监会证监公司字〔2000〕221 号文的批准，本公司向全体股东 10：6 配股，其中国有法人股股东海信集团有限公司以资产部分认购 283.6338 万股，其余部分放弃，社会公众股东认购 7 644 万股，该次实际配售股数为 7 927.6338 万股，配股后总股本为 49 376.7810 万股。其中海信集团有限公司持有国有法人股 28 992.7810 万股，占总股本的 58.72%，其余为社会流通股计 20 384 万股，占总股本 41.28%。

2006 年 6 月 12 日，本公司完成股权分置改革，非流通股股东以向方案实施股权登记日登记在册的全体流通股股东支付股票的方式作为对价安排，流通股股东每持有 10 股流通股获付 2.5 股股票；对价安排执行后，本公司原非流通股股东持有的非流通股股份变更为有限售条件的股份，流通股股东获付的股票总数为 5 096 万股。股权分置改革后总股本 49 376.7810 万股；其中海信集团有限公司持有国有法人股 23 896.7810 万股，占总股本的 48.40%，其余为社会流通股计 25 480 万股，占总股本 51.60%。

2009 年 6 月 12 日，本公司股权分置改革有限售条件流通股上市流通。

2009 年 12 月根据中国证监会证监许可〔2009〕1273 号文、青岛市国资委青国资产权〔2009〕19 号文批准及本公司 2009 年第二次临时股东大会决议的规定，本公司向特定对象非公开发行 A 股股票 8 400 万股，发行后总股本变更为 57 776.7810 万股，其中：海信集团有限公司持有无限售条件流通股 23 896.7810 万股，占总股本 41.36%；其他无限售条件流通股 25 480 万股，占总股本 44.10%；有限售条件流通股 8 400 万股，占总股本 14.54%，约定锁定期至 2010 年 12 月 24 日。

2010 年 5 月 13 日本公司实施资本公积转增资本：每 10 股转增 5 股，实施上述分配后股本总额变更为 86 665.1715 万股，其中无限售条件流通股 74 065.1715 万股、有限售条件流通股 12 600.00 万股；海信集团有限公司持股 35 845.1715 万股、占总股本 41.36%，青岛海信电子产业控股股份有限公司持股 1 848.25 万股、占总股本的 2.13%，上述两股东合计持有 43.49%。

2010 年 12 月 24 日本公司限售股全部上市流通。

2010 年海信集团一致行动人青岛海信电子产业控股股份有限公司增持本公司股份 2 290.8043 万股，占总股本的 2.64%，增持后两股东合计持有本公司 44%的股份。

根据本公司 2009 年第一次临时股东大会审议通过的股票期权激励计划，2011 年 6 月 14 日公司临时董事会审议通过股权激励第一期行权安排的议案，行权 222.255 万股。股东行权后股本变更为 86 887.4265 万股。

2011 年海信集团一致行动人青岛海信电子产业控股股份有限公司增持本公司股份 843.6872 万股，占总股本的 2.64%，增持后两股东合计持有本公司 44.86%的股份，其中海信集团有限公司持有本公司股份 35 845.1715 万股、占总股本的 41.25%，青岛海信电子产业控股股份有限公司持有本公司股份 3 134.4915 万股、占总股本的 3.61%。

2012 年 7 月 4 日，根据本公司 2011 年度股东大会决议，实施资本公积转增股本，向全体股东每 10 股转增 5 股，转增后的股本为 130 331.1397 万股。

根据本公司 2009 年第一次临时股东大会审议通过的股票期权激励计划，2012 年 8 月 29 日公司董事会审议通过股权激励第二期行权安排的议案，行权 333.3825 万股，股东行权后股本变更为 130 664.5222 万股。

截至 2012 年 12 月 31 日，海信集团有限公司持有本公司股份 53 767.7573 万股，占总股本 41.15%，青岛海信电子产业控股股份有限公司持有本公司股份 4 701.7373 万股，占总股本的 3.60%，上述两股东合计持有 44.75%。

2. 本公司主要经营范围

本公司主要经营电视机、广播电视设备、通信产品制造、信息技术产品、家用商用电器、电子产品的制造、销售、服务。

（二）公司主要会计政策、会计估计和前期差错

1. 财务报表的编制基础

本公司财务报表系以持续经营为基础，根据实际发生的交易和事项，按照财政部 2006 年 2 月颁布的《企业会计准则——基本准则》和 38 项具体会计准则及其应用指南、解释以及其他相关规定编制。本财务报表以持续经营为基础列报。

2. 遵循企业会计准则的声明

本公司财务报表的编制符合企业会计准则的要求，真实、完整地反映了公司的财务状况、经营成果、股东权益变动和现金流量等有关信息。

3. 会计期间

本公司以公历年度为会计期间，即每年自 1 月 1 日起至 12 月 31 日止。

4. 记账本位币

本公司采用人民币为记账本位币。

5. 同一控制下和非同一控制下企业合并的会计处理方法

（1）同一控制下的企业合并。本公司对同一控制下的企业合并采用权益结合法进行会计处理。通过合并取得的被合并方的资产、负债，除因会计政策不同而进行的必要调整外，本公司按合并日被合并方的原账面价值计量。合并对价的账面价值（或发行股份面值总额）与合并中取得的净资产账面价值份额的差额调整资本公积，资本公积不足冲减的，调整留存收益。

本公司作为合并方为进行企业合并发生的审计、法律服务、评估咨询等中介费用以及其他相关管理费用，于发生时计入当期损益。为企业合并发行的债券或承担其他债务支付的手续费、佣金等，计入所发行债券及其他债务的初始计量金额。企业合并中发行权益性证券发生的手续费、佣金等费用，应当抵减权益性证券溢价收入，溢价收入不足冲减的，冲减留存收益。

（2）非同一控制下的企业合并。本公司对非同一控制下的企业合并采用购买法进行会计处理。合并成本为本公司在购买日为取得被购买方的控制权而支付的现金或非现金资产、发行或承担的债务以及发行的权益性证券等的公允价值。本公司作为购买方为企业合并发生的审计、法律服务、评估咨询等中介费用以及其他相关管理费用，于发生时计入当期损益；本公司作为合并对价发行的权益性证券或债务性证券的交易费用，应当计入权益性证券或债务性证券的初始确认金额。

本公司以购买日确定的合并成本作为非同一控制下的控股合并取得的长期股权投资的初始投资成本。本公司对通过非同一控制下的吸收合并取得的各项可辨认资产、负债以其在购买日的公允价值确认计量。合并成本大于合并中取得的被购买方可辨认净资产公允价值份额的差额，确认为商誉；合并成本小于合并中取得的被购买方可辨认净资产公允价值份额的差额，经复核后计入合并当期损益。

6. 合并财务报表编制方法

（1）合并范围的确定原则。本公司以控制为基础，将本公司及全部子公司纳入财务报表的合并范围。本报告期内因同一控制下企业合并而增加的子公司，本公司报财务报表的最早期初至本报告年末均将该子公司纳入合并范围；本报告期内因非同一控制下企业合并增加的子公司，本公司自购买日起至本报告期末将该子公司纳入合并范围。在本报告期内因处置而减少的子公司，本公司自处置日起不再将该子公司纳入合并范围。

（2）合并财务报表的编制方法。合并财务报表以本公司和子公司的个别财务报表为基础，根据其他有关资料，按照权益法调整对子公司的长期股权投资后由本公司编制。编制合并财务报表时，对与本公司会计政策和会计期间不一致的子公司财务报表按本公司的统一要求进行必要的调整；对合并范围内各公司之间的内部交易或事项以及内部债权债务均进行抵销；子公司的股东权益中不属于母公司所拥有的部分，作为少数股东权益在合并财务报表中的股东权益项下单独列示；若子公司少数股东分担的当期亏损超过了少数股东在该子公司年初所有者权益中所享有的份额的，其余额仍应当冲减少数股东权益。

7. 现金等价物的确定标准

本公司在编制现金流量表时，将同时具备期限短（从购买日起三个月内到期）、流动性强、易于转换为已知金额现金、价值变动风险很小等四个条件的投资确定为现金等价物。

8. 外币业务和外币报表折算（略）

9. 金融工具（略）

10. 应收款项

（1）单项金额重大并单项计提坏账准备的应收款项

①单项金额重大的判断依据或金额标准是指单项金额在 2000 万元（含 2000 万元）以上的应收账款。

②单项金额重大的应收款项坏账准备的计提方法。本公司对单项金额重大的应收款项单独进行减值测试，如有客观证据表明其已发生减值，确认减值损失，计提坏账准备。

（2）按组合计提坏账准备应收款项（见表1-10）

表 1-10 按组合计提坏账准备应收款项

确定组合的依据	
账龄组合	本公司将经单独测试后未减值的应收款项按信用风险特征划分为若干组合，根据以前年度与之相同或者相类似的、具有类似信用风险特征的应收款项组合的实际损失率为基础，结合现时情况确定本年度以账龄为信用特征划分应收款项的组合，并按下表列示的比例计提坏账准备。
按组合计提坏账准备的计提方法	
账龄分析法	

组合中，采用账龄分析法计提坏账准备的（见表1-11）：

表 1-11 账龄分析法计提坏账准备情况表

账龄	应收账款计提比例（%）	其他应收款计提比例（%）
1 年以内（含 1 年）	5.00	5.00
1~2 年	10.00	10.00
2~3 年	20.00	20.00
3~5 年	50.00	50.00
5 年以上	100.00	100.00

（3）单项金额虽不重大但单项计提坏账准备的应收账款（见表1-12）

表 1-12 单项金额虽不重大但单项计提坏账准备的应收账款

单项计提坏账准备的理由	单项金额不重大且按照组合计提坏账准备不能反映其风险特征的应收款项。
坏账准备的计提方法	根据其未来现金流量现值低于其账面价值的差额计提坏账准备。

对应收款项确认减值损失后，如有客观证据表明该应收款项价值已恢复，且客观上与确认该损失后发生的事项有关，原确认的减值损失予以转回，计入当期损益。但是，该转回后的账面价值不应超过假定不计提减值准备情况下该应收款项在转回日的摊余成本。

对预付账款和长期应收款，本公司单独进行减值测试，若有客观证据表明其发生了减值，根据未来现金流量现值低于其账面价值的差额，确认为减值损失，计提坏账准备。

11. 存货

（1）存货的分类

本公司将存货分为原材料、在产品、半成品、产成品、周转材料（含包装物和低值易耗品）。

（2）存货取得和发出的计量方法

日常业务取得的原材料按计划成本核算，领用或发生时按计划成本结转，于月末按当月材料成本差异率结转材料成本差异，将其调整为实际成本；产成品（含自制半成品）按实际成本核算，发出产成品采用加权平均法计价。通过债务重组取得债务人用以抵债的存货，以该存货的公允价值为基础确定入账价值。在非货币性资产交换具备商业实质和换入资产或换出资产的公允价值能够可靠计量的前提下，非货币性资产交换换入的存货通常以换出资产的公允价值作为确定换入资产成本的基础，除非有确凿证据表明换入资产的公允价值更加可靠的，应当以换入资产公允价值为基础确定换入资产的成本。不满足上述前提的非货币性资产交换，以换出资产的账面价值和应支付的相关税费作为换入存货的成本。

通过同一控制下的企业吸收合并方式取得的存货，按被合并方的账面价值确定入账价值；通过非同一控制下企业吸收合并方式取得的存货，按公允价值确定入账价值。

（3）存货可变现净值的确认依据及存货跌价准备的计提方法本公司于资产负债表日对存货进行全面清查，按存货成本与可变现净值孰低提取或调整存货跌价准备。

产成品、商品、用于出售的材料等直接用于出售的商品存货，在正常生产经营过程中，以该存货的估计售价减去估计的销售费用和相关税费后的金额确定其可变现净值。

需要经过加工的材料存货，在正常生产经营过程中，以所生产的产成品的估计售价减去至完工时估计将要发生的成本、估计的销售费用和相关税费后的金额，确定其可变现净值。

为执行销售合同或者劳务合同而持有的存货，其可变现净值以合同价格为计算基础，若持有存货的数量多于销售合同订购数量，超出部分的存货可变现净值以一般销售价格为计算基础；没有销售合同约定的存货（不包括用于出售的材料），其可变现净值以一般销售价格（即市场销售价格）作为计算基础；用于出售的材料等通常以市场价格作为其可变现净值的计算基础。

资产负债表日通常按照单个存货项目计提存货跌价准备；对于数量繁多、单价较低的存货，按照存货类别计提存货跌价准备；与在同一地区生产和销售的产品系列相关、具有相同或类似最终用途或目的，且难以与其他项目分开计量的存货，合并计提存货跌价准备。

以前减记存货价值的影响因素已经消失，减记的金额予以恢复，并在原已计提的存货跌价准备金额内转回，转回的金额计入当期损益。

（4）存货的盘存制度。存货盘存制度为永续盘存制。

（5）低值易耗品和包装物的摊销方法。低值易耗品领用时采用一次摊销法摊销；包装物按实际成本核算，领用时采用加权平均法计价。

12. 长期股权投资

（1）投资成本确定

①同一控制下的企业合并取得的长期股权投资通过同一控制下企业合并取得的长期股权投资，以本公司在被合并方于合并日按本公司会计政策调整后的账面净资产中所享有的份额作为初始投资成本。

②非同一控制下的企业合并取得的长期股权投资通过非同一控制下的控股合并取得的长期股权投资，以购买日确定的合并成本作为初始投资成本。

通过多次交易分步实现非同一控制下企业合并的，应当以购买日之前所持被购买方的股权投资的账面价值与购买日新增投资成本之和作为该项投资的初始投资成本。

③其他方式取得的长期股权投资以支付现金取得的长期股权投资，按照实际支付的购买价款作为初始投资成本。以发行权益性证券取得的长期股权投资，按照所发行权益性证券的公允价值（不包括自被投资单位收取的已宣告但未发放的现金股利或利润）作为初始投资成本。

投资者投入的长期股权投资，按照投资合同或协议约定的价值作为初始投资成本，但合同或协议约定的价值不公允的除外。

在非货币性资产交换具备商业实质和换入资产或换出资产的公允价值能够可靠计量的前提下，非货币性资产交换换入的长期股权投资以换出资产的公允价值为基础确定其初始投资成本，除非有确凿证据表明换入资产的公允价值更加可靠；不满足上述前提的非货币性资产交换，以换出资产的账面价值和应支付的相关税费作为换入长期股权投资的初始投资成本。

通过债务重组取得的长期股权投资，其初始投资成本按照公允价值为基础确定。

（2）后续计量及损益确认方法本公司对子公司的投资，以及对被投资单位不具有共同控制或重大影响，并且在活跃市场中没有报价、公允价值不能可靠计量的长期股权投资，采用成本法核算。本公司对被投资单位具有共同控制或重大影响的长期股权投资，采用权益法核算。按权益法核算长期股权投资时：

①长期股权投资的初始投资成本大于投资时应享有被投资单位可辨认净资产公允价值份额的，不调整长期股权投资的初始投资成本；长期股权投资的初始投资成本小于投资时应享有被投资单位可辨认净资产公允价值份额的，其差额应当计入当期损益，同时调整长期股权投资的成本。

②取得长期股权投资后，按照应享有或应分担的被投资单位实现的净损益的份额，确认投资损益并调整长期股权投资的账面价值。在确认应享有或应分担的被投资单位

实现的净损益的份额时，以取得投资时被投资单位各项可辨认资产的公允价值为基础，按照本公司的会计政策及会计期间，并抵消与联营企业及合营企业之间发生的未实现内部交易损益按照持股比例计算归属于本公司的部分（但未实现内部交易损失属于资产减值损失的，应全额确认），对被投资单位的净利润进行调整后确认。

③确认被投资单位发生的净亏损，以长期股权投资的账面价值以及其他实质上构成对被投资单位净投资的长期权益减记至零为限，但合同或协议约定负有承担额外损失义务的除外。被投资单位以后实现净利润的，本公司在其收益分享额弥补未确认的亏损分担额后，恢复确认收益分享额。

④被投资单位宣告分派的利润或现金股利计算应分得的部分，相应冲减长期股权投资的账面价值。

⑤对于被投资单位除净损益以外所有者权益的其他变动，在持股比例不变的情况下，本公司按照持股比例计算应享有或承担的部分，调整长期股权投资的账面价值，同时增加或减少资本公积。

持股比例减少后被投资单位仍然是本公司的联营企业或合营企业时，本公司应当继续采用权益法核算剩余投资，并按处置投资的比例将以前在其他综合收益（资本公积）中确认的利得或损失结转至当期损益。

持股比例增加后被投资单位仍然是本公司的联营企业或合营企业时，本公司应当按照新的持股比例对投资继续采用权益法进行核算。在新增投资日，新增投资成本与按新增持股比例计算的被投资单位可辨认净资产公允价值份额的差额按照前述原则处理；该项长期股权投资取得新增投资时的原账面价值与按增资后持股比例扣除新增持股比例后的持股比例计算应享有的被投资单位可辨认净资产公允价值份额之间的差额，应当调整长期股权投资账面价值和资本公积。

（3）确定对被投资单位具有共同控制、重大影响的依据

①共同控制的判断依据

共同控制，是指任何一个合营方均不能单独控制合营企业的生产经营活动，涉及合营企业基本经营活动的决策需要各合营方一致同意等。

②重大影响的判断依据

重大影响，是指对一个企业的财务和经营政策有参与决策的权力，但并不能够控制或者与其他方一起共同控制这些政策的制定。当本公司直接或通过子公司间接拥有被投资单位20%（含20%）以上但低于50%的表决权股份时，除非有明确证据表明该种情况下不能参与被投资单位的生产经营决策从而不形成重大影响外，均确定对被投资单位具有重大影响；本公司拥有被投资单位20%（不含）以下的表决权股份，一般不认为对被投资单位具有重大影响，除非有明确证据表明该种情况下能够参与被投资单位的生产经营决策，能够形成重大影响。

（4）减值测试方法及减值准备计提方法

对子公司、合营企业和联营企业的长期股权投资，本公司按照附注（二）、26所述方法计提减值准备。

对持有的对被投资单位不具有共同控制或重大影响、在活跃市场中没有报价、公

允价值不能可靠计量的长期股权投资，本公司按照附注（二）、9 的方法计提资产减值准备。

13．投资性房地产

投资性房地产是指为赚取租金或资本增值，或两者兼有而持有的房地产。本公司投资性房地产包括已出租的土地使用权、持有并准备增值后转让的土地使用权、已出租的建筑物。

本公司对投资性房地产按照取得时的成本进行初始计量，并按照固定资产或无形资产的有关规定，按期计提折旧或摊销。

采用成本模式进行后续计量的投资性房地产，计提资产减值方法见本附注(二)、26。

14．固定资产

（1）固定资产的确认条件。固定资产，是指为生产商品、提供劳务、出租或经营管理，使用寿命超过一个会计年度而持有的有形资产。固定资产在满足下列条件时予以确认：

①与该固定资产有关的经济利益很可能流入本公司；

②该固定资产的成本能够可靠地计量。

（2）各类固定资产的折旧方法。固定资产折旧采用年限平均法分类计提。固定资产自达到预定可使用状态时开始计提折旧，终止确认时或划分为持有待售非流动资产时停止计提折旧（已提足折旧仍继续使用的固定资产和单独计价入账的土地除外）。在不考虑减值准备的情况下，按固定资产类别、预计使用寿命和预计残值，本公司确定各类固定资产的年折旧率如下（见表1-13）：

表1-13 公司各类固定资产折旧率一览表

类 别	折旧年限（年）	残值率（%）	年折旧率（%）
房屋及建筑物	30	3~5	3.167~3.233
通用设备	5	3~5	19.000~19.400
专用设备	8	3~5	11.875~12.125
通用仪表	3~5	3~5	19.000~32.333
专用仪表	5	3~5	19.000~19.400
运输设备	4	3~5	23.750~24.250
办公设备	3~5	5	19.000~31.667

注：公司2004年以前购置的固定资产残值率为3%，2004年以后购置的固定资产残值率为5%。

（3）固定资产的减值测试方法、减值准备计提方法。本公司固定资产减值准备的计提方法见本附注（二）、26。

（4）融资租入固定资产的认定依据、计价方法。本公司在承租开始日，将租赁资产公允价值与最低租赁付款额现值两者中较低者作为租入资产的入账价值。

融资租赁方式租入的固定资产，能合理确定租赁期届满时将会取得租赁资产所有权的，在租赁资产尚可使用年限内计提折旧；无法合理确定租赁期届满时能够取得租赁资产所有权的，在租赁期与租赁资产尚可使用年限两者中较短的期间内计提折旧。

（5）其他说明符合资本化条件的固定资产装修费用。在两次装修期间与固定资产尚可使用年限两者中较短的期间内，采用年限平均法单独计提折旧。

15．在建工程

（1）在建工程核算方法。本公司在建工程按实际成本计量，按立项项目分类核算。

（2）在建工程结转为固定资产的时点。在建工程达到预定可使用状态时，按实际发生的全部支出转入固定资产核算。若在建工程已达到预定可使用状态，但尚未办理竣工决算的，自达到预定可使用状态之日起，根据工程预算、造价或者工程实际成本等，按估计的价值转入固定资产，并按本公司固定资产折旧政策计提固定资产折旧，待办理竣工决算后，再按实际成本调整原来的暂估价值，但不调整原已计提的折旧额。

（3）在建工程减值准备。本公司在建工程减值准备的计提方法见本附注(二)、26。

16．借款费用

（1）借款费用资本化的确认原则。符合资本化条件的资产，是指需要经过相当长时间的购建或者生产活动才能达到预定可使用或者可销售状态的固定资产、投资性房地产和存货等资产。借款费用包括借款利息、折价或者溢价的摊销、辅助费用以及因外币借款而发生的汇兑差额等。本公司发生的借款费用，可直接归属于符合资本化条件的资产的购建或者生产的，予以资本化，计入相关资产成本；其他借款费用在发生时根据其发生额确认为费用，计入当期损益。

借款费用同时满足下列条件时开始资本化：

①资产支出已经发生，资产支出包括为购建或者生产符合资本化条件的资产而以支付现金、转移非现金资产或者承担带息债务形式发生的支出；

②借款费用已经发生；

③为使资产达到预定可使用或者可销售状态所必要的购建或者生产活动已经开始。

（2）借款费用资本化期间为购建或者生产符合资本化条件的资产发生的借款费用，在该资产达到预定可使用或者可销售状态前发生的，计入该资产的成本；在该资产达到预定可使用或者可销售状态后发生的，计入当期损益。

符合资本化条件的资产在购建或者生产过程中发生非正常中断、且中断时间连续超过3个月的，借款费用暂停资本化。当购建或者生产符合资本化条件的资产中部分项目分别完工且可单独使用时，该部分资产借款费用停止资本化。

（3）借款费用资本化金额的确定方法。本公司按季度计算借款费用资本化金额。

专门借款的利息费用（扣除尚未动用的借款资金存入银行取得的利息收入或者进行暂时性投资取得的投资收益）及其辅助费用在所购建或者生产的符合资本化条件的资产达到预定可使用或者可销售状态前，予以资本化。

根据累计资产支出超过专门借款部分的资产支出加权平均数乘以所占用一般借款的资本化率，计算确定一般借款应予资本化的利息金额。资本化率根据一般借款加权平均利率计算确定。

借款存在折价或者溢价的，按照实际利率法确定每一会计期间应摊销的折价或者溢价金额，调整每期利息金额。

在资本化期间内，外币专门借款本金及利息的汇兑差额，应当予以资本化，计入符合资本化条件的资产成本。

17. 无形资产

（1）无形资产的初始计量。本公司无形资产按照实际成本进行初始计量。购买无形资产的价款超过正常信用条件延期支付，实质上具有融资性质的，无形资产的成本为购买价款的现值。

通过债务重组取得债务人用以抵债的无形资产，以该无形资产的公允价值为基础确定其入账价值；在非货币性资产交换具备商业实质和换入资产或换出资产的公允价值能够可靠计量的前提下，非货币性资产交换换入的无形资产通常以换出资产的公允价值为基础确定其入账价值，除非有确凿证据表明换入资产的公允价值更加可靠；不满足上述前提的非货币性资产交换，以换出资产的账面价值和应支付的相关税费作为换入无形资产的成本，不确认损益。

（2）无形资产的后续计量。

①无形资产的使用寿命。本公司于取得无形资产时分析判断其使用寿命。无形资产的使用寿命如为有限的，本公司估计该使用寿命的年限或者构成使用寿命的产量等类似计量单位数量，无法预见无形资产为本公司带来经济利益期限的，视为使用寿命不确定的无形资产（见表1-14）。

表1-14　　　　　　　　　公司无形资产使用寿命一览表

类别	估计使用寿命（年）
软件	5
专利权	10
非专利技术	10
土地使用权	50

②无形资产的摊销。使用寿命有限的无形资产，自取得当月起在预计使用寿命内采用直线法摊销；使用寿命不确定的无形资产，不予摊销，期末进行减值测试。

本公司至少于每一年度终了时，对无形资产的使用寿命及摊销方法进行复核，必要时进行调整。

③本公司期末预计某项无形资产已经不能给企业带来未来经济利益的，将该项无形资产的账面价值全部转入当期损益。

④无形资产的减值。本公司无形资产的减值准备计提方法见附注（二）、26。

18. 研发支出

（1）本公司内部研究开发项目的支出，区分为研究阶段支出与开发阶段支出。

（2）划分本公司内部研究开发项目。研究阶段支出和开发阶段支出的具体标准为：研究阶段支出是指本公司为获取并理解新的科学或技术知识而进行的独创性的、探索性的有计划调查所发生的支出，是为进一步开发活动进行资料及相关方面的准备，已进行的研究活动将来是否会转入开发、开发后是否会形成无形资产等均具有较大的不确定性，因此，本公司对研究阶段的支出全部予以费用化，计入当期损益。

开发阶段支出是指在进行商业性生产或使用前，将研究成果或其他知识应用于某项计划或设计，以生产出新的或具有实质性改进的材料、装置、产品等所发生的支出。相对于研究阶段而言，开发阶段是已完成研究阶段的工作，在很大程度上具备了形成一项新产品或新技术的基本条件，故本公司将满足资本化条件的开发阶段支出，确认为无形资产。

开发阶段的支出在同时满足下列条件时资本化、确认为无形资产：

①完成该无形资产以使其能够使用或出售在技术上具有可行性；

②具有完成该无形资产并使用或出售的意图；

③无形资产产生经济利益的方式，包括能够证明运用该无形资产生产的产品存在市场或无形资产自身存在市场，无形资产将在内部使用时，应当证明其有用性；

④有足够的技术、财务资源和其他资源支持，以完成该无形资产的开发，并有能力使用或出售该无形资产；

⑤归属于该无形资产开发阶段的支出能够可靠地计量。不满足上述条件的开发支出计入当期损益。

（3）对于同一项无形资产在开发过程中达到资本化条件前已经费用化计入损益的支出不再进行调整。

19. 长期待摊费用（略）

20. 预计负债

（1）因未决诉讼、产品质量保证、亏损合同、油气资产弃置义务等形成的现实义务，其履行很可能导致经济利益的流出，在该义务的金额能够可靠计量时，确认为预计负债。

（2）预计负债按照履行相关现实义务所需支出的最佳估计数进行初始计量，并综合考虑或有事项有关的风险、不确定性和货币时间价值等因素。货币时间价值影响重大的，通过对相关未来现金流出进行折现后确定最佳估计数。

21. 股份支付及权益工具（略）

22. 收入

（1）销售商品。销售商品收入，同时满足下列条件时予以确认：已将商品所有权上的主要风险和报酬转移给购买方；既没有保留通常与所有权相联系的继续管理权，也没有对已售出的商品实施有效控制；相关的经济利益很可能流入本公司；相关的收入和成本能够可靠的计量。

（2）提供劳务。在资产负债表日提供劳务交易的结果能够可靠估计的，采用完工百分比法确认。按照从接受劳务方已收或应收的合同或协议价款确定提供劳务收入总额，但已收或应收的合同或协议价款不公允的除外。完工进度根据实际情况选用下列方法确定：

①已完工作的测量。

②已经提供的劳务占应提供劳务总量的比例。

③已经发生的成本占估计总成本的比例。

资产负债表日按照提供劳务收入总额乘以完工进度扣除以前会计期间累计已确认提供劳务收入后的金额，确认当期提供劳务收入。在资产负债表日提供劳务交易结果不能够可靠估计的，分别下列情况处理：

①已发生的劳务成本预计能够得到补偿的，按照已经发生的劳务成本金额确认提供劳务收入，并按相同金额结转劳务成本。

②已发生的劳务成本预计不能够得到补偿的，将已经发生的劳务成本计入当期损益，不确认提供劳务收入。

（3）让渡资产使用权与交易相关的经济利益很可能流入本公司，收入的金额能够可靠地计量时，分别下列情况确定让渡资产使用权收入金额：

①利息收入金额，按照他人使用本公司货币资金的时间和实际利率计算确定。

②使用费收入金额，按照有关合同或协议约定的收费时间和方法计算确定。

23. 政府补助（略）

24. 递延所得税资产/递延所得税负债（略）

25. 经营租赁、融资租赁（略）

26. 资产减值

本公司对子公司、联营企业和合营企业的长期股权投资、采用成本模式进行后续计量的投资性房地产、固定资产、在建工程、生产性生物资产、无形资产、商誉、探明石油天然气矿区权益和井及相关设施等（存货、按公允价值模式计量的投资性房地产、递延所得税资产、金融资产除外）的资产减值，按以下方法确定：

（1）本公司于资产负债表日判断资产是否存在可能发生减值的迹象，存在减值迹象的，本公司将估计其可收回金额，进行减值测试。对因企业合并所形成的商誉、使用寿命不确定的无形资产和尚未达到可使用状态的无形资产无论是否存在减值迹象，每年都进行减值测试。

（2）可收回金额根据资产的公允价值减去处置费用后的净额与资产预计未来现金流量的现值两者之间较高者确定。本公司以单项资产为基础估计其可收回金额；难以对单项资产的可收回金额进行估计的，以该资产所属的资产组为基础确定资产组的可收回金额。

（3）资产组的认定，以资产组产生的主要现金流入是否独立于其他资产或者资产组的现金流入为依据。当资产或资产组的可收回金额低于其账面价值时，本公司将其账面价值减记至可收回金额，减记的金额计入当期损益，同时计提相应的资产减值准备。

（4）就商誉的减值测试而言，对于因企业合并形成的商誉的账面价值，自购买日起按照合理的方法分摊至相关的资产组；难以分摊至相关的资产组的，将其分摊至相关的资产组组合。相关的资产组或资产组组合，是能够从企业合并的协同效应中受益的资产组或者资产组组合，且不大于本公司确定的报告分部。

减值测试时，如与商誉相关的资产组或者资产组组合存在减值迹象的，首先对不包含商誉的资产组或者资产组组合进行减值测试，计算可收回金额，确认相应的减值损失。然后对包含商誉的资产组或者资产组组合进行减值测试，比较其账面价值与可收回金额，如可收回金额低于账面价值的，确认商誉的减值损失。

（5）资产减值损失一经确认，在以后会计期间不再转回。

27．职工薪酬（略）

28．主要会计政策、会计估计的变更

（1）会计政策变更。本报告期主要会计政策未发生变更。

（2）会计估计变更。本报告期未发生会计估计变更事项。

29．前期差错更正

本报告期未发生前期差错更正事项。

（三）税项

1．主要税种及税率（略）

2．税收优惠及批文（略）

（四）企业合并及合并财务报表（略）

（五）合并财务报表项目注释

（以下附注期初余额是指 2012 年 1 月 1 日余额，期末余额是指 2012 年 12 月 31 日余额；本期是指 2012 年度，上期是指 2011 年度）

1．货币资金（略）

2．应收票据

应收票据余额表见表 5-15。

表 1-15　　　　　　　　　　应收票据余额表

种类	期末余额	年初余额
银行承兑汇票	7 676 462 742.98	7 488 280 307.51
商业承兑汇票	1 003 598 465.84	737 403 370.83
合计	8 680 061 208.82	8 225 683 678.34

3．应收账款

（1）应收账款按种类披露见表 1-16。

表 1-16　　　　　　应收账款账面余额及坏账准备情况表（按种类）

种类	期末余额			
	账面余额		坏账准备	
	金额	比例（%）	金额	比例（%）
单项金额重大并单项计提坏账准备的应收账款	772 664 797.64	58.98	38 650 704.57	5.00
按账龄分析法计提坏账准备的应收账款	536 054 157.89	40.92	27 579 364.35	5.14
单项金额虽不重大但单项计提坏账准备的应收账款	1 299 648.07	0.10	257 006.53	19.78
合计	1 310 018 603.60	—	66 487 075.45	—

表 1-16（续）

种类	期初余额			
	账面余额		坏账准备	
	金额	比例（%）	金额	比例（%）
单项金额重大并单项计提坏账准备的应收账款	660 568 155.86	59.82	33 426 301.12	5.06
按账龄分析法计提坏账准备的应收账款	420 311 350.43	38.06	21 766 942.31	5.18
单项金额虽不重大但单项计提坏账准备的应收账款	23 372 279.22	2.12	7 325 622.69	31.34
合计	1 104 251 785.51	—	62 518 866.12	—

期末单项金额重大并单项计提坏账准备的应收账款见表 1-17：

表 1-17　　　　　期末单项金额重大并单项计提坏账准备的应收账款

序号	账面余额	坏账准备	计提比例（%）	计提理由
1	344 861 833.19	17 243 091.66	5.00	
2	135 098 717.32	6 755 082.29	5.00	
3	65 513 778.50	3 275 688.93	5.00	
4	59 949 523.06	2 997 476.15	5.00	
5	38 158 248.94	1 907 912.45	5.00	
6	32 990 444.29	1 649 522.21	5.00	
7	27 930 671.30	1 396 533.57	5.00	
8	25 739 899.40	1 303 783.64	5.00	
9	21 956 898.46	1 098 374.52	5.00	
10	20 464 783.18	1 023 239.16	5.00	
合计	772 664 797.64	38 650 704.57	—	—

组合中，按账龄分析法计提坏账准备的应收账款见表 1-18：

表 1-18　　　　　应收账款坏账准备计提情况表

账龄	期末余额			年初余额		
	账面余额		坏账准备	账面余额		坏账准备
	金额	比例（%）		金额	比例（%）	
1 年以内	521 065 603.12	97.20	26 053 280.18	405 419 169.66	96.45	20 270 958.48
1 至 2 年	14 716 267.82	2.75	1 471 626.78	14 824 523.27	3.53	1 482 452.33
2 至 3 年	272 286.95	0.05	54 457.39	67 657.50	0.02	13 531.50
3 至 5 年						
5 年以上						
合计	536 054 157.89	—	27 579 364.35	420 311 350.43	—	21 766 942.31

期末单项金额虽不重大但单项计提坏账准备的应收账款见表1-19。

表1-19　　　　　期末单项金额虽不重大但单项计提坏账准备的应收账款

序号	账面余额	坏账准备	计提比例(%)	计提理由
1	735 813.90	40 590.70	5.52	部分货款收回的可能性不大
2	386 648.23	78 084.32	20.20	部分货款收回的可能性不大
3	105 589.97	66 735.54	63.20	部分货款收回的可能性不大
4	64 197.97	64 197.97	100.00	单独测试收回可能性小
5	7 398.00	7 398.00	100.00	单独测试收回可能性小
合计	1 299 648.07	257 006.53		

（2）本报告期内实际核销的应收账款情况见表1-20。

表1-20　　　　　　本报告期内实际核销的应收账款情况表

序号	应收账款性质	核销金额	核销原因	是否因关联交易产生
1	销货款	1 365 577.38	款项有争议，预计无法收回	否
2	销货款	1 304 202.71	款项有争议，预计无法收回	否
3	销货款	680 833.84	款项有争议，预计无法收回	否
4	销货款	644 336.18	款项有争议，预计无法收回	否
5	销货款	416 393.06	款项有争议，预计无法收回	否
6	销货款	413 757.15	款项有争议，预计无法收回	否
7	销货款	365 948.00	款项有争议，预计无法收回	否
8	销货款	180 460.38	款项有争议，预计无法收回	否
9	销货款	168 060.00	款项有争议，预计无法收回	否
10	销货款	116 341.90	款项有争议，预计无法收回	否
11	销货款	109 920.00	款项有争议，预计无法收回	否
其他	销货款	655 796.62	款项有争议，预计无法收回	否
合计	—	6 421 627.22		

应收账款核销说明：

本年核销应收款项7 873 419.78元，其中：应收账款核销6 421 627.22元、其他应收款核销1 451 792.56元。

（3）截止到2012年12月31日，应收账款中无持有公司5%（含5%）以上表决权股份的股东欠款。

（4）应收账款金额前五名单位情况见表1-21。

表1-21　　　　　　　应收账款金额前五名单位情况表

序号	与本公司关系	金额	年限	占应收账款总额的比例(%)
1	非关联方	344 861 833.19	1年以内	26.32

表1-21（续）

序号	与本公司关系	金额	年限	占应收账款总额的比例（%）
2	非关联方	135 098 717.32	1年以内，1-2年	10.31
3	非关联方	65 513 778.50	1年以内	5.00
4	非关联方	59 949 523.06	1年以内	4.58
5	非关联方	38 158 248.94	1年以内	2.92
合计	—	643 582 101.01		49.13

（5）应收关联方账款情况见表1-22。

表1-22　　　　　　　　　**应收关联方账款情况表**

单位名称	与本公司关系	金额	占应收账款总额的比例（%）
海信(香港)中非销售控股有限公司	关联方	23 988 010.09	1.83
海信国际营销美洲控股有限公司	关联方	14 885 758.63	1.14
海信国际（香港）有限公司	关联方	2 865 704.02	0.22
青岛海信宽带多媒体技术有限公司	关联方	633 161.04	0.05
广东海信通信有限公司	关联方	175 829.83	0.01
合计	—	42 548 463.61	3.25

4. 其他应收款

（1）其他应收款按种类披露情况见表1-23、表1-24。

表1-23　　　　　　　　　**其他应收款情况表（按种类）**

种类	期末余额			
	账面余额		坏账准备	
	金额	比例	金额	比例
单项金额重大并单项计提坏账准备的应收账款	25 002 720.00	56.35	25 002 720.00	100.00
按账龄分析法计提坏账准备的应收账款	19 365 400.42	43.65	1 457 803.70	7.53
单项金额虽不重大但单项计提坏账准备的应收账款			26 460 523.70	
合计	44 368 120.42	—	26 460 523.70	—

表1-24　　　　　　　　　**其他应收款情况表（按种类）**

种类	期末余额			
	账面余额		坏账准备	
	金额	比例	金额	比例
单项金额重大并单项计提坏账准备的应收账款	25 002 720.00	60.71	25 002 720.00	100.00

表1-24(续)

种类	期末余额			
	账面余额		坏账准备	
	金额	比例	金额	比例
按账龄分析法计提坏账准备的应收账款	14 734 852.03	35.78	1 112 496.42	7.55
单项金额虽不重大但单项计提坏账准备的应收账款	1 444 528.88	3.51	1 444 528.88	100.00
合计	41 182 100.91	—	27 559 745.30	—

期末单项金额重大并单项计提坏账准备的其他应收款见表1-25。

表 1-25　　　　期末单项金额重大并单项计提坏账准备的其他应收款

序号	账面余额	坏账准备	计提比例	计提理由
1	25 002 720.00	25 002 720.00	100.00	账龄超过5年
合计	25 002 720.00	25 002 720.00	—	—

组合中，按账龄分析法计提坏账准备的其他应收款见表1-26。

表 1-26　　　　　　其他应收款坏账准备计提情况表

账龄	期末余额			年初余额		
	账面余额		坏账准备	账面余额		坏账准备
	金额	比例(%)		金额	比例(%)	
1 年以内	15 234 473.44	78.67	761 723.69	10 984 384.05	74.55	549 219.19
1 至 2 年	2 333 107.81	12.05	233 310.78	2 792 613.63	18.95	279 261.36
2 至 3 年	1 453 801.17	7.51	290 760.23	649 704.35	4.41	129 940.87
3 至 5 年	344 018.00	1.77	172 009.00	308 150.00	2.09	154 075.00
5 年以上						
合计	19 365 400.42	—	1 457 803.70	14 734 852.03	—	1 112 496.42

（2）本报告期内实际核销的其他应收款情况见表1-27。

表 1-27　　　　本报告期内实际核销的其他应收款情况表

序号	其他应收款性质	核销金额	核销原因	是否因关联交易产生
1	押金	1 101 339.00	无法收回	否
2	个人借款	248 168.39	债务人死亡	否
3	押金	45 596.00	停止合作	否
4	个人借款	20 000.00	无法收回	否
其他	保证金等	36 689.17	无法收回	否
合计	—	1 451 792.56	—	—

其他应收款核销说明：

本年核销应收款项 7 873 419.78 元；其中，应收账款核销 6 421 627.22 元、其他应收款核销 1 451 792.56 元。

（3）截止到 2012 年 12 月 31 日，其他应收款中无持有公司 5%（含 5%）以上表决权股份的股东和关联方的欠款。

（4）其他应收款金额前五名单位情况见表 1-28。

表 1-28　　　　　　　　　其他应收款金额前五名单位情况

序号	与本公司关系	金额	年限	占应收账款总额的比例（%）
1	非关联方	25 002 720.00	5 年以上	56.35
2	非关联方	3 475 716.64	1 年以内	7.83
3	非关联方	1 453 099.83	1 年以内	3.28
4	非关联方	1 157 689.50	1 年以内	2.61
5	非关联方	1 000 000.00	1 年以内	2.25
合计	—	32 089 225.97		72.32

5. 预付款项

（1）预付款项按账龄列示见表 1-29。

表 1-29　　　　　　　　　预付账款账龄情况表

账龄	期末余额		年初余额	
	金额	比例（%）	金额	比例（%）
1 年以内	25 270 599.19	100.00	27 459 437.37	99.20
1 至 2 年			222 780.00	0.80
合计	25 270 599.19	—	27 682 217.37	—

（2）预付款项金额前五名单位情况见表 1-30。

表 1-30　　　　　　　　　预付款项金额前五名单位情况表

序号	与本公司关系	金额	年限	未结算原因
1	非关联方	4 965 973.13	1 年以内	预付货款
2	非关联方	3 162 952.99	1 年以内	预付货款
3	非关联方	2 062 491.11	1 年以内	预付货款
4	非关联方	1 652 577.50	1 年以内	预付货款
5	非关联方	1 398 429.89	1 年以内	预付关增税
合计	—	13 242 424.62		

6. 存货

（1）存货分类情况见表 1-31。

表 1-31 　　　　　　　　　　　　存货情况表

项目	期末余额			年初余额		
	账面余额	跌价准备	账面价值	账面余额	跌价准备	账面价值
原材料	1 382 194 495.06	3 973 735.41	1 378 220 759.65	621 202 339.38	4 434 792.62	616 767 546.76
在产品	5 070 721.15		5 070 721.15	3 617 784.54		3 617 784.54
库存商品	2 290 764 785.52	74 501 503.00	2 216 263 282.52	1 726 156 536.30	66 378 488.97	1 659 778 047.33
合计	3 678 030 001.73	78 475 238.41	3 599 554 763.32	2 350 976 660.22	70 813 281.59	2 280 163 378.63

（2）存货跌价准备情况见表 1-32。

表 1-32 　　　　　　　　　　　存货跌价准备情况表

存货种类	年初余额	本期计提	本期计提		期末余额
			转回	转销	
原材料	4 434 792.62			461 057.21	3 973 735.41
库存商品	66 378 488.97	56 084 899.06		47 961 885.03	74 501 503.00
合计	70 813 281.59	56 084 899.06		48 422 942.24	78 475 238.41

（3）存货的说明。截止到 2012 年 12 月 31 日，公司存货无抵押、担保等情况，也无借款费用资本化情况。

7. 对合营企业和联营企业投资（略）

8. 长期股权投资

（1）长期股权投资情况见表 1-33、表 1-34。

表 1-33 　　　　　　　　　　　长期股权投资情况表

被投资单位	核算方法	投资成本	年初余额	本期增加	本期减少	期末余额
1. 对联营企业投资		110 639 300.00	139 427 665.35	21 807 970.34	1 530 576.78	159 705 058.91
海信集团财务有限公司	权益法	106 639 300.00	129 648 992.21	21 807 970.34		151 456 962.55
青岛海信数字多媒体技术国家重点实验室有限公司	权益法	4 000 000.00	9 778 673.14		1 530 576.78	8 248 096.36
2. 其他长期股权投资		98 668 793.71	98 668 793.71			98 668 793.71
深圳市中彩联科技有限公司	成本法	1 102 000.00	1 102 000.00			1 102 000.00
青岛海信国际营销股份有限公司	成本法	3 800 000.00	3 800 000.00			3 800 000.00
上海数字电视国家工程研究所	成本法	3 600 000.00	3 600 000.00			3 600 000.00
辽宁海信电子有限公司	成本法	41 374 871.31	41 374 871.31			41 374 871.31

表1-33（续）

被投资单位	核算方法	投资成本	年初余额	本期增加	本期减少	期末余额
北京海信数码科技有限公司	成本法	7 500 000.00	7 500 000.00			7 500 000.00
淄博海信电子有限公司	成本法	41 291 922.40	41 291 922.40			41 291 922.40
合计		209 308 093.71	238 096 459.06	21 807 970.34	1 530 576.78	258 373 852.62

表1-34　　　　　　　　　　　长期股权投资情况表

被投资单位	在被投资单位持股比例(%)	在被投资单位表决权比例(%)	在被投资单位持股比例与表决权比例不一致的说明	减值准备	本期计提减值准备	现金红利
1. 对联营企业投资						
海信集团财务有限公司	20.00	20.00				
青岛海信数字多媒体技术国家重点实验室有限公司	40.00	40.00				
2. 其他长期股权投资				48 874 871.31		3 800 000.00
深圳市中彩联科技有限公司	11.00	11.00				
青岛海信国际营销股份有限公司	12.67	12.67				3 800 000.00
上海数字电视国家工程研究所	6.38	6.38				
辽宁海信电子有限公司	57.50	0.00	公司处于	41 374 871.31		
北京海信数码科技有限公司	75.00	0.00	公司处于	7 500 000.00		
淄博海信电子有限公司	95.00	0.00	公司处于			
合计				48 874 871.31		3 800 000.00

（2）长期股权投资的说明。对期末处于清算过程中的子公司清算进展情况详见："附注十一、其他重要事项2"。

9. 投资性房地产

（1）按成本计量的投资性房地产见表1-35。

表1-35　　　　　　　　　　投资性房地产情况表（按成本计量）

项目	年初余额	本期增加购置或计提	自用或转存货处置	本期减少转为自用	期末余额
一、账面原值合计	79 599 999.61			4 925 119.45	74 674 880.16
房屋、建筑物	79 599 999.61			4 925 119.45	74 674 880.16
二、累计折旧和累计摊销合计	28 462 566.04	2 003 390.60		2 531 385.89	27 934 570.75
房屋、建筑物	28 462 566.04	2 003 390.60		2 531 385.89	27 934 570.75

表1-35（续）

项目	年初余额	本期增加 购置或计提	自用或转 存货处置	本期减少 转为自用	期末余额
三、投资性房地产账面净值合计	51 137 433.57				46 740 309.41
房屋、建筑物	51 137 433.57				46 740 309.41
四、投资性房地产减值准备累计金额合计房屋、建筑物					
五、投资性房地产账面价值合计	51 137 433.57				46 740 309.41
房屋、建筑物	51 137 433.57				46 740 309.41

本期折旧额 2 003 390.60 元。

（2）投资性房地产说明。本公司本期重新测算实际出租房产情况，调整自用房地产与投资性房地产的价值，将投资性房地产原值 4 925 119.45 元，调整计入固定资产房产原值，对应的投资性房地产累计折旧调整计入固定资产累计折旧 2 531 385.89 元。

10. 固定资产

（1）固定资产情况见表 1-36。

表 1-36　　　　　　　　　　固定资产情况表

项目	年初余额	本期增加	本期减少	期末余额
一、账面原值合计：	1 700 581 912.35	432 897 450.18	41 360 489.05	2 092 118 873.48
其中：房屋及建筑物	722 088 210.52	245 344 978.91	1 695 648.51	965 737 540.92
通用设备	99 986 142.53	13 201 408.99	3 219 612.97	109 967 938.55
通用仪表	41 760 711.43	10 543 085.13	7 280 648.50	45 023 148.06
专用设备	677 479 928.70	139 734 476.14	14 679 545.00	802 534 859.84
专用仪表	133 996 386.60	19 112 698.47	11 505 616.10	141 603 468.97
运输设备	21 992 516.63	3 539 588.02	2 905 974.51	22 626 130.14
办公设备	3 278 015.94	1 421 214.52	73 443.46	4 625 787.00
二、累计折旧合计：	673 459 789.79	140 151 779.72	28 926 423.90	784 685 145.61
其中：房屋及建筑物	179 802 341.85	27 597 427.66	992 903.32	206 406 866.19
通用设备	86 567 267.92	5 501 194.36	2 637 777.01	89 430 685.27
通用仪表	27 944 772.52	7 860 528.24	6 514 478.98	29 290 821.78
专用设备	286 798 178.65	75 345 197.36	7 718 000.51	354 425 375.50
专用仪表	76 399 004.02	18 598 262.60	8 288 644.44	86 708 622.18
运输设备	13 654 145.89	4 668 765.47	2 721 719.49	15 601 191.87
办公设备	2 294 078.94	580 404.03	52 900.15	2 821 582.82

表1-36（续）

项目	年初余额	本期增加	本期减少	期末余额
三、固定资产账面净值	1 027 122 122.56			1 307 433 727.87
其中：房屋及建筑物	542 285 868.67			759 330 674.73
通用设备	13 418 874.61			20 537 253.28
通用仪表	13 815 938.91			15 732 326.28
专用设备	390 681 750.05			448 109 484.34
专用仪表	57 597 382.58			54 894 846.79
运输设备	8 338 370.74			7 024 938.27
办公设备	983 937.00			1 804 204.18
四、减值准备合计	21 585 347.51			21 948 086.81
其中：房屋及建筑物				
通用设备	1 677 327.83			1 833 484.45
通用仪表	369 738.66			263 844.52
专用设备	7 697 918.72			9 347 026.50
专用仪表	11 790 804.14			10 445 014.40
运输设备	49 558.16			58 716.94
办公设备				
五、固定资产账面价值	1 005 536 775.05			1 285 485 641.06
其中：房屋及建筑物	542 285 868.67			759 330 674.73
通用设备	11 741 546.78			18 703 768.83
通用仪表	13 446 200.25			15 468 481.76
专用设备	382 983 831.33			438 762 457.84
专用仪表	45 806 578.44			44 449 832.39
运输设备	8 288 812.58			6 966 221.33
办公设备	983 937.00			1 804 204.18

本期累计折旧增加140 151 779.72元，其中自投资性房地产转入2 531 385.89元，折旧费用137 620 393.83元。

本期由在建工程转入固定资产原价为314 489 263.84元。

（2）通过经营租赁租出的固定资产见表1-37。

表 1-37　　　　　　　　　经营租赁租出的固定资产情况表

项目	账面价值
专用设备	65 356 852.89
专用仪器	432 219.57
通用设备	39 425.82
通用仪表	5 445.00
合计	65 833 943.28

11. 在建工程（略）

12. 无形资产

无形资产情况见表 1-38。

表 1-38　　　　　　　　　无形资产情况表

项目	年初余额	本期增加	本期减少	期末余额
一、账面原值合计	259 639 623.56	2 362 129.28		262 001 752.84
非专利技术	42 414 413.95			42 414 413.95
软件	45 814 682.15	2 362 129.28		48 176 811.43
土地使用权	171 410 527.46			171 410 527.46
二、累计摊销合计	56 530 554.91	8 290 922.00		64 821 476.91
非专利技术	25 450 641.87	700 000.08		26 150 641.95
软件	22 472 121.46	4 153 932.43		26 626 053.89
土地使用权	8 607 791.58	3 436 989.49		12 044 781.07
三、无形资产账面净值合计	203 109 068.65			197 180 275.93
非专利技术	16 963 772.08			16 263 772.00
软件	23 342 560.69			21 550 757.54
土地使用权	162 802 735.88			159 365 746.39
四、减值准备合计	22 473 744.78			22 473 744.78
非专利技术	9 041 342.74			9 041 342.74
软件	13 432 402.04			13 432 402.04
土地使用权				
五、无形资产账面价值合计	180 635 323.87			174 706 531.15
非专利技术	7 922 429.34			7 222 429.26
软件	9 910 158.65			8 118 355.50
土地使用权	162 802 735.88			159 365 746.39

本期摊销额 8 290 922.00 元。

13. 长期待摊费用（略）

14. 递延所得税资产/递延所得税负债（略）

15. 资产减值准备明细

资产减值准备明细见表1-39。

表 1-39　　　　　　　　　　　　资产减值准备明细表

项目	期初余额	本期增加	本期减少		期末余额
			转回	转销	
一、坏账准备	90 078 611.42	10 742 407.51		7 873 419.78	92 947 599.15
二、存货跌价准备	70 813 281.59	56 084 899.06		48 422 942.24	78 475 238.41
三、长期股权投资减值准备	48 874 871.31				48 874 871.31
四、固定资产减值准备	21 585 347.51	2 107 355.42		1 744 616.12	21 948 086.81
五、无形资产减值准备	22 473 744.78				22 473 744.78
合计	253 825 856.61	68 934 661.99		58 040 978.14	264 719 540.46

资产减值准备说明：本期资产减值准备转销58 040 978.14元。其中，应收账款核销6 421 627.22元、其他应收款核销1 451 792.56元；本期转销存货跌价准备48 422 942.24元；本期转销固定资产减值准备1 744 616.12元。

16. 应付票据

应付票据情况见表1-40。

表 1-40　　　　　　　　　　　　应付票据情况表

种类	期末金额	年初余额
银行承兑汇票	242 627 422.97	122 347 109.43
商业承兑汇票	602 421 295.13	624 037 223.52
合计	845 048 718.10	746 384 332.95

下一会计期间将到期的金额为845 048 718.10元。

应付票据前五名情况见表1-41：

表 1-41　　　　　　　　　　　　应付票据前五名情况表

序号	金额	票据种类
1	12 079 254.01	商业承兑汇票
2	10 849 017.36	商业承兑汇票
3	9 730 000.00	商业承兑汇票
4	9 690 000.00	商业承兑汇票
5	9 252 045.00	银行承兑汇票
小计	51 600 316.37	

17. 应付账款

（1）账龄分析。应付账款账龄分析情况详见表1-42。

表 1-42 应付账款账龄分析表

账龄	期末余额	年初余额
1 年以内	5 093 189 664.61	4 806 221 778.39
1 年以上	19 514 407.43	36 009 232.19
合计	5 112 704 072.04	4 842 231 010.58

（2）截止到 2012 年 12 月 31 日，应付账款中不存在欠付持公司 5%（含 5%）以上表决权股份的股东的款项。

（3）本报告期末应付账款中应付关联方的款项情况详见"附注（六）、关联方及关联交易 6、关联方应收应付款项"。

18. 预收款项

（1）账龄分析。预收账款账龄分析表见表 1-43。

表 1-43 预收账款账龄分析表

账龄	期末余额	年初余额
1 年以内	769 076 955.01	711 469 309.46
1 年以上	8 533 710.32	2 802 899.28
合计	777 610 665.33	714 272 208.74

（2）截止到 2012 年 12 月 31 日，预收款项中不存在欠付持公司 5%（含 5%）以上表决权股份的股东的款项。

（3）本报告期末预收账款中预收关联方的款项情况详见"附注（六）、关联方及关联交易 6、关联方应收应付款项"。

19. 应付职工薪酬（略）

20. 应交税费（略）

21. 其他应付款

（1）账龄分析。其他应付款账龄分析见表 1-44。

表 1-44 其他应付款账龄分析表

账龄	期末余额	年初余额
1 年以内	2 123 790 077.39	1 992 778 458.27
1 年以上	29 899 407.16	18 214 209.05
合计	2 153 689 484.55	2 010 992 667.32

（2）截止到 2012 年 12 月 31 日，其他应付款中不存在欠付持公司 5%（含 5%）以上表决权股份的股东的款项。

（3）本报告期末其他应付款中应付关联方的款项情况详见"附注（六）、关联方及关联交易 6、关联方应收应付款项"。

22. 其他非流动负债（递延收益）（略）

23. 股本（略）

24. 资本公积（略）

25. 盈余公积（略）

26. 未分配利润（略）

27. 营业收入和营业成本

（1）营业收入和营业成本。营业收入和营业成本情况见表1-45。

表1-45　　　　　　　　　　　营业收入和营业成本情况表

项目	本期金额	上期金额
主营业务收入	23 213 664 391.59	21 754 069 036.03
其他业务收入	2 038 316 039.41	1 769 654 514.17
营业收入合计	25 251 980 431.00	23 523 723 550.20
主营业务成本	18 760 405 161.22	16 924 670 113.92
其他业务成本	1 941 674 053.17	1 689 823 065.71
营业成本合计	20 702 079 214.39	18 614 493 179.63

（2）主营业务（分产品）。按产品分类的主营业务情况见表1-46。

表1-46　　　　　　　　　　　主营业务情况表（分产品）

产品	本期金额		上期金额	
	营业收入	营业成本	营业收入	营业成本
电视机	22 307 800 551.55	17 970 200 647.35	21 340 859 513.90	16 576 355 412.20
其他	905 863 840.04	790 204 513.87	413 209 522.13	348 314 701.72
合计	23 213 664 391.59	18 760 405 161.22	21 754 069 036.03	16 924 670 113.92

（3）主营业务（分地区）。按地区分类的主营业务情况见表1-47。

表1-47　　　　　　　　　　　主营业务情况表（分地区）

产品	本期金额		上期金额	
	营业收入	营业成本	营业收入	营业成本
国内	17 879 244 312.65	13 745 401 953.06	17 511 599 855.15	12 908 983 331.62
国外	5 334 420 078.94	5 015 003 208.16	4 242 469 180.88	4 015 686 782.30
合计	23 213 664 391.59	18 760 405 161.22	21 754 069 036.03	16 924 670 113.92

28. 营业税金及附加（略）

29. 营业费用（略）

30. 管理费用（略）

31. 财务费用

财务费用情况见表1-48。

表 1-48   财务费用情况表

项目	本期金额	上期金额
利息支出		
减：利息收入	60 081 354.07	39 461 543.55
汇兑损失	−3 963 695.29	−19 693 523.86
手续费	12 205 497.03	17 562 086.92
承兑汇票贴息	9 917 380.42	2 058 729.83
其他	−12 431 167.94	−4 158 957.24
合计	−54 353 339.85	−43 693 207.90

32. 资产减值损失

资产减值损失情况见表 1-49。

表 1-49   资产减值损失情况表

项目	本期金额	上期金额
一、坏账损失	11 380 875.02	14 172 745.80
二、存货跌价损失	56 084 899.06	13 188 791.38
三、固定资产减值损失	2 107 355.42	9 108 243.36
合计	69 573 129.50	36 469 780.54

33. 投资收益（略）

34. 营业外收入（略）

35. 营业外支出（略）

36. 所得税费用（略）

37. 基本每股收益和稀释每股收益的计算过程（略）

38. 其他综合收益（略）

39. 现金流量表项目注释（略）

40. 现金流量表补充资料（略）

（六）关联方及关联交易（略）

（七）股份支付（略）

（八）或有事项

截至 2012 年 12 月 31 日，本公司不存在应披露的未决诉讼、对外担保等或有事项。

（九）承诺事项

截至 2012 年 12 月 31 日，本公司不存在应披露的承诺事项。

（十）资产负债表日后事项

1. 资产负债表日后利润分配情况说明

利润分配：经本公司第六届董事会第十七次会议决议，根据国富浩华会计师事务所

(特殊普通合伙) 审计的 2012 年度财务报表，本年度母公司实现净利润 1 561 096 192.13 元，期初未分配利润 2 650 002 179.93 元，本期提取法定盈余公积金 156 109 619.21 元、任意盈余公积金 156 109 619.21 元后，期末母公司可供分配利润 3 898 879 133.64 元。

按公司现行总股本 1 306 645 222 股，向全体股东每 10 股派发现金 3.7 元（含税），共计 483 458 732 元，余额留待以后年度分配。

上述利润分配预案尚需经股东大会审议通过。

2. 其他资产负债表日后事项说明

截至本财务报表签发日（董事会批准报出日），本公司不存在其他应披露的资产负债表日后事项。

（十一）其他重要事项

（1）租赁。经营租赁出租人租出固定资产的增减变动情况见表 1-50。

表 1-50　　　　　　　经营租赁出租人租出固定资产的增减变动情况表

经营租赁租出资产类别	期末账面价值	年初账面价值
房屋及建筑物	46 740 309.41	51 137 433.57
机器设备	65 833 943.28	49 625 667.93

（2）本公司的原子公司辽宁海信电子有限公司 2008 年 12 月 31 日进入清算程序，截止到本财务报表签发日清算程序仍未结束；本公司原子公司北京海信数码科技有限公司经其股东会决议 2010 年 6 月 30 日进入清算程序，截止到本财务报表签发日清算程序仍未结束；本公司原子公司淄博海信电子有限公司经其股东会决议 2011 年 6 月 30 日进入清算程序，截止到本财务报表签发日清算程序仍未结束。

（3）本公司的子公司广东海信多媒体有限公司因场地限制，无法满足公司进一步发展的需要，为优化生产基地布局，本年在广东江门投资建设广东海信电子有限公司。对广东海信多媒体有限公司拟作清算处理。

（4）截至 2012 年 12 月 31 日，本公司不存在应披露的其他重要事项。

本章思考题：

1. 怎么理解财务报表分析？
2. 财务报表分析与财务会计、财务管理存在何种关系？
3. 财务报表分析的目的与作用是什么？
4. 财务报表分析包括哪些内容？
5. 进行财务报表分析的基本程序有哪些？
6. 财务报表分析的基本方法有哪几种？

第二章　企业财务报表解读

本章导读

　　企业财务报告是财务报表分析的主要信息来源，对财务报表的准确解读是进行财务报表分析的必要条件。通过本章学习，学生应正确理解资产负债表、利润表、现金流量表和所有者权益变动表四大主表和财务报表附注、审计报告的结构、内容、作用等知识点，并学会对财务报表进行初步分析。

第一节　财务报表分析的主要信息来源

　　在企业的财务会计系统里，企业发生的经济活动及其结果都是通过企业会计系统予以记录和反映的。因此财务报表分析主要依据的就是企业内部的会计核算资料，其中财务报告是最主要的。财务报告是综合反映企业在一定时期的财务状况、经营成果和现金流量情况的书面文件。它是进行财务报表分析的主要信息来源。企业通过财务报告向外界传递其有关财务状况、经营成果、资金流量等方面的信息，投资者借此进行相应的分析与投资决策，国家管理与监督部门借此对企业实行宏观管理与监督控制。

一、企业财务报告

　　企业财务报告一般包括财务报表、财务报表附注两个部分。企业财务报表按其具体格式和内容不同又分为资产负债表、利润表、现金流量表及所有者权益变动表，企业集团中的母公司还应按照规定的范围编制合并财务报表。企业的年度财务报告必须由注册会计师依法审查验证，并附以审计报告才能对外报告。

（一）财务报表

　　财务报表是提供会计信息的载体，是会计信息经过系统加工和处理的产物。企业必须按照各项会计准则、遵循一定的会计方法、会计处理程序并按规定的格式和内容定期编制。财务报表按照其反映的内容可分为主表和附表，主表是综合反映企业经济活动的报表，包括资产负债表、利润表、现金流量表和所有者权益变动表，附表是对主表中某些重要项目做进一步说明的报表。

　　1. 主表

　　资产负债表是反映企业在某一特定日期的资产、负债和所有者权益数额及其构成情况的财务报表。利用该表可以分析企业资产的分布状态、负债和所有者权益的构成情况，据以评价企业的资产、资本结构是否正常；可以分析企业资产的流动性或变现能力，长、短期债务金额及偿债能力，评价企业的财务弹性及承担风险的能力；利用资产负债表还有助于分析企业的盈利能力，评价企业的经营业绩。

利润表是反映企业在一定时期内利润或亏损总额实现情况的财务报表。根据利润表可以为财务报表分析提供反映企业财务状况和经营成果及构成的信息资料，分析企业是否实现了利润目标，评价经营活动的业绩。将利润表与资产负债表项目结合起来分析，可以计算所占用资产与所得收益之间的比例关系，为分析企业的盈利能力、贷款的安全性和评价企业收益水平提供依据。根据利润表还可以提供反映企业主营业务收入与成本费用配比状况的信息资料，为分析企业主营业务经营状况以及进一步分析财务成果形成提供资料。

现金流量表是以现金及现金等价物为基础编制的财务状况变动表。它为财务报表使用者提供的信息包括：提供了企业现金来源与运用的信息，这对于分析企业现金来源与运用的合理性，判断企业的营运状况和效果，评价企业的经营业绩都是非常有益的；提供企业现金增减变动原因的信息，既明确了企业当期现金增减的合理性，又可以为改善企业资金管理指明方向。对现金流量表进行分析，可以弥补传统财务报表分析仅以资产负债表和利润表为依据而产生的受会计方法本身的影响。

所有者权益变动表是反映企业在某一特定时间内有关所有者权益的各组成项目增减变动情况的报表。所有者权益变动表全部反映一定时期所有者权益变动的情况，不仅包括所有者权益总量的增减变动，还包括所有者权益增减变动的重要结构性信息，特别是要反映直接计入所有者权益的利得和损失，让报表使用者准确理解所有者权益增减变动的根源。

2. 附表

财务报告附表是补充反映企业财务状况、经营成果和现金流量的报表，主要是指上述四张主表的附表。附表可以让报表使用者更加详细地了解报表数据，有助于进一步地对企业会计数据进行分析。从我国目前的情况看，资产负债表的附表主要包括资产减值准备明细表、股东权益增减变动表、应交增值税明细表等。利润表的附表，主要包括利润分配表、分部报表等。

（二）财务报表附注

财务报表附注是为便于财务报表使用者理解财务报表的内容而对财务报表的编制基础、编制依据、编制原则和方法及主要项目等所作的解释，包括企业一般情况、基本会计假设、会计政策、变更事项、报表项目注释、分部信息以及重要事项揭示等内容，具体如下：

（1）对企业的基本情况，以及不符合基本会计假设的说明。

（2）主要会计政策与会计估计的选择、变更及其说明。

（3）对或有事项、期后事项的说明。

（4）对关联方关系及关联方交易的说明。

（5）对重要资产的转让、出售，企业合并、分立等事项以及重大投资、融资活动的说明。

（6）对报表中一些重要项目如应收款、存货、投资、固定资产、无形资产等的说明。

财务报表中的数字是经过分类与汇总后的结果，是对企业发生的经济业务的高度简化和浓缩的数字，不可能全面展现企业财务状况的全貌，财务报表附注则大大提高了对报表中数据信息的可理解性。附注与资产负债表、利润表、现金流量表、所有者权益变动表等报表具有同等的重要性，是财务报表的重要组成部分。

（三）审计报告

审计报告，是指注册会计师根据审计准则等规范的规定，通过开展审计工作获取审计资料，并对被审计单位财务报表发表审计意见的书面文件，是企业财务报告中的重要组成部分。

根据所出具的审计意见不同，审计报告的类型大致可分为标准审计报告和非标准审计报告。标准审计报告，是指注册会计师出具的无保留意见的审计报告未附加说明段、强调事项段或任何修饰性用语。这类审计报告包含的审计报告要素齐全，属于无保留意见。非标准审计报告，是指标准审计报告以外的其他审计报告，包括带强调事项段的无保留意见的审计报告和非无保留意见的审计报告，具体包括保留意见的审计报告、否定意见的审计报告和无法表示意见的审计报告。

审计报告具有鉴证、保护和提示作用，能够对企业财务报表的真实性、可靠性提出具有参考价值的意见，并审查企业采用会计计量、记录是否合规，列报是否得当，是否存在虚假列报事项，因此越来越受到各类信息使用者的重视，是财务报表分析过程中的重要参考依据之一。对于企业股东，审计报告是评价管理者受托责任履行情况的重要依据；对于潜在投资者，审计报告是帮助其进行理性投资决策的保证，可以促进社会资金向高回报的投资项目流动；对于政府及其他管理部门，审计报告也是衡量经济发展水平，制定宏观经济政策时必要的信息来源。

二、其他信息来源

财务报告是财务报表分析的主要信息来源，除此之外，还应依据其他各种内、外部信息资料。来自于企业内部的其他信息资料主要包括招股说明书、上市公告书及其他相关资料；而源于企业外部的信息资料主要包括行业财务信息、其他中介机构的评估、评价报告等。只有内外部资料相结合，才能客观地、全面地进行财务报表分析。

第二节　资产负债表及其附表解读

资产负债表是反映企业在某一特定日期的资产、负债和所有者权益数额及其构成情况的财务报表。它由资产、负债、所有者权益三大会计要素构成，属于静态报表。

根据企业会计制度的规定，每个月月末企业都应该编制当月的资产负债表，用以反映企业拥有或控制的、能以货币计量的经济资源及其总体分布形态、企业所承担的债务结构以及企业净资产的组成情况等。

一、资产负债表的作用

对于报表的阅读与分析者而言，资产负债表能够发挥如下作用：

1. 有助于使用者全面了解企业资产规模、资产结构与资产质量。由于资产是企业赖以生存并盈利的基础，因此，对于资产的分析评价，有助于进一步判断企业持续生产与经营的能力与规模，分析企业的盈利潜力与偿债实力。

2. 有助于了解企业的资本结构，评价企业进一步融资的能力及潜在的运营风险。一般而言，当企业资产负债率偏高时，意味着企业潜在的财务风险加大，将直接影响企业进一步举债经营的能力。

3. 有助于分析判断企业的财务状况、特别是资金需求的未来变动趋势。通过对企业资产质量及其即时变现能力的分析，以及对债务结构、特别是债务期限与偿还方式的分析，并结合企业的现金流量表所反映的信息，有助于使用者分析推测企业未来的资金流入水平与资金流出需求。

二、资产负债表的结构

资产负债表的编制是依据"资产＝负债＋所有者权益"的会计等式和财务报表的编报目的，按照一定的标准，对所有资产、负债和所有者权益项目进行归类排列。对这一等式的不同变形，便决定了资产负债表可以有不同的编制格式。常见的资产负债表编制格式有账户式和报告式。

账户式资产负债表的结构是直接以"资产＝负债＋所有者权益"这一基本等式为依据，将资产负债表划分为左右两方。其中，左方反映企业的各项资产，右方反映企业的负债和所有者权益，左右双方总额相等。账户式资产负债表能够比较清楚地反映企业资产、负债与所有者权益三大要素之间的数量关系。我国目前规定采用的资产负债表一般都是"账户式"结构，如表1-6所示。

报告式资产负债表是在将基本等式变形为"资产-负债＝所有者权益"的基础上编制的，它将三大要素按照资产、负债和所有者权益的顺序自上而下排列，但与"账户式"所反映的内容完全一致。

三、资产负债表主要项目解读

（一）资产项目

资产是指过去的交易、事项形成并由企业拥有或者控制的资源，该资源预期会给企业带来经济利益。资产负债表中所列示的资产一般是按照其流动性强弱或周转速度的大小来排列的。流动性强的排在前面，流动性弱的排在后面。资产按照其流动性状况，可以分为流动资产和非流动资产。

1. 流动资产

流动资产是指现金以及预期能在一年或超过一年的一个营业周期内变现或运用的资源。流动资产主要包括货币资金、交易性金融资产、应收及预付款项、存货等。

（1）货币资金

货币资金是企业在经营活动中处于货币状态的资产，包括库存现金、银行结算户存款、外埠存款、银行汇票存款、银行本票存款、信用卡存款、信用证保证金存款等。货币资金是企业生产经营活动得以顺利进行的必要保证。对货币资金进行分析时，应注意以下两点：

①分析货币资金规模以及发生变动的原因。企业货币资金发生增减变动可能源于销售规模或信用政策的变动，也可能是在为大笔现金支出做准备，如派发现金股利，偿还借款等；

②分析货币资金结构及其变化是否合理。比重过高，反映企业资金使用效率低，会降低企业的盈利能力；比重过低，则意味着企业缺乏必要的资金，可能会影响企业的正常经营。

（2）交易性金融资产

交易性金融资产是指企业为交易目的所持有的债券投资、股票投资、基金投资、权证投资等金融资产。交易性金融资产极易变现，流动性仅次于货币资金，但交易性金融资产具有容易变现、持有时间短、盈亏难以把握等特点。在进行交易性金融资产分析时，首先注意交易性金融资产增减变动情况及其原因，注意是否存在将长期投资随意结转为交易性金融资产的现象；其次注意交易性金融资产的构成。企业的交易性金融资产包括从二级市场购入的股票、债券和基金等。购入债券和基金风险较小，而购入股票风险较大。在资产的风险分析中应该注意交易性金融资产的构成，及时发现风险，予以防范。

（3）应收账款

应收账款是指企业因对外销售产品、材料，提供劳务等业务，应向购货单位或接受劳务的单位收取的款项。它是企业货币资金收入的重要来源。应收账款作为商业信用的衍生物，在促进销售的同时，也包含了潜在信用风险——出现坏账损失的可能性。通常，企业应收账款余额越多，出现坏账损失的可能性就越大。

会计制度目前规定采用备抵法核算坏账损失，即按照应收账款年末余额百分比法或账龄分析法、销货百分比法等计提坏账准备，并将应收账款扣除坏账准备余额后的数值列示在资产负债表上。然后，由于会计上在计提和转回坏账准备时都是通过"管理费用"科目进行的，因此，在实际经营活动过程中，一些企业借助于人为调整各年应该计提或转回的坏账准备金额来调整报表项目，以期达到粉饰经营成果的作用。阅读与分析报表时，一定要注意企业资产减值准备明细表所反映的内容。

（4）预付款项

预付账款是指企业按照购货合同规定预付给供应单位的款项，主要是指预付货款。在商品市场逐渐向买方市场转换的情况中，预付款项在企业流动资产中所占的比重相对较小，如果该项资金在企业流动资产中所占份额不正常地偏大，则报表阅读与分析者就应该考虑企业是否将不符合预付款项的项目变相转化成为预付款项，或者是企业变相向关联方提供了隐蔽的贷款等。

（5）其他应收款

其他应收款是指企业发生非购销活动而产生的应收债权，包括应收的各种赔款、罚款、出租包装物租金、存出保证金、应向职工收取的各种垫付款项，等等。财务报表分析人员对其他应收款项目应予以充分注意。在实际工作中，一些上市公司为了种种目的，常常把其他应收款作为企业调控成本费用和利润的手段，把一些本应计入当期费用的支出或本应计入其他项目的内容放在其他应收款中。因此分析其他应收款，最主要的是观察其他应收款的增减变动趋势，如果发现企业的其他应收款余额过大甚至超过应收账款，就应注意分析是否存在操纵利润的情况。

（6）存货

存货是指企业在日常生产经营活动过程中持有以备出售，或者仍然处在生产过程，或者在生产过程或提供劳务过程中将消耗的材料或物料，包括各类材料、商品、在产品、半成品、产成品等。存货往往在企业流动资产中占有相当大的比重。分析存货，重点应该了解企业存货的种类、存货的计价方式，以及期末企业计提或冲减的存货跌价准备金额等。其中，存货的种类直接影响着企业未来的生产经营活动，也影响着流动资产的变现能力及企业的短期偿债能力。

对于存货的计价方式，除了计划成本法之外，在采用实际成本法时，具体又可分为先进先出法、加权平均法、移动加权平均法、个别计价法、毛利率法、零售价法等。在使用与发出存货时，采用不同的计价方法，计算出的成本费用与留存金额很可能不一致，这就为企业借助于不同计价方法粉饰报表提供了可能。这应当引起报表分析者的注意。

2. 非流动资产

（1）长期股权投资

长期股权投资是指通过投资取得被投资企业股权而形成的资产，投资企业成为被投资企业的股东，按所持股份比例享有权益并承担责任。依据对被投资单位产生的影响，长期股权投资分为四种类型：控制、共同控制、重大影响、无控制无共同控制且无重大影响。针对不同的类型，会计核算上存在着两种不同的处理方法：成本法和权益法。

不同的核算方法会产生不同的核算结果和报表金额。虽然会计制度中对企业长期股权投资所采用的核算方法做了原则上的规范，如当投资方对被投资方没有实质上的控制、共同控制或重大影响时，应该采用成本法核算；而当投资方对被投资方存在实质上的控制、共同控制或重大影响时，则应该采用权益法进行核算等。然而，由于一些不确定性因素的存在，一些企业在具体核算时仍会处于报表业绩等相关方面的考虑，在方法的选择及其变更上加入较多的主观能动因素。因此，财务报表分析者应特别注意这类涉及不同方法的选择问题。

（2）固定资产

固定资产是指为生产商品、提供劳务、出租或经营管理而持有的使用寿命超过一个会计年度的有形资产。其中使用寿命，是指企业使用固定资产的预计期间，或者该固定资产所能生产产品或提供劳务的数量。固定资产同时满足下列条件的，才能予以确认：与该固定资产有关的经济利益很可能流入企业；该固定资产的成本能够可靠地计量。固定资产一般包括房屋及建筑物、机器设备、运输设备、其他设备等。

固定资产是企业进行生产的物质条件，企业拥有的固定资产的数量和质量是反映企业经营规模及营运能力的重要标志。进行固定资产分析，就是为了促使企业合理使用固定资产，使企业充分发挥固定资产的生产能力，提高固定资产的运用效果。在进行固定资产的分析时，要注意固定资产的增减变动情况、新旧程度及结构配置等信息。此外，由于折旧的计算和确认方法有多种，如直线折旧法下的平均年限法、工作量法与加速折旧法下的双倍余额递减法、年数总和法等，不同的折旧方法对企业各期的成本费用与固定资产净值也会产生不同的影响，报表分析者应予以特别关注。

（二）负债项目

负债是指企业过去的交易或事项形成的、预期会导致经济利益流出企业的现时义务。根据债务偿付期限的长短，负债可分为流动负债和非流动负债两类。

1. 流动负债

流动负债是指需要在一年或超过一年的一个营业周期内偿付的债务。通常，举借流动负债是为了满足经营周转资金的需要，偿还期限较短，负债数额较小，一般以企业的流动资金来偿付。流动负债包括短期借款、交易性金融负债、应付票据、应付账款、预收账款、应付职工薪酬、应缴税费、其他应付款、一年内到期的长期负债等。

（1）短期借款

短期借款是企业向银行或其他金融机构借入的、偿还期限在一年以内的各类借款。短期借款数量的多少往往取决于企业生产经营和业务活动对流动资金的需要量、现有流动资金的沉淀和短缺情况等。企业应结合对借款的使用情况以及使用效果分析该项目。一定数量的短期借款是经营所必需的，如果数量太大，超出企业的偿债能力，就会对企业的持续发展带来不利影响。短期借款适度与否，可以根据流动负债的总量、目前的现金流量状况和对未来一年内的现金流量的预期来确定。在一个现金流量较差的企业里，过高的短期借款将会增加财务风险。

（2）应付票据及应付账款

应付票据及应付账款是因商品交易而产生，其变动原因有：①企业销售规模的变动。当企业销售规模扩大时，会增加存货需求，使应付账款及应付票据等债务规模扩大，反之会使其降低；②为充分利用无成本资金。应付账款及应付票据是因商业信用而产生的一种无资金成本或资金成本极低的资金来源，企业在遵守财务制度、维护企业信誉的条件下充分加以利用，可以减少其他筹资方式筹资数量，节约利息支出；③提供商业信用企业的信用政策发生变化。如果其他企业放宽信用政策和收账政策，企业应付账款和应付票据的规模就会大些，反之就会小些。

在市场经济条件下，应付账款的发生是正常的，但如果超过信用期的应付账款的数额太大且时间太长，则体现企业的信用观念较差可能会引起债权人的注意，公司应加以重点管理。相对于应付账款而言，应付票据的压力和风险较大。应付票据与企业信誉情况无关。

（3）应交税费及应付股利

应交税费反映企业应交未交的各种税金和附加费，包括流转税、所得税和各种附加费。缴纳税金是每个企业应尽的法定义务，企业应按有关规定及时、足额交纳。应纳税金的变动与企业营业收入、利润的变动相关，分析时应注意查明企业是否有拖欠国家税款的现象。

应付股利反映企业应向投资者支付而未支付的现金股利，是因企业宣告分派现金股利而形成的一项负债。支付股利需要大量现金，企业应在股利支付日之前做好支付准备。

（4）其他应付款

其他应付款是指企业除应付账款与预收账款之外，应付或暂收其他单位与个人的款项。其他应付款一般包括暂收其他单位与个人的保证金和押金、应付保险费、应付经营性租入固定资产的租金等。其他应付款的分析重点是：其他应付款规模与变动是否正常；是否存在企业长期占用关联方企业资金的现象；分析应结合财务报表附注提供的资料进行。

2. 非流动负债

非流动负债是指那些偿还期限在一年以上的债务，包括长期借款、应付债券、长期应付款，等等。这些债务无须在下一年或下一个经营周期等较短的时期内偿还，因此一般成为企业长期资金来源的一个重要组成部分。影响非流动负债变动的因素主要有：银行信贷政策及资金市场的资金供求状况；为了满足企业对资金的长期需要；保持企业权益结构的稳定性；调整企业负债结构和财务风险等。

四、资产负债表的初步分析

（一）资本结构分析

狭义的资本，通常是指企业来自于股东权益的那部分资金，而广义的资本结构一般是指企业所有的资金来源。资本结构分析是对广义的资本而言的，既包括企业资本总额中债务资本与股东权益资本的比例分析，也包括债务资本与股东股东权益资本各自的组成情况分析。

资本结构影响着企业经营活动原始收益的分配方式。企业利用全部经济资源获得的各种运营收益总额（简称息税前利润），首先需要支付债权人利息，其次才是缴纳所得税和进行利润分配。当资本结构中债务资本过多，债务资金成本过高时，息税前利润中的绝大部分将主要以利息形式支持给债权人；如果息税前利润较少，甚至将不足以支付债权人利息，此时，股东权益性收益便明显减少甚至出现负收益。这种反作用会提醒经营管理者注意保持合理科学的资本结构，努力改进或完善经营管理，提高总资产报酬率（即息税前利润与企业当期总资产平均值之比）。

同时，资本结构也决定了企业承受内外部经济冲击的能力。当债务资本偏高时，内外部经济波动对企业的影响就有可能加剧，意味着企业面临的经营风险与财务风险较大。

（二）资产构成分析

资产结构是指企业资产总额中流动资产与非流动资产或长期资产总额之间的比例，以及流动资产与长期资产各自具体的构成情况等。资产结构与企业所处行业及经营类型有关，也会受其经营规模和不同资金来源渠道等的影响。资产结构是否合理，能否满足生产的需要和资金来源的特定要求，将直接影响日常生产经营活动的正常、持续、稳定开展和企业未来进一步发展的潜力。

（三）基本偿债保障

对基本偿债保障的初步、简单分析，主要是从资产总量及其表现形态能否满足及时、足额偿还债务的需求方面进行的。

企业负债，需要以资产特别是流动性强的资产来偿还，即使是以劳务形式偿债，也包含着未来在劳务方面的资产支付。因此，从总量上看，资产总额是否大于债务总额；从形态上讲，资产的流动性或变现能力是否有利于及时偿债的需求等，都是企业基本偿债能力的保障。

例如，企业的流动负债需要在一年或超过一年的一个营业周期之内偿还，而欠债还钱是最常见的偿债方式。因此，能够在一年内或超过一年的一个经营周期内变现的流动资产特别是货币资金，即成为偿还短期债务的主要资产。从理论上讲，流动资产便应该尽可能保持大于或等于流动负债的水平。然而，由于长期债务会随着时间的推移而不断转化为流动负债，且最终需要以流动资产来偿还，因此，若能使长期债务不超过营运资金（即流动资产减去流动负债后的余额）水平，也就可以基本避免企业因长期债务向流动负债的转化而造成流动资产小于流动负债，导致无法按期偿债的不利状况。

第三节　利润表解读

利润表是反映企业一定会计期间经营成果的报表。利润表应当按照各项收入、费用以及构成利润的各个项目分类分项列示，属于动态报表。现行会计制度规定，企业每个月都应该编制当月的利润表，用以反映企业利润的组成以及所得与所耗之间配比效果方面的信息。

一、利润表的作用

利润表将收入、费用、利润三大会计要素分别列示，完整全面地反映了企业利润的形成过程，其作用表现在：

（1）反映了企业经营收入的来源和成本费用的归属及其结构。利润表分项列示了各种收入及成本费用，通过收入分析可了解各项收入的来源渠道及在总收入中所占的比例关系。通过成本费用分析可了解企业使用成本的途径及获得收入的代价。

（2）反映了企业的盈利能力。利润表提供了最终的财务成果信息，这是各利益集团都十分关注的内容。通过与其他相关指标进行对比，可以了解企业的盈利能力。

（3）提供了有关盈利预测及经济决策的信息。决策是利益相关者管理和控制企业的基本工具。投资者要进行投资决策，债权人要进行信贷决策，经营者要进行经营决策，国家要进行宏观经济决策，员工要进行就业与否的决策，所有这些经济决策，都可以根据利润表所提供的信息对企业未来的盈利能力作出预测，并进而作出合理的经济决策。

二、利润表的格式

利润表的编制依据是收入、费用与利润三者之间的相关关系，即收入－费用＝利润。根据计算利润的方法不同，利润表有单步式和多步式两种。

（一）单步式利润表

单步式利润表是将所有收入及所有费用、支出分别汇总，两者相减而得出本期净利润。因为只有一个相减的步骤，故称为单步式利润表。单步式利润表是采用上下排列的方法，将收入、费用、利润（或亏损）等项目自上而下一次排列，用全部收入减去全部费用即为本期利润（或亏损）。其基本格式如表2-1所示：

表 2-1　　　　　　　　　　　　利润表（单步式）

项　　目	本月数	本年累计数
收入类		
营业收入		
公允价值变动收益		
投资收益		
营业外收入		
合　　计		
费用类		
营业成本		
营业税金及附加		
销售费用		
管理费用		
财务费用		
资产减值损失		
营业外支出		
所得税费用		
合　　计		
净利润（亏损以"－"号填列）		

单步式利润表的优点是表式简单、易于理解，避免了项目分类上的困难，但单步式利润表提供的资料过少，不利于前后对应项目的比较。

（二）多步式利润表

多步式利润表是指分步骤分性质地将收入与费用进行配比，计算各类损益。由于从本期收入到本期净利润要经过多步中间计算才能完成，故称多步式利润表。我国企业会计准则规定，企业的利润表应采用多步式的格式，如表1-7所示。

多步式利润表一般分如下几步进行计算编制：

（1）营业利润=营业收入-营业成本-营业税金及附加-销售费用-管理费用-财务费用-资产减值损失+公允价值变动损益（损失以"-"号填列）+投资收益（损失以"-"号填列）

（2）利润总额=营业利润+营业外收入-营业外支出

（3）净利润=利润总额-所得税费用

（4）每股收益：基本每股收益；稀释每股收益。

与单步式利润表相比，多步式利润表的优点在于：便于对公司的经营情况进行分析，有利于不同公司之间的比较，从而更好地预测公司的盈利能力。

三、利润表的主要项目解读

1. 营业收入

营业收入包括主营业务收入和其他业务收入。主营业务收入是指企业为完成其经营目标从事的经常性活动实现的收入。主营业务收入的不断增长是企业盈利持续稳定的主要前提。对主营业务收入增长的具体分析应结合具体的市场环境和产品自身的生命周期加以考虑。其他业务收入是企业除主营业务收入以外的其他销售或其他业务的收入，如材料销售、代购代销、包装物出租等收入。对营业收入项目进行分析时，要注意分析营业收入的合理性、真实性、稳定性以及营业收入的构成。

2. 营业成本

营业成本是反映企业经营主要业务和其他业务所发生的成本总额。营业成本与营业收入的取得存在直接因果关系，基本上随营业收入的增减而等比例增加。企业营业成本水平的高低既有企业不可控的因素（如受市场因素的影响而引起的价格波动），也有企业可以控制的因素（如企业可以选择供货渠道、采购批量来控制成本水平），还有企业通过成本会计系统的会计核算对企业制造成本的处理。因此，对营业成本降低和提高的评价应结合多种因素进行，如结合利润表及资产负债表分析、关注成本核算方法等。

3. 营业税金及附加

营业税金及附加是指企业经营业务而应负担的税金及附加，包括营业税、消费税、城市维护建设税、资源税、土地增值税和教育费附加等。这项支出不受企业决策的影响，分析时不必作过多考虑。

4. 期间费用

期间费用是指企业主要经营活动中必定要发生，但与营业收入的取得并不存在明显的直接因果关系，而且也无法或没有必要用系统而合理的方法加以摊销的费用，包括销售费用、管理费用、财务费用等。

销售费用指企业在销售商品过程中发生的包装费、广告费等费用和为销售本企业商品而专设的销售机构的职工薪酬、业务费用等经营费用。在三项费用中，销售费用对销售收入的影响很大。销售费用增加时，应该关注因销售费用增加带来的收入增加。如果一个公司需要连续靠大幅度的销售费用来增加销售收入，其获利能力是有限的，甚至是下降的，在预测下期的销售费用水平时，有理由认为要保持销售收入的增长，该公司仍然需要较高的费用水平。

管理费用是指企业为组织和管理企业生产经营所发生的费用，包括企业在筹建期间内发生的开办费、公司经费、董事会费、工会经费、职工教育经费、聘请中介机构费、诉讼费、业务招待费、房产税、车船使用税、土地使用税、印花税、技术转让费、矿产资源补偿费、研究费用、排污费用等。

财务费用是指企业筹集生产经营所需资金而发生的筹资费用。经营期间发生的利息支出构成了企业财务费用的主体，其大小取决于三个因素：贷款规模、贷款利息率和贷款期限。从总体上说，如果因贷款规模的原因导致利润表财务费用的下降，企业会因此而改善盈利能力。由于企业利率水平主要受企业外在环境的影响，我们不应对企业因贷款利率的宏观下调而导致的财务费用降低给予过高的评价。

5. 资产减值损失

资产减值损失是指企业计提各项资产减值准备所形成的损失。企业在对资产进行减值测试并计算了资产可收回金额后，如果资产的可收回金额低于其账面价值的，应当将资产的账面价值减记至可收回金额，减记的金额确认为资产减值损失，计入当期损益，同时计提相应的资产减值准备。这样，企业当期确认的减值损失应当反映在其利润表中，而计提的资产减值准备应当作为相关资产的备抵项目，反映于资产负债表中，从而夯实企业资产价值，避免利润虚增，如实反映企业的财务状况和经营成果。对资产减值损失的分析应着重关注资产减值准备计提标准的可信度以及以后年度回冲的可能性。

6. 公允价值变动损益

公允价值变动损益是反映企业按照相关准则规定应当计入当期损益的资产或负债公允价值变动净收益，如交易性金融资产当期公允价值变动额等。

7. 投资收益

投资收益，是指企业以各种方式对外投资所取得的收益。通常指企业在资金市场上进行股票、债券等投资活动以及企业所从事的联营、合资活动所取得的收益或发生的损失。分析企业的投资收益可借助投资收益明细表来展开，弄清引起投资收益变动的原因，进一步分析企业的投资损益是战略决策问题，还是被投资方经营管理问题，或是某种偶然因素造成的损益等，以便采取进一步的措施加以改进。

8. 营业外收入及营业外支出

营业外收入是指企业发生的与其经营活动无直接关系的各项净收入，主要包括处置非流动资产所得、债务重组利得、非货币性资产交换利得、罚没利得、政府补助利得等；营业外支出是指不属于企业生产经营费用，与企业生产经营活动没有直接关系，但从企业实现的利润总额中扣除的支出，主要包括处置非流动资产损失、非货币性资产交换损失、债务重组损失、计提的资产减值准备、罚款支出、捐赠支出、非常损失等。分析营业外收支时，主要检查各项营业外收入、支出的合理性。

9. 所得税费用

所得税是以课税为目的，对企业的经营所得及其他所得进行征税。由于财务会计和税法分别遵循不同的原则、服务于不同的目的，因而，按照财务会计方法计算的会计利润（即利润总额）与按照税法规定计算的应税所得（即应纳税所得额）之间可能存在差异。这种差异需要运用所得税会计进行核算。财务报表分析者需关注所得税费用的确认和计量问题。

四、利润表的初步分析

企业管理当局有时出于某种特殊目的，有可能使用一些非专业人士难以发掘的隐蔽手法，人为调整财务报表特别是利润中的数据，因此，正确解读和分析利润表，对了解企业真实财务与经营状况是必不可少的。

对利润表的简单分析主要侧重于从收入、费用的结构及变动趋势分析企业经营活动创收能力的稳定性与成长性，以及分析企业非经常性项目损益对当期利润总额及净利润的影响。

企业主营业务的稳定与否及其成长水平在一定程度上决定了企业未来盈利能力的发展变化趋势。如果企业主营业务不明显，或者虽然主营业务突出，但其收入与成本费用的构成与以前年度相比出现了较大幅度的波动或不合理性，都有可能预示着企业主营业务发生了变化，主营业务利润乃至企业利润总额或净利润的不确定性及风险性增大。

当然，就企业当期利润而言，除营业利润之外，还受许多其他因素的影响，如投资收益、补贴收入、营业外收支净额等。这其中特别值得关注的是一些偶然事项及"非经常性损益"项目对利润数额的影响，如处理下属部门及被投资单位股权而产生的损益、非货币性交易损益、期限较短的税收返还、减免及政府补贴、资产盘盈、盘亏损益等。由于"非经常性损益"项目最容易被管理者用于粉饰报表、操纵利润，因此对这部分影响因素应特别注意。

第四节　现金流量表解读

现金流量表是反映企业一定会计期间内有关现金和现金等价物的流入、流出情况及其净流量的财务报表。它是以现金为基础编制的，包括库存现金、银行存款、其他货币资金和现金等价物等。其中，现金等价物是指企业持有的期限较短（一般在三个月以内）、流动性较强、易于转换成确定金额的现金且价值变动风险很小的短期投资。

一、现金流量表的作用

与资产负债表和利润表不同，现金流量表是基于收付实现制的基础上编制的，主要作用有：

（1）提供公司现金流量方面的信息，便于报表使用者了解公司一定会计期间内现金流入与流出的主要来源和去向。

（2）有助于报表阅读者分析未来获取现金的能力。利润是公司经营的直接目的，是评价公司经营业绩的主要指标；然而，从生产经营过程的需求上讲，一家公司要想生存下去，首先必须要做到以收抵支和按期偿债。无论是日常运营活动，还是资产的更新换代，充足的现金流量都是最基本的保证因素。

（3）有助于报表使用者了解公司不涉及现金的、但对日后生产经营有可能产生重要影响的投资和筹资活动的信息，从而预测和评价公司资本投入和财务状况对未来现金流量的影响，以便对公司整体资金状况和正常运营能力及偿债能力作出客观公正的评价。

二、现金流量表的格式

现金流量表的编制方法有直接法和间接法两种。

直接法是指以营业收入为起算点，通过调整与经营活动有关的各个项目的增减变动，计算经营活动的现金流量；采用直接法报告现金流量，可以揭示企业经营活动现金流量的来源和用途，有助于预测企业未来的现金流量。

间接法则是以净利润为起算点，通过调整不涉及现金（但涉及利润）的收入、费用、资产减值准备等有关项目，以及不涉及利润（但涉及现金）的应收、应付款项目以及存货等有关项目的增减变动，计算经营活动的现金流量。采用间接法报告现金流量，可以揭示净收益与净现金流量的差别，有利于分析收益的质量和企业的营运资金管理状况。

我国目前现金流量表的正表一般采用直接法编制，但在补充资料中也同时用间接法反映经营活动产生的现金流量。现金流量表的具体格式如表1-8所示。

三、现金流量表主要项目解读

现金流量表是基于收付实现制编制的，以现金及其等价物的收付时间为确认标准，即凡是当期收到或付出的款项，不论其相关具体业务行为的归属期如何，一律作为当期的现金流入或流出量列示在现金流量表中，因此，现金流量表虽然编制比较繁琐，但阅读起来却比较简单易懂。

1. 经营活动现金流量项目

企业的现金流量产生于多种多样的业务与经济行为。这些行为的性质不同，对现金流量的可持续性影响也有所不同。经营活动产生的现金流量，是企业在日常的营业活动中从事正常经营业务所产生的现金流量，包括物资的采购、商品的销售、提供或接受劳务、缴纳税款、支付工资、发生相关经营销售费用等行为中所涉及的现金流量。

在持续经营的会计基本前提之下，经营活动现金流量反映的是企业经常性的、持续的资金流入和流出情况。

经营活动现金流量的项目具体包括：

（1）销售商品、提供劳务收到的现金；

（2）收到的税费返还；

（3）收到其他与经营活动有关的现金；

（4）购买商品、接受劳务支付的现金；

（5）支付给职工以及为职工支付的现金；

（6）支付的各项税费；

（7）支付其他与经营活动有关的现金。

经营活动现金流量的最大特点在于它与企业日常营运活动有直接的密切关系。无论是现金流入量还是流出量，都体现了企业在维持目前生产能力和生产规模状态下对现金及其等价物的获得与支出水平。

2. 投资活动现金流量项目

此处的投资活动是指企业对外进行股权投资或债权投资以及对内进行非货币性长期资产（如固定资产、无形资产等）投资的活动。"投资活动现金流量"便是反映企业在股权与债权投资中，以及与非货币性长期资产的增减变动相关的活动中所产生的现金收付金额。

投资活动现金流量的项目具体包括：

（1）收回投资收到的现金；

（2）取得投资收益收到的现金；

（3）处置固定资产、无形资产和其他长期资产收回的现金净额；

（4）处置子公司及其他营业单位收到的现金净额；

（5）收到其他与投资活动有关的现金；

（6）购建固定资产、无形资产和其他长期资产支付的现金；

（7）投资支付的现金；

（8）取得子公司及其他营业单位支付的现金净额；

（9）支付其他与投资活动有关的现金。

企业对外进行股权或债权投资，并不直接影响其当期的经营活动，但是其日后的转让与收回，却是企业未来一笔不小的资金流入；此外，股权投资所可能带来的对被投资方的控股或重大影响，也有可能对企业未来获得经营物资或打开销售渠道提供潜在的和良好的帮助。

企业构建或处置固定资产、无形资产及其他长期资产等非货币性长期资产，则会在很大程度上影响企业未来的经营规模与生产能力，甚至在一定程度上还可以改变企业的资产结构与经营方向。购建这类非货币性长期资产的现时资金的大量流出，可能意味着企业未来营运规模的扩大、生产技能的提高与经营策略的调整；而处置这类非货币性长期资产的现时资金的过多流入，也可能预示着企业压缩经营规模，或出于转变经营方向的需要而大量处置原有设备等长期资产。

投资活动现金流量的最大特点在于，就当期而言，它与企业日常营运活动几乎没有多少直接的关系或影响，但是却对企业未来的现金流量产生着一定的甚至不容忽视的影响：目前现金的大量流入可能意味着未来相关现金流入的大幅度萎缩；目前的大量该类现金流出，又可能预示着未来会产生或促使大量的相应现金流入。

3. 筹资活动现金流量项目

企业不可避免地需要从外部筹措所需资金，从而便产生了企业的筹资活动。筹资活动的现金流量，反映了企业出于各种需求而进行资金筹措活动所产生的现金流入与流出金额。

筹资活动现金流量的项目具体包括：

（1）吸收投资收到的现金；

（2）取得借款收到的现金；

（3）收到其他与筹资活动有关的现金；

（4）偿还债务支付的现金；

（5）分配股利、利润或偿付利息支付的现金；

（6）支付其他与筹资活动有关的现金。

筹资活动现金流量的最大特点在于它现时现金流量与未来现金流量在一定程度上的对应性，即目前该类现金流入量的发生，在一定程度上意味着未来存在相应的现金流出量；目前该类现金流出量的发生，则是以相应的现金流入量所引起的必然结果。对于筹资活动现金流量项目的阅读，关键在于理解企业所筹资金的来源渠道及其规模大小、推测企业所筹资金的用途或动机，以及可能对未来产生的资金压力等。

4. 现金流量表的补充资料

现金流量表的补充资料即采用间接法，以净利润为起算点，通过对影响利润或现金流量的一些相关项目金额的调整，倒推出经营活动现金净流量。它一方面与正表中经营活动现金净流量相对应；另一方面也反映了企业当期所发生的不涉及现金收支的投资、筹资活动信息。这些活动在当期不涉及现金收支，但对企业未来各期的现金流量可能会产生明显的影响。

在现金流量表的补充资料中，调整的项目主要有：

（1）当期没有实际收到或付出现金的经营活动事项，如赊购物资、赊销商品、摊销费用、计提资产减值准备等。这些项目虽然构成了企业的当期收入或费用，影响着企业的当期利润，但却没有形成企业的现金流入或流出，自然也不会影响现金净流量。

（2）不属于经营活动的损益项目，如当期发生的利息费用、固定资产处置净损益等。这些项目的产生与企业的筹资与投资活动息息相关，却不属于企业日常生产经营活动项目，也不构成企业经营活动的现金净流量。

（3）经营性应收、应付项目的变动，如应收/应付账款，应收/应付票据，应交税金，其他应收/其他应付款等。这些项目的变动，可能并不影响企业的当期利润，但却对当期的现金流量有直接的影响。

四、现金流量表的初步分析

借鉴财务管理的理论，企业生存和发展的最终目的是企业价值最大化或股东财富最大化。因此从长期的角度来讲，盈利是企业得以持续经营的理论基础。然而，不可否认的是，现金却是企业维持日常生产经营运作的"血液"或"动脉"。资产负债表和利润表都是以权责发生制为编报基础来反映企业财务状况和经营成果的，这就在一定程度上存在着企业账面盈利或报表中的利润与实际现金流转之间的脱节。考虑到账面利润的可操作性或弹性空间，我们认为，相比而言，现金流量似乎更具有客观性或可检验性，因此对现金流量表的分析也就显得非常重要。无论对企业的盈利能力还是偿债能力进行分析，人们通常习惯使用每股收益或净资产报酬率、资产负债率、流动比率等一系列指标，却可能忽略了有关现金流量的相关指标。而事实上，就即时经营需求与现时偿债压力而言，每股现金净流量、经营活动现金净流量与流动负债的比重等指标显然要比每股收益、资产负债率、流动比率等更能反映企业维持经营运作所需及支付股利、按期还债的能力。

通常，企业经营活动的现金流量大小，反映了企业依靠正常的生产经营活动获得现金的能力，这是保证企业获得持续稳定的资金来源的主要途径。从"以收抵支"这一基本运作要求来讲，一个企业的经营活动所产生的现金流入量与现金流出量的差额（即经营活动的现金净流量）应该大于零，这样才能最终保证企业按其偿债并得以正常经营。当然，如果企业经营活动的现金净流量占其全部现金净流量的比例越大，说明企业的资金来源越稳定，财务状况也越安全。

不过，在分析企业经营活动的现金流量时，还应该结合资产负债表和利润表以及企业披露的其他信息一起进行。特别是在辨别报表信息真伪时，更应将各种数据结合起来分析。毕竟，企业通过造假提供虚假盈利信息的迹象不仅仅会体现在资产负债表和利润表中，有时也会在现金流量表中露出马脚。例如，在蓝田股份公司 2000 年的年度现金流量表中可以发现：该公司当年"支付给职工以及为职工支付的现金"全年仅为 225 673 元，以该公司 13 000 名职工计算，2000 年度该公司职工人均每月收入仅 144.5 元，2001 年上半年人均收入 185 元。如此低廉的收入水平，无论是对于 30% 以上为大专水平的蓝田股份员工，还是对于历年业绩十分"优异"的蓝田股份，都是令人难以置信的。这就有可能存在公司利用对工资成本的确认调减费用、虚增利润的嫌疑。

对投资活动的现金流量进行分析，主要了解企业投资规模的变动可能对未来产生的影响。通常，企业增加对长期资产特别是固定资产的投资，极有可能意味着未来生产规模的扩大。反映在当期现金流量表中，表现为"构建固定资产、无形资产和其他长期资产所支付的现金"大幅度增加，企业将面临新的发展机遇或进入生产与经济快速增长阶段；如果企业对外投资所发生的现金流出量显著提高，则有可能是企业在寻找新的经济增长点，对未来经营活动的现金流量将会有较大的促进作用。在这种情况下，企业当期投资活动的现金净流量便可能出现负值。反之，如果在企业投资活动的现金流量中，"收回投资所收到的现金"或"处置固定资产、无形资产和其他长期资产收回的现金净额"异常增加，一方面有可能是企业借助于大量收回对外投资所获得资金来支付到期债务，意味着企业资金的相对紧张或对外投资效果的不理想，或目前没有理想、合适的扩张机会等；另一方面也有可能是企业生产经营规模的急剧萎缩所致。此时，企业当期投资活动的现金净流量便可能出现净流入量，但未来经营活动的现金流入量将可能会大幅度地减少。

筹资活动现金流量会直接影响企业的资本结构及偿债压力，也会对企业生产经营规模与投资规模产生明显的影响。一般情况下，如果筹资活动现金流入量较大，投资活动的现金流出量也较大，但经营活动现金净流量相对稳定，则说明该企业在保持日常经营活动稳步进行的基础上，利用外部筹资，进一步扩大生产规模或经营范围，在促进日后经营活动现金流入量的同时，也增加了企业日后偿债的压力和偿债所需资金的流出。如果企业经营活动现金净流量小于零，投资活动的现金流出量较大，此时，若筹资活动的现金流入量大幅度增加，说明企业处于需要借债来维持日常运营和规模扩大的境地，财务状况相对较差，企业风险明显增加，需要引起足够的重视。而如果企业筹资活动的现金流出量大幅度增加，则说明企业正处于大量债务到期、需要偿还的阶段，此时企业筹资活动的现金净流量可能小于零。

第五节　所有者权益变动表解读

所有者权益变动表是反映企业在某一特定时间内有关所有者权益的各组成项目增减变动情况的报表。所有者权益变动表全部反映一定时期所有者权益变动的情况，不仅包括所有者权益总量的增减变动，还包括所有者权益增减变动的重要结构信息，特别是要反映直接计入所有者权益的利得和损失，让报表使用者准确理解所有者权益增减变动的根源。

所有者权益变动表在一定程度上体现了企业综合收益。综合收益是指企业在某一期间与所有者之外的其他方面进行交易或者发生其他事项所引起的净资产变动。综合收益的构成包括两部分：净利润和直接计入所有者权益的利得和损失。其中，前者是企业已实现并已确认的收益，后者是企业为实现但根据会计准则的规定已确认的收益。

综合收益=净利润+直接计入所有者权益的利得和损失

其中：净利润=收入-成本+直接计入当期损益的利得和损失

在所有者权益变动表中，净利润和直接计入所有者权益的利得和损失均单列项目反映，体现了企业综合收益的构成。

一、所有者权益变动表的作用

（一）连接资产负债表与利润表的纽带

金融工具的创新为企业的发展带来了机遇，但同时也隐含着巨大的风险，在瞬息万变的金融大潮中，决策者应该及时了解金融工具带来的风险收益状况。由于历史成本、收入实现、谨慎性原则的限制，外币报表折算差额、可供出售金融资产公允价值变动等已确认为实现的利得和损失无法在利润表中列示，只能绕过利润表直接在资产负债表中的所有者权益中确认，这种做法破坏了资产负债表与利润表之间原本的逻辑关系，进而破坏了整体财务报告体系中各要素之间的内在联系。如果要恢复资产负债表与利润表之间的逻辑关系，就要彻底改变利润表一直遵循的历史成本原则、收入实现制原则、谨慎性原则，这意味着要重新构建会计理论框架，但目前还无法实现。一方面是财务报告使用者对相关信息的需求，一方面是会计理论发展的滞后，在这种情况下，所有者权益变动表担负起了资产负债表与利润表的纽带的重任，通过所有者权益变动表搭建二者之间的勾稽关系，使财务报告体系中各要素之间能够继续保持着紧密的联系。可见，所有者权益变动表的重要性源于会计理论发展相对于会计环境发展的滞后，体现了决策有用观与历史成本原则、收入实现原则以及谨慎性原则的矛盾。

（二）进一步报告全面收益

所有者权益变动表的另一使命是报告全面收益。报告全面收益的直接动因是为了确认金融工具带来的未实现利得（损失）。新准则引入了公允价值计量属性，从而使金融工具的确认和计量成为可能。然而由于历史成本原则和实现原则的限制，金融工具带来的部分未实现利得和损失无法在利润表中报告，只能绕过利润表在所有者权益中列示，这成为报告全面收益的直接动因。随着我国经济的发展，绕过利润表在所有者权益中列示的收益会越来越多，要让报表使用者全面了解企业的收益状况，增强会计信息的相关性，报告全面收益势在必行。

我国的所有者权益变动表以净收益为起点，列示了计入所有者权益的未实现利得和损失的各项内容，虽然没有明确全面收益的概念，但"合计数"实际上就是全面收益总额。尽管我国没有制定专门的全面收益准则，甚至没有提到全面收益，但所有者权益变动表主要报表之一的地位和报告全面收益的实质性内容，都说明我国在报告全面收益方面已经取得了巨大的进步。

二、所有者权益变动表的格式

所有者权益变动表包括实收资本（或股本）、资本公积、库存股、盈余公积、未分配利润的期初余额、本期增减变动项目与金额及其期末余额等。所有者权益变动表至少应当单独列式反映下列信息的项目：

（1）净利润；

（2）直接计入所有者权益的利得和损失及其总额；

（3）会计政策变更和差错更正的累积影响金额；

（4）所有者投入资本和向所有者分配利润等；

（5）按照规定提取的盈余公积；

（6）实收资本（或股本）、资本公积、盈余公积、未分配利润的期初和期末余额及其调节情况。

所有者权益变动表的格式如表 2-2 所示。

表 2-2

所有者权益变动表

编制单位：　　　　　　　　　　　　　　××年度　　　　　　　　　　　　　　单位：元

项　目	本年金额						上年金额
	实收资本（或股本）	资本公积	减：库存股	盈余公积	未分配利润	所有者权益合计	
一、上年年末余额							略
加：会计政策变更							
前期差错更正							
二、本年年初余额							
三、本年增减变动金额（减少以"－"号填列）							
（一）净利润							
（二）直接计入所有者权益的利得和损失							
上述（一）和（二）小计							
（三）所有者投入和减少资本							
1. 所有者投入资本							
2. 股份支付计入所有者权益的金额							
3. 其他							
（四）利润分配							
1. 提取盈余公积							
2. 对所有者（或股东）的分配							
3. 其他							
（五）所有者权益内部结转							
1. 资本公积转增资本（或股本）							
2. 盈余公积转增资本（或股本）							
3. 盈余公积弥补亏损							
4. 其他							
四、本年年末余额							

三、所有者权益变动表项目分析

所有者权益变动表的主要项目，可以从以下公式具体理解：

净利润+直接计入所有者权益的利得-直接计入所有者权益的损失+会计政策和会计差错更正的累积影响+股东投入资本-向股东分配利润-提取盈余公积=本期所有权益变动额。

(一) 直接计入所有者权益的利得与损失分析

直接计入所有者权益的利得和损失，是指不应计入当期损益、会导致所有者权益发生增减变动的、与所有者投入资本或者向所有者分配利润无关的利得或者损失。其中，利得是指由企业非日常活动所形成的、会导致所有者权益增加的、与所有者投入资本无关的经济利益的流入；损失是指由企业非日常活动所形成的、会导致所有者权益减少的、与向所有者分配利润无关的经济利益的流出。

一般而言，已实现确认的利得与损失在发生当年计入利润表，未实现确认的利得与损失可能在资产负债表中确认，同时，所有者权益变动表涵盖了这些信息。利润表反映企业在会计年度内已实现的损益。若出现未实现的损益，企业的资产价值就会发生增减，资本公积也会随之增减，但未实现的损益不在年度利润表中披露，而是直接计入所有者权益。

在所有者权益变动表中，直接计入所有者权益的利得和损失的内容包括：可供出售金融资产公允价值变动净额、权益法下被投资单位其他所有者权益变动的影响、计入所有者权益项目相关的所得税影响、其他。通过对直接计入所有者权益的利得和损失分析，可以进一步说明会计期间所有者权益是如何增减变化的。

(二) 会计政策变更分析

1. 会计政策与会计政策变更

会计政策是指会计主体在会计核算过程中所采用的原则、基础和会计处理方法。会计政策变更是指在特定的情况下，企业可以对相同的交易或事项由原来采用的会计政策改用另一会计政策。企业采用的会计政策，在每一会计期间和前后各期应当保持一致，不得随意变更，但是，满足下列条件之一的，可以变更会计政策：一是法律、行政法规或者国家统一的会计制度等要求变更；二是会计政策变更能够提供更可靠、更相关的会计信息。

2. 会计政策变更在表中的列示与分析

会计政策变更能够提供更可靠、更相关的会计信息的，主要应当采用追溯调整法进行处理，将会计政策变更累积影响数调整变更年度期初留存收益。其中，追溯调整法，是指对某项交易或事项变更会计政策，视同该项交易或事项初次发生时即采用变更后的会计政策，并以此对财务报表相关项目进行调整的方法。会计政策变更的累积影响数，是指按照变更后的会计政策，对以前各期追溯计算的变更年度期初留存收益应有金额与现有金额之间的差额。会计政策变更影响数需在所有者权益变动表中单独列示。

对会计政策变更的累积影响数的分析，主要目的在于合理区分属于会计政策变更和不属于会计政策变更的业务或事项。一般而言，不属于会计政策变更的事项具体包括：第一，当期发生的交易或事项与以前相比具有本质差别而采用新的会计政策。如某企业一直通过经营租赁方式租入设备进行生产，但从本年度起，新租入的设备采用融资租赁方式，故企业本年度采用融资租赁的会计处理方法进行设备租入和使用的记录与报告。由于经营租赁与融资租赁具有本质区别，因而这种变化不属于会计政策变更。第二，对初次发生的或不重要的交易或事项而采用新的会计政策。如企业第一次发生跨年度的劳务供应合同项目，对这种项目采用完工百分比法于年末确认收入。对企业来说，虽然采取了新的收入确认方法，但这种做法不属于会计政策变更。

（三）前期差错更正的分析

1. 前期差错与前期差错更正

前期差错，是指由于没有运用或错误运用下列两种信息，而对前期财务报表造成省略或错报：①编报前期财务报表时预期能够取得并加以考虑的可靠信息；②前期财务报告批准报出时能够取得的可靠信息。前期差错通常包括计算错误、应用会计政策错误、疏忽或曲解事实以及舞弊产生的影响以及存货、固定资产盘盈等。

前期差错更正，是指企业应当在重要的前期差错发现后的财务报表中，调整前期相关数据。企业应当采用追溯重述法更正重要的前期差错，但确定前期差错累积影响数不切实可行的除外。其中，追溯重述法，是指在发现前期差错时，视同该项前期差错从未发生过，从而对财务报表相关项目进行更正的方法。

2. 前期差错调整在表中的列示与分析

对于重要的前期差错，企业应当在其发现当期的财务报表中，调整前期比较数据。若影响损益，应将其对损益的影响数调整发现当期的期初留存收益，财务报表其他相关项目的期初数也应一并调整；若不影响损益，应调整财务报表相关项目的期初数。

对前期差错更正累积影响数的分析，主要目的在于及时发现与更正前期差错，合理判断和区分相关业务是属于会计政策变更还是属于会计差错更正，以达到信息的准确性。

会计差错发生的原因可归纳为三类：第一，会计政策使用上的差错。如在固定资产达到预定可使用状态后发生的费用应计入当期损益，若继续资本化，则属于采用了会计准则不允许的会计政策。第二，会计估计上的差错。如国家规定企业可以根据应收账款期末余额的一定比例计提坏账准备，企业有可能在期末多计提或少计提坏账准备，从而影响损益的计算。第三，其他差错。如错记借贷方向、错记账户、漏记交易或事项等。

第六节　审计报告解读

审计报告是指注册会计师根据审计准则的规定，在审计工作的基础上，对被审计单位财务报表发表审计意见的书面文件。审计报告是企业财务报告中的重要组成部分。

一、审计报告的作用

注册会计师签发的审计报告主要有鉴证、保护、证明三方面的作用。

（一）鉴证作用

注册会计师签发的审计报告不同于政府审计和内部审计的审计报告，它是以超然独立的第三者身份，对被审计单位财务报表合法性、公允性发表审计意见。这种意见具有鉴证作用，得到了政府及其各部门和社会各界的普遍认可。政府有关部门，如财政部门、税务部门等了解掌握企业财务状况和经营成果的主要依据是企业提供的财务报表。财务报告是否合法、公允，主要依据注册会计师的审计报告作出判断。股份制企业的股东主要依据注册会计师的审计报告来判断被投资企业的财务报表是否公允地反映了财务状况和经营成果，以进行投资决策等。

（二）保护作用

注册会计师通过审计报告可以对被审计单位财务报表出具不同类型审计意见的审计报告，以提高或降低报表使用者对财务报表的信赖程度，能够在一定程度上对被审计单位的财产、债权人、股东的权益及企业利害关系人的利益起到保护作用。如投资者为了减少投资风险，在进行投资之前，需要查阅被投资企业的财务报表和注册会计师的审计报告，了解被投资企业的经营情况和财务状况。投资者根据注册会计师的审计报告作出投资决策，可以降低其投资风险。

（三）证明作用

审计报告是对注册会计师审计任务完成情况及其结果所做的总结，它可以表明审计工作的质量并明确注册会计师的审计责任。因此，审计报告可以对审计工作质量和注册会计师的审计责任起到证明作用。通过审计报告，可以证明注册会计师在审计过程中是否实施了必要的审计程序，是否以审计工作底稿为依据发表审计意见，发表的审计意见是否与被审计单位的实际情况相一致，审计工作的质量是否符合要求。通过审计报告，可以证明注册会计师对审计责任的履行情况。

二、审计报告内容及类型

审计报告应当包括下列要素：①标题；②收件人；③引言段；④管理层对财务报表的责任段；⑤注册会计师的责任段；⑥审计意见段；⑦注册会计师的签名和盖章；⑧会计师事务所的名称、地址和盖章；⑨报告日期。

根据所出具的审计意见不同，审计报告的类型大致可分为标准审计报告和非标准审计报告。

标准审计报告是指不含有说明段、强调事项段、其他事项段或其他任何修饰性用语的无保留意见的审计报告。其中，无保留意见是指当注册会计师认为财务报告在所有重大方面按照适用的财务报告编制基础编制并实现公允反映时发表的审计意见。包含其他报告责任段，但不含有强调事项段或其他事项段的无保留意见的审计报告也被视为标准审计报告。

非标准审计报告，是指带强调事项段或其他事项段的无保留意见的审计报告和非无保留意见的审计报告。非无保留意见的审计报告包括保留意见的审计报告、否定意见的审计报告和无法表示意见的审计报告。

审计报告的意见类型如表2-3：

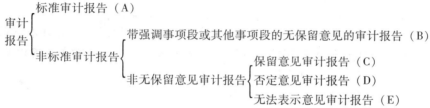

表 2-3　　　　　　　　　　　　　审计报告的类型

审计报告
- 标准审计报告（A）
- 非标准审计报告
  - 带强调事项段或其他事项段的无保留意见的审计报告（B）
  - 非无保留意见审计报告
    - 保留意见审计报告（C）
    - 否定意见审计报告（D）
    - 无法表示意见审计报告（E）

三、标准审计报告解读

注册会计师经过审计后，认为被审计单位会计报表同时符合了合法性、公允性、一贯性，审计过程中审计范围未受限制，也不存在应调整而未调整的事项时，就应出具标准无保留意见的审计报告。

无保留意见意味着注册会计师认为会计报表的反映是公允的，能满足非特定多数的利害关系人的共同需要，并对发表的意见负责。无保留意见也是委托人最希望获得的审计意见，表明被审计单位的内部控制制度较为完善，可以使审计报告的使用者对被审计单位的财务状况、经营成果和现金流量产生较高的信赖感。但是，注册会计师发表的仅仅是自己的判断和意见，不能对会计报表的合法性、公允性、一贯性作出绝对保证，注册会计师仅承担审计责任，不能代替被审计单位对会计报表承担会计责任。

标准审计报告实例：

审计报告

青岛海信电器股份有限公司全体股东：

我们审计了后附的青岛海信电器股份有限公司（以下简称海信电器公司）财务报表，包括 2012 年 12 月 31 日的合并及母公司资产负债表，2012 年度的合并及母公司利润表、合并及母公司现金流量表、合并及母公司股东权益变动表以及财务报表附注。

一、管理层对财务报表的责任

编制和公允列报财务报表是海信电器公司管理层的责任，这种责任包括：①按照企业会计准则的规定编制财务报表，并使其实现公允反映；②设计、执行和维护必要的内部控制，以使财务报表不存在由于舞弊或错误导致的重大错报。

二、注册会计师的责任

我们的责任是在执行审计工作的基础上对财务报表发表审计意见。我们按照中国注册会计师审计准则的规定执行了审计工作。中国注册会计师审计准则要求我们遵守中国注册会计师职业道德守则，计划和执行审计工作以对财务报表是否不存在重大错报获取合理保证。

审计工作涉及实施审计程序，以获取有关财务报表金额和披露的审计证据。选择的审计程序取决于注册会计师的判断，包括对由于舞弊或错误导致的财务报表重大错报风险的评估。在进行风险评估时，注册会计师考虑与财务报表编制和公允列报相关的内部控制，以设计恰当的审计程序，但目的并非对内部控制的有效性发表意见。审计工作还包括评价管理层选用会计政策的恰当性和作出会计估计的合理性，以及评价财务报表的总体列报。

我们相信，我们获取的审计证据是充分、适当的，为发表审计意见提供了基础。

三、审计意见

我们认为，海信电器公司的财务报表在所有重大方面按照企业会计准则的规定编制，公允反映了海信电器公司 2012 年 12 月 31 日的合并及母公司财务状况以及 2012 年度的合并及母公司经营成果和现金流量。

国富浩华会计师事务所（特殊普通合伙）

中国注册会计师：秦怀武

中国注册会计师：孙吉杰

中国·北京

二〇一三年四月一日

四、非无保留意见审计报告解读

（一）导致注册会计师出具非无保留意见审计报告的情形

注册会计师的目标是，当存在下列情形之一时，对财务报表清楚地发表恰当的非无保留意见：

（1）根据获取的审计证据，得出财务报表整体存在重大错报的结论。

错报是指某一财务报表项目的金额、分类、列报或披露，与按照适用的财务报表编制基础应当列示的金额、分类、列报或披露之间存在差异。财务报表的重大错报可能源于表 2-4 所列情形。

表 2-4　　　　财务报表整体存在重大错报可能导致非无保留意见类型

情形	影响情形举例
选择的会计政策的恰当性	（1）选择的会计政策与适用的财务报表编制基础不一致；（2）财务报表（包括相关附注）没有按照公允列报的方式反映交易和事项。
对所选择的会计政策的运用	（1）管理层没有按照适用的财务报表编制基础的要求一贯运用所选择的会计政策，包括管理层未来在不同会计期间或对相似的交易和事项一贯运用所选择的会计政策（运用一致性）；（2）不当运用所选择的会计政策（如运用中的无意错误）。
财务报表披露的恰当性或充分性	（1）财务报表没有按照适用的财务报告编制基础要求进行所有披露；（2）财务报表的披露没有按照适用的财务报告编制基础列报；（3）财务报表没有作出必要的披露以实现公允反映。

（2）无法获取充分、适当的审计证据，不能得出财务报表整体不存在重大错报的结论。

需要注意的是，如果注册会计师能够通过实施替代程序获取充分、适当的审计证据，则无法实施特定的程序并不构成对审计范围的限制。同时，管理层施加的限制可能对审计产生其他影响，如注册会计师对舞弊风险的评估和对业务保持的考虑。

表 2-5 所列情形可能导致注册会计师无法获取充分、适当的审计证据（也称为审计范围受到限制）。

表 2-5   审计范围受到限制可能导致非无保留意见的情形

情形	影响情形举例
超出被审计单位控制的情形	（1）被审计单位的会计记录已被损坏；（2）重要组成部分的会计记录已被政府有关机构无限期的查封。
与注册会计师工作的性质或时间安排相关的情形	（1）被审计单位需要使用权益法对联营企业进行核算，注册会计师无法获取有关联营企业财务信息的充分、适当的审计证据以评价是否恰当运用了权益法；（2）注册会计师接受审计委托的时间安排，使注册会计师无法实施存货监盘；（3）注册会计师确定仅实施实质性程序是不充分的，但被审计单位的控制是无效的。
管理层施加限制的情形	（1）管理层阻止注册会计师实施存货监盘；（2）管理层阻止注册会计师对特定账户余额实施函证。

需要注意的是，如果注册会计师能够通过实施替代程序获取充分、适当的审计证据，则无法实施特定的程序并不构成对审计范围的限制。同时，管理层施加的限制可能对审计产生其他影响，如注册会计师对舞弊风险的评估和对业务保持的考虑。

（二）确定非无保留意见的类型

注册会计师确定恰当的非无保留意见类型时，取决于下列事项：①导致非无保留意见的事项的性质，是财务报表存在重大错报，还是在无法获取充分、适当的审计证据的情况下，财务报表可能存在重大错报。②注册会计师就导致非无保留意见的事项对财务报表产生或可能产生影响的广泛性作出判断。

广泛性是描述错报影响的术语，用以说明错报对财务报表的影响，或者由于无法获取充分、适当的审计证据而未发现的错报对财务报表可能产生的影响。根据注册会计师的判断，对财务报表的影响具有广泛性的情形包括：①不限于对财务报表的特定要素、账户或项目产生影响；②虽然仅对财务报表的特定要素、账户或项目产生影响，但这些要素、账户或项目是或可能是财务报表的主要组成部分；③当与披露相关时，产生的影响对财务报表使用者理解财务报表至关重要。

表 2-6 列示了注册会计师对导致发表非无保留意见的事项的性质和这些事项对财务报表产生或可能产生影响的广泛性作出的判断，以及注册会计师的判断对审计意见的影响。

表 2-6   导致非元保留意见的事项性质及不同情形注册会计师审计意见

导致发表非无保留意见的事项的性质	这些事项对财务报表产生或可能产生影响的广泛性	
	重大但不具有广泛性	重大且具有广泛性
财务报表存在重大错报	保留意见	否定意见
无法获取充分、适当的审计证据	保留意见	无法表示意见

1. 保留意见

当存在下列情形之一时，注册会计师应当发表保留意见：

（1）在获取充分、适当的审计证据后，注册会计师认为错报单独或汇总起来对财务报表影响重大，但不具有广泛性。

（2）注册会计师无法获取充分、适当的审计证据以作为形成审计意见的基础，但认为未发现的错报对财务报表可能产生的影响重大，但不具有广泛性。

注册会计师在获取充分、适当的审计证据后，只有当认为财务报表就整体而言是公允的，但还存在对财务报表产生重大影响的错报时，才能发表保留意见。注册会计师因审计范围受到限制而发表保留意见或无法表示意见，取决于无法获取的审计证据对形成审计意见的重要性。注册会计师在判断重要性时，会考虑有关事项潜在影响的性质和范围以及在财务报表中的重要程度。只有当未发现的错报对财务报表可能产生的影响重大但不具有广泛性时，才能发表保留意见。总之，保留意见被视为注册会计师在不能发表无保留意见情况下最不严厉的审计意见。

在投资者看来，发表保留意见审计报告，说明注册会计师对会计报表的反映有所保留。会计报表的反映从整体上看是公允的，但被审单位的财务状况、经营成果和现金流量在某些方面可信赖程度不高。保留意见的焦点大多集中在重大事项说明、损益确定、资产质量的判定、会计核算方法的改变和报告主题的改变、持续经营能力和审计范围受限等方面。例如，注册会计师对河南莲花味精股份有限公司 2012 年的财务报表便出具了保留意见审计报告。原因在于 2010 年 4 月 25 日，莲花味精接到中国证监会调查通知书：因涉嫌虚增会计利润、重大诉讼事项未披露等原因，根据《中华人民共和国证券法》的有关规定，中国证监会决定对莲花味精进行正式立案调查。2010 年 6 月 30 日前，莲花味精对已发现的 2007 年度、2008 年度、2009 年度涉及的重大会计差错事项分别进行了更正，内容详见莲花味精 2009 年度更正后的财务报告。截至审计报告签发日，注册会计师尚未取得证监会对莲花味精的调查结论，无法判断上述会计差错更正的结果及范围与证监会的调查结论是否一致；同时也无法实施其他满意的替代审计程序，获取充分、适当的审计证据，以判断证监会立案调查的莲花味精虚增会计利润、重大诉讼未披露等事项对其 2012 年度财务报表可能产生的重大影响。在审计意见段，注册会计师认为"除'三、导致保留意见的事项'段所述事项可能产生的影响外，贵公司合并财务报表在所有重大方面按照企业会计准则的规定编制，公允反映了贵公司 2012 年 12 月 31 日的合并财务状况以及 2012 年度的合并经营成果和合并现金流量"。投资者应该分析这些意见是否已经影响、并在多大程度上影响了上市公司当年损益；是否会影响到过去和未来该上市公司损益的确定，影响的程度有多大；进一步地，如果注册会计师出具的保留意见所揭示的因素对上市公司影响重大，那么这种影响是否已经威胁到了该上市公司的发展前景、甚至威胁到了上市公司的可持续发展……总之，投资者应该结合被出具保留意见上市公司报表内容，深入分析保留意见背后所包含上市公司的实质性内容和深层次趋势。

保留意见审计报告实例：

审 计 报 告

河南莲花味精股份有限公司全体股东：

我们审计了后附的河南莲花味精股份有限公司（以下简称"贵公司"）合并财务报表，包括 2012 年 12 月 31 日的合并资产负债表，2012 年度的合并利润表、合并现金流量表和合并所有者权益变动表以及财务报表附注。

一、管理层对合并财务报表的责任

编制和公允列报合并财务报表是贵公司管理层的责任，这种责任包括：①按照企业会计准则的规定编制合并财务报表，并使其实现公允反映；②设计、执行和维护必要的内部控制，以使合并财务报表不存在由于舞弊或错误导致的重大错报。

二、注册会计师的责任

我们的责任是在执行审计工作的基础上对合并财务报表发表审计意见。我们按照中国注册会计师审计准则的规定执行了审计工作。中国注册会计师审计准则要求我们遵守职业道德守则，计划和执行审计工作以对合并财务报表是否不存在重大错报获取合理保证。

审计工作涉及实施审计程序，以获取有关合并财务报表金额和披露的审计证据。选择的审计程序取决于注册会计师的判断，包括对由于舞弊或错误导致的合并财务报表重大错报风险的评估。在进行风险评估时，注册会计师考虑与合并财务报表编制和公允列报相关的内部控制，以设计恰当的审计程序，但目的并非对内部控制的有效性发表意见。审计工作还包括评价管理层选用会计政策的恰当性和作出会计估计的合理性，以及评价合并财务报表的总体列报。

我们相信，我们获取的审计证据是充分、适当的，为发表保留意见提供了基础。

三、导致保留意见的事项

如财务报表附注所述，2010 年 4 月 25 日，贵公司接到中国证监会调查通知书：贵公司因涉嫌虚增会计利润、重大诉讼事项未披露等原因，根据《中华人民共和国证券法》的有关规定，中国证监会决定对贵公司进行正式立案调查。2010 年 6 月 30 日前，贵公司对已发现的 2007 年度、2008 年度、2009 年度涉及的重大会计差错事项分别进行了更正，内容详见贵公司 2009 年度更正后的财务报表。截止审计报告签发日，我们尚未取得证监会对贵公司的调查结论，无法判断贵公司上述会计差错更正的结果及范围与证监会的调查结论是否一致；同时我们也无法实施其他满意的替代审计程序，获取充分、适当的审计证据，以判断证监会立案调查的贵公司虚增会计利润、重大诉讼未披露等事项对贵公司 2012 年度财务报表可能产生的重大影响。

四、保留意见

我们认为，除"三、导致保留意见的事项"段所述事项可能产生的影响外，贵公司合并财务报表在所有重大方面按照企业会计准则的规定编制，公允反映了贵公司 2012 年 12 月 31 日的合并财务状况以及 2012 年度的合并经营成果和合并现金流量。

亚太（集团）会计师事务所有限公司　　　　　　中国注册会计师：党惠如

中国注册会计师：马凤

中国·北京　　　　　　　　　　　　　　　　二〇一三年四月二十五日

2. 否定意见

在获取充分、适当的审计证据后，如果认为错报单独或汇总起来对财务报表的影响重大且具有广泛性，注册会计师应当发表否定意见。

只有当注册会计师确信会计报表存在重大错报和误导信息以至会计报表不符合国家颁布的企业会计准则和相关会计制度的规定，未能从整体上公允反映被审计单位的财务状况、经营成果和现金流量，注册会计师才可出具否定意见的审计报告。也就是说注册会计师必须依据充分、适当的证据，进行恰当的职业判断，确信会计报表不具有合法性与公允性时，才能出具否定意见的审计报告。据文献统计，注册会计师一般很少出具否定意见的审计报告。1998 年 4 月 29 日，重庆渝港钛白粉有限公司公布了1997 年度的报告，其中在财务报告部分，刊登了重庆会计师事务所于 1998 年 3 月 8 日出具的否定意见的审计报告。这是我国证券市场中有关上市公司的首份否定意见的审计报告。报告的说明段指出："1997 年度应计入财务费用的借款利息，即应付债券利息8064 万元，贵公司将其资本化计入了钛白粉工程成本；欠付中国银行重庆分行的美元借款利息89.8 万元（折人民币 743 万元），贵公司未计提入账，两项共影响利润 8807万元（如果这两项利息支出计入当期损益，公司 1997 年实际亏损为 11 943.12 万元，每股亏损 0.92 元，每股净资产为 0.25 元）。"报告的意见段注册会计师指出："我们认为，由于本报告第二段所述事项的重大影响，贵公司 1997 年 12 月 31 日资产负债表、1997 年度利润表及利润分配表、财务状况变动表未能公允反映贵公司 1997 年 12 月 31日财务状况和 1997 年度经营成果及资金变动情况。"

发表否定意见的原因主要是未调整事项或未确定事项等对会计报表的影响程度超出一定范围，以至会计报表无法被接受，被审单位的会计报表已失去其价值。如果投资者依据会计报表中的信息对其投资，要冒很大的风险。

3. 无法表示意见

如果无法获取充分、适当的审计证据以作为形成审计意见的基础，但认为未发现的错报对财务报表可能产生的影响重大且具有广泛性，注册会计师应当发表无法表示意见。

在极其特殊的情况下，可能存在多个不确定事项。即使注册会计师对每个单独的不确定事项获取了充分、适当的审计证据，但由于不确定事项之间可能存在互相影响，以及可能对财务报表产生累积影响，注册会计师不可能对财务报表形成审计意见。在这种情况下，注册会计师应当发表无法表示意见。

只有当审计范围受到限制可能产生的影响非常重大和广泛，不能获取充分、适当的审计证据，以至无法确定会计报表的合法性与公允性，注册会计师才可出具无法表示意见的审计报告。无法表示意见不同于否定意见，它仅仅适用于注册会计师不能获取充分、适当的审计证据。无论无法表示意见还是否定意见，都只有在非常严重的情形下采用。此时，被审单位的财务状况、经营成果和现金流量的可依赖程度不明，如果投资者对其投资，要冒很大的风险。例如，注册会计师对上海九龙山旅游股份有限公司 2012 年的财务报表便出具了无法表示意见审计报告。原因在于 2012 年度，九龙山归属于母公司股东的净亏损为人民币 185 201 642.08 元，合并经营性现金净支出为人民币 74 590 708.97 元。2012 年 12 月 31 日，流动负债超出流动资产人民币

303 295 132.84 元，货币资金仅为人民币 52 015 780.52 元，流动负债中包括短期借款计人民币 454 800 000.00 元。九龙山现有的货币资金远不足以偿还到期债务及维持正常运营，管理层正考虑通过方案来改善流动资金以及财务状况。九龙山 2012 年度财务报表以持续经营为编制基础的适当性依赖于该方案的成功实施，即主要股东方有条件的财务支持、展期或新增银行和第三方借款以及九龙山在建开发物业的及时销售。但九龙山在落实该主要股东方有条件的财务支持之前，仍需要与该股东方进一步协商贷款协议的具体条款，以及完成其他必要的程序（包括可能需要通过股东大会的批准）。但是，九龙山曾经于 2013 年 4 月 7 日召开临时股东大会审议申请人民币 2.5 亿元带有类似条件的股东或金融机构借款的提议，该议案未获股东大会通过。九龙山该主要股东方提供的财务支持方案能否得以成功实施具有重大不确定性。其次，九龙山目前没有尚未动用的银行及第三方借款额度，也未获得银行及第三方同意将于 2013 年内到期的借款展期至 2012 年 12 月 31 日之后 12 个月的书面承诺，九龙山能否成功将 2013 年内到期的短期借款进行展期或取得新增贷款具有重大不确定性。另外，九龙山通过预售在建开发房产回笼资金的计划可能受房地产行业面临的宏观环境、政策和市场波动的影响，因此能否在未来的 12 个月内通过房产销售回笼足够的营运所需的资金亦具有重大不确定性。上述各项情况表明存在可能导致对持续经营能力产生重大疑虑的多项重大不确定性。倘若九龙山无法持续经营，资产的账面价值或需作出调整，以其可收回金额列示，以及对可能会产生的额外的负债进行计提，并且将非流动资产和非流动负债分别重分类为流动资产和流动负债。后附财务报表并没有包括这些可能的调整。在审计意见段，注册会计师认为"由于'三、导致无法表示意见的事项'段所述事项的重要性，我们无法获取充分、适当的审计证据以为发表审计意见提供基础，因此，我们不对贵公司财务报表发表审计意见"。

总之，在阅读无法发表意见和否定意见报告时，不需要过多分析，因为一旦被出具这两类意见报告的上市公司，大多已经到了 ST、＊ST 的地步，其资产状况大多已经到了恶化的境地，投资价值几乎不存在，但是，也有部分投资者可能因为投机的目的对其投资。

注册会计师在出具上述三种意见的审计报告时，应在"审计意见"之前增加一段，以说明保留、否定、无法表示意见的理由。

无法表示意见审计报告实例：

审计报告

上海九龙山旅游股份有限公司全体股东：

我们审计了后附的上海九龙山旅游股份有限公司（以下简称"贵公司"）的财务报表，包括 2012 年 12 月 31 日的合并及公司资产负债表，2012 年度的合并及公司利润表、合并及公司股东权益变动表和合并及公司现金流量表以及财务报表附注。

一、管理层对财务报表的责任

编制和公允列报财务报表是贵公司管理层的责任。这种责任包括：① 按照企业会计准则的规定编制财务报表，并使其实现公允反映；② 设计、执行和维护必要的内部控制，以使财务报表不存在由于舞弊或错误导致的重大错报。

二、注册会计师的责任

我们的责任是在按照中国会计师审计准则的规定执行审计工作的基础上对财务报表发表审计意见。但由于"三、导致无法表示意见的事项"段中所述的事项，我们无法获取充分、适当的审计证据以为发表审计意见提供基础。

三、导致无法表示意见的事项

如后附财务报表附注二（1）所述，贵公司及其子公司（以下合称"贵集团"）于 2012 年度归属于母公司股东的净亏损为人民币 185 201 642.08 元，合并经营性现金净支出为人民币 74 590 708.97 元。于 2012 年 12 月 31 日，贵集团的流动负债超出流动资产人民币 303 295 132.84 元，货币资金仅为人民币 52 015 780.52 元，流动负债中包括短期借款计人民币 454 800 000.00 元。贵集团现有的货币资金远不足以偿还到期债务及维持正常运营。贵公司管理层正考虑通过附注二（1）所述之方案来改善贵集团的流动资金以及财务状况。贵公司 2012 年度财务报表以持续经营为编制基础的适当性依赖于该等方案的成功实施，即主要股东方有条件的财务支持、展期或新增银行和第三方借款以及贵集团在建开发物业的及时销售。

然而，贵公司在落实该主要股东方有条件的财务支持之前，仍需要与该股东方进一步协商贷款协议的具体条款，以及完成其他必要的程序（包括可能需要通过股东大会的批准）。并且，贵公司曾经于 2013 年 4 月 7 日召开临时股东大会审议贵公司申请人民币 2.5 亿元带有类似条件的股东或金融机构借款的提议，该议案未获股东大会通过。贵公司该主要股东方提供的财务支持方案能否得以成功实施具有重大不确定性。

其次，贵集团目前没有尚未动用的银行及第三方借款额度，也未获得银行及第三方同意将于 2013 年内到期的借款展期至 2012 年 12 月 31 日之后 12 个月的书面承诺。因此，贵集团能否成功将 2013 年内到期的短期借款进行展期或取得新增贷款具有重大不确定性。

另外，贵集团通过预售在建开发房产回笼资金的计划可能受房地产行业面临的宏观环境、政策和市场波动的影响，因此能否在未来的 12 个月内通过房产销售回笼足够的营运所需的资金亦具有重大不确定性。上述各项情况表明存在可能导致对贵集团持续经营能力产生重大疑虑的多项重大不确定性。倘若贵集团无法持续经营，贵集团资产的账面价值或需作出调整，以其可收回金额列示，以及对可能会产生的额外的负债进行计提，并且将非流动资产和非流动负债分别重分类为流动资产和流动负债。后附财务报表并没有包括这些可能的调整。

四、无法表示意见

由于"三、导致无法表示意见的事项"段所述事项的重要性，我们无法获取充分、适当的审计证据以为发表审计意见提供基础，因此，我们不对贵公司财务报表发表审计意见。

普华永道中天会计师事务所有限公司　　　　　　　中国注册会计师：孙颖

中国注册会计师：赵波

中国·上海市　　　　　　　　　　　　　　　　　二〇一三年四月二十六日

四、带强调事项段和其他事项段的审计报告解读

在对财务报表形成审计意见后，如果根据职业判断认为有必要在审计报告中增加强调事项段或其他事项段，通过明确提供补充信息的方式，提醒财务报表使用者关注下列事项：①尽管已在财务报表中列报或披露，但对使用者理解财务报表至关重要的事项；②未在财务报表中列报或披露，但与使用者理解审计工作、注册会计师的责任或审计报告相关的事项。

（一）带强调事项段的审计报告

强调事项段是指审计报告中含有的一个段落，该段落提及已在财务报表中恰当列报或披露的事项，根据注册会计师的职业判断，该事项对财务报表使用者理解财务报表至关重要。

如果认为有必要提醒财务报表使用者关注已在财务报表中列报或披露，且根据职业判断认为对财务报表使用者理解财务报表至关重要的事项，例如异常诉讼或监管行为的未来结果存在不确定性、提前应用（在允许的情况下）对财务报表有广泛影响的新会计准则、存在已经或持续对被审计单位财务状况产生重大影响的特大灾难以及可能导致对被审计单位持续经营能力产生重大疑虑等事项，注册会计师在已获取充分、适当的审计证据证明该事项在财务报表中不存在重大错报的条件下，应当在审计报告中增加强调事项段（参考范例）。强调事项段应当仅提及已在财务报表中列报或披露的信息。

带强调事项段的无保留意见审计报告：

审　计　报　告

四川宏达股份有限公司全体股东：

我们审计了后附的四川宏达股份有限公司（以下简称宏达股份公司）财务报表，包括2012年12月31日的合并及母公司资产负债表，2012年度的合并及母公司利润表、合并及母公司现金流量表、合并及母公司所有者权益变动表，以及财务报表附注。

一、管理层对财务报表的责任

编制和公允列报财务报表是管理层的责任，这种责任包括：①按照企业会计准则的规定编制财务报表，并使其实现公允反映；②设计、执行和维护必要的内部控制，以使财务报表不存在由于舞弊或错误导致的重大错报。

二、注册会计师的责任

我们的责任是在执行审计工作的基础上对财务报表发表审计意见。我们按照中国注册会计师审计准则的规定执行了审计工作。中国注册会计师审计准则要求我们遵守中国注册会计师职业道德守则，计划和执行审计工作以对财务报表是否不存在重大错报获取合理保证。

审计工作涉及实施审计程序，以获取有关财务报表金额和披露的审计证据。选择的审计程序取决于注册会计师的判断，包括对由于舞弊或错误导致的财务报表重大错报风险的评估。在进行风险评估时，注册会计师考虑与财务报表编制和公允列报相关

的内部控制，以设计恰当的审计程序，但目的并非对内部控制的有效性发表意见。审计工作还包括评价管理层选用会计政策的恰当性和作出会计估计的合理性，以及评价财务报表的总体列报。

我们相信，我们获取的审计证据是充分、适当的，为发表审计意见提供了基础。

三、审计意见

我们认为，宏达股份公司财务报表在所有重大方面按照企业会计准则的规定编制，公允反映了宏达股份公司 2012 年 12 月 31 日的合并及母公司财务状况以及 2012 年度的合并及母公司经营成果和现金流量。

四、强调事项

我们提醒财务报表使用者关注，如财务报表附注五（一）11、五（一）15 及十（一）所述，2012 年 7 月 3 日，宏达股份公司之子公司四川宏达钼铜有限公司接到什邡市人民政府通知，要求钼铜项目停止建设。截至 2012 年 12 月 31 日，四川宏达钼铜有限公司钼铜项目仍处于停工状态。本段内容不影响已发表的审计意见。

天健会计师事务所（特殊普通合伙）　　　　中国注册会计师：周荣铭

　　　　　　　　　　　　　　　　　　　　中国注册会计师：刘志永

　　　中国·杭州　　　　　　　　　　　　二〇一三年四月二十三日

如果在审计报告中增加强调事项段，注册会计师应当采取下列措施：①将强调事项段紧接在审计意见段之后；②使用"强调事项"或其他适当标题；③明确提及被强调事项以及相关披露的位置，以便能够在财务报表中找到对该事项的详细描述；④指出审计意见没有因该强调事项而改变。注册会计师应当在强调事项段中指明，该段内容仅用于提醒财务报表使用者关注，并不影响已发表的审计意见；⑤如果拟在审计报告中增加强调事项段，注册会计师应当就该事项和拟使用的措辞与治理层沟通。

（二）其他事项段的审计报告

其他事项段是指审计报告中含有的一个段落，该段落提及未在财务报表中列报或披露的事项，根据注册会计师的职业判断，该事项与财务报表使用者理解审计工作、注册会计师的责任或审计报告相关。

对于未在财务报表中列报或披露，但根据职业判断认为存在与使用者理解审计工作相关、与使用者理解注册会计师的责任或审计报告相关、对两套以上财务报表出具审计报告和限制审计报告分发和使用等情形时，如果认为有必要沟通，注册会计师应当在审计报告中增加其他事项段，并使用"其他事项"或其他适当标题。注册会计师应当将其他事项段紧接在审计意见段和强调事项段（如有）之后。如果其他事项段的内容与其他报告责任部分相关，这一段落也可以置于审计报告的其他位置。

需要注意的是，其他事项段的内容明确反映了未被要求在财务报表中列报或披露的其他事项，其他事项段不包括法律法规或其他职业准则（如中国注册会计师职业道德守则中与信息保密相关的规定）禁止注册会计师提供的信息，同时也不包括要求管理层提供的信息。如果拟在审计报告中增加其他事项段，注册会计师应当就该事项和拟使用的措辞与治理层沟通。

其他事项段无保留意见审计报告实例：

审计报告

咸阳偏转股份有限公司全体股东：

我们审计了后附的咸阳偏转股份有限公司（以下简称咸阳偏转公司）财务报表，包括 2011 年 12 月 31 日的合并及母公司资产负债表，2011 年度的合并及母公司利润表、合并及母公司现金流量表、合并及母公司股东权益变动表以及财务报表附注。

一、管理层对财务报表的责任

编制和公允列报财务报表是管理层的责任，这种责任包括：①按照企业会计准则的规定编制财务报表，并使其实现公允反映；②设计、执行和维护必要的内部控制，以使财务报表不存在由于舞弊或错误导致的重大错报。

二、注册会计师的责任

我们的责任是在执行审计工作的基础上对财务报表发表审计意见。我们按照中国注册会计师审计准则的规定执行了审计工作。中国注册会计师审计准则要求我们遵守中国注册会计师职业道德守则，计划和执行审计工作以对财务报表是否不存在重大错报获取合理保证。审计工作涉及实施审计程序，以获取有关财务报表金额和披露的审计证据。选择的审计程序取决于注册会计师的判断，包括对由于舞弊或错误导致的财务报表重大错报风险的评估。在进行风险评估时，注册会计师考虑与财务报表编制和公允列报相关的内部控制，以设计恰当的审计程序，但目的并非对内部控制的有效性发表意见。审计工作还包括评价管理层选用会计政策的恰当性和作出会计估计的合理性，以及评价财务报表的总体列报。

我们相信，我们获取的审计证据是充分、适当的，为发表审计意见提供了基础。

三、审计意见

我们认为，咸阳偏转公司的财务报表在所有重大方面按照企业会计准则的规定编制，公允反映了咸阳偏转公司 2011 年 12 月 31 日的合并及母公司财务状况以及 2011 年度的合并及母公司经营成果和现金流量。

四、其他事项

我们提醒财务报表使用者关注，如财务报表附注所述，咸阳偏转公司与陕西炼石矿业有限公司全体股东签署的《关于咸阳偏转股份有限公司重大资产置换及非公开发行股份购买资产的协议》，截至财务报告批准报出日除部分置出资产的过户手续尚在办理之中外，重组工作已基本实施完成。咸阳偏转公司按照相关规定编制了模拟合并财务报表，并已经本所出具了审计报告。

国富浩华会计师事务所（特殊普通合伙）

中国注册会计师：万奇见

中国注册会计师：雷军锋

中国·北京

二〇一二年四月十一日

五、财务报表分析与审计报告解读

（一）明确审计报告与已审计会计报表的关系

注册会计师应当根据由审计证据得出的结论，清楚表达对财务报表的意见。无论是出具标准审计报告，还是非标准审计报告，注册会计师一旦在审计报告上签名并盖章，就表明对其出具的审计报告负责，并应将已审计的财务报表附于审计报告之后，以便于财务报表使用者正确理解和使用审计报告，并防止被审计单位替换、更改已审计的财务报表。

目前，我国用于公开的财务报表都需要经过注册会计师的审计。尽管其审计根本不能发现报表中可能存在的全部错误和舞弊，但却为报表的真实性和可靠性提供合理保证，这就为财务报表使用者对财务报表具体分析之前增强对目标企业财报的正确理解提供了很好的帮助。财务报表使用者进行具体的财务报表分析之前，应该先认真研读注册会计师出具的审计报告。

（二）了解我国上市公司审计意见产生的社会背景

阅读和利用审计报告之前，我们首先必须明确一个事实：由于制度性原因，大多数情况下，我国注册会计师实质上是由被审计单位自己聘任来对自己的年度财务报告发表鉴证意见的，他们从一开始就在相当程度上失去了作为鉴证性中介机构至关重要的独立性，所以，目前我们所能够看到的大多数审计报告，都是双方讨价还价的结果：一方面，被审计单位即上市公司对报告能够接受，以达到其相应目的；另一方面，注册会计师还要对自己所出具的审计报告的风险进行评估，以使自己能够承担得起报告风险。另外，根据我国公司治理结构的现状及其对注册会计师执业独立性的严重影响，可以推论的是——上市公司一般不会允许注册会计师对其报告出具非标准审计报告的；而一旦一家上市公司被出具了非标准审计报告，那么报告"说明段"里所透露的信息就非常值得投资者关注了。

一般情况下，注册会计师在对企业进行审计时，都会按照审计准则并依据一定的审计程序，对企业会计报表的合法性、公允性、一贯性作出评价。在审计过程中，注册会计师可能或多或少地发现一些企业账务处理过程中有损合法性、公允性的因素，并会给企业提出调整要求。如果企业根据注册会计师的意见进行了调整，注册会计师一般会出具标准无保留意见审计报告；如果企业拒绝按注册会计师的意见对财务报告进行调整，注册会计师就会依据需要调整因素对报表公允性、合法性的影响程度大小，决定是否出具非标准审计报告，并与企业进行磋商。

（三）熟知审计报告对财务报表使用者的意义

当审计报告为标准无保留意见时，财务报表分析者基本上可以相信注册会计师关于"财务报表在所有重大方面按照企业会计准则的规定编制，公允反映了被审计单位的财务状况、经营成果和现金流量"的意见。但若财务报表使用者具备更多的审计知识，则还应该明白：①受审计方法和程序的限制，再专业的注册会计师也无法确保财务报表不存在任何错误和舞弊；②"在所有重大方面"的表述，类似于会计的重要性原则，是否属于"重大方面"，主要取决于注册会计师的职业判断。与此对应，注册会计师认为的"非重大方面"，很可能对财务报表使用者而言属于重大方面。

当审计报告为带强调事项段的无保留意见的审计报告和非无保留意见的审计报告时，特别是否定意见的审计报告和无法表示意见的审计报告时，对于潜在的投资者和债权人而言，继续对目标企业进行财务报表分析，几乎没有任何意义。对于现实的投资者和债权人等利益相关者，则必须认真阅读和分析审计报告中的说明段，了解审计人员出具非无保留意见报告的原因及其对财务报表的影响。

总之，财务报表使用者在深入分析目标企业的财务报表之前，应先认真解读注册会计师出具的审计报告，根据审计报告，结合其他财务信息作出财务决定，这样才能降低决策风险，减少不必要的损失。

第七节　报表附注解读

财务报表附注是为了便于财务报表使用者理解财务报表的内容而对财务报表的编制基础、编制依据、编制原理和方法以及主要项目等所作的解释。它是对财务报表的补充说明，是财务报告体系的重要组成部分。随着经济环境的复杂化以及人们对相关信息要求的提高，附注在整个报告体系中的地位日益提高，在财务报表分析中的作用也日益突出。

一、财务报表附注的作用

1. 提高财务报表信息的可比性

会计信息是由多种因素综合促成的，经济环境的不确定性，不同行业的不同特点，不同企业之间的差异性，以及各个企业前后各期情况的变化，都会降低企业会计信息横向和纵向的可比性。会计报表附注可以通过披露会计政策和会计估计的变更等信息，向投资者传递相关信息，从而提高报表信息的可比性。

2. 增强财务报表的可理解性

会计信息的充分披露原则要求会计信息应全面充分地反映企业的财务状况、经营成果及现金流量，不得有意忽略或隐瞒重要的财务数据，以免使用者发生误解。这就要求企业不仅要披露有利信息，而且要披露不利信息，不能只披露表层信息，还要进行深层次的揭示。作为会计信息的使用者，由于外部与企业的信息不对称，想要对企业有所了解，就必须依赖于其所提供的各项资料。而目前的会计报表还不能充分解决这些问题，所以有赖于附注信息增强报表的可理解性，从而缓解信息不对称现象。

二、财务报表附注的内容

报表附注主要是以文字和数字的形式对基本财务报表的内容以及其他有助于理解会计报表的有关事项进行必要的说明。一般企业财务报表附注有以下内容：

1. 企业的基本情况

企业的基本情况包括企业注册地、组织形式和总部地址；企业的业务性质和主要经营活动，如企业所处的行业、所提供的主要产品或服务、客户的性质、销售策略、监管环境的性质等；母公司以及集团最终母公司的名称；财务报告的批准报出者和财务报告批准报出日。

2. 财务报表的编制基础

财务报表的编制基础说明企业持续经营情况。

3. 遵循企业会计准则的声明

企业应当声明编制的财务报表符合企业会计准则的要求，真实、完整地反映了企业的财务状况、经营成果和现金流量等有关信息，以此明确企业编制财务报表所依据的制度基础。

4. 重要会计政策和会计估计

根据财务报表列报准则的规定，企业应当披露采用的重要会计政策和会计估计，不重要的会计政策和会计估计可以不披露。

（1）重要会计政策的说明。由于企业经济业务的复杂性和多样化，某些经济业务可以有多种会计处理方法，也即存在不止一种可供选择的会计政策。例如，存货的计价可以有先进先出法、加权平均法、个别计价法等；固定资产的折旧，可以有平均年限法、工作量法、双倍余额递减法、年数总额法等。企业在发生某项经济业务时，必须从允许的会计处理方法中选择适合本企业特点的会计政策，企业选择不同的会计处理方法，可能极大地影响企业的财务状况和经营成果，进而编制出不同的财务报表。为了有助于报表使用者理解，有必要对这些会计政策加以披露。

需要特别指出的是，说明会计政策时还需要披露财务报表项目的计量基础以及会计政策的确定依据。

（2）重要会计估计的说明。财务报表列报准则强调了对会计估计不确定因素的披露要求，企业应当披露会计估计中所采用的关键假设和不确定因素的确定依据，这些关键假设和不确定因素在下一会计期间内很可能导致对资产、负债账面价值进行重大调整。

在确定报表中确认的资产和负债的账面金额过程中，企业有时需要对不确定的未来事项在资产负债表日对这些资产和负债的影响加以估计。例如，固定资产可收回金额的计算需要根据其公允价值减去处置费用后的净额与预计未来现金流量的现值两者之间的较高者确定，在计算资产预计未来现金流量的现值时需要对未来现金流量进行预测，并选择适当的折现率，应当在附注中披露未来现金流量预测所采用的假设及其依据、所选择的折现率为什么是合理的等。又如，为正在进行中的诉讼提取准备时最佳估计数的确定依据等。这些假设的变动对这些资产和负债项目金额的确定影响很大，有可能会在下一个会计年度内作出重大调整。因此，强调这一披露要求，有助于提高财务报表的可理解性。

5. 会计政策和会计估计变更以及差错更正的说明

企业应当按照《企业会计准则第28号——会计政策、会计估计变更和差错更正》及其应用指南的规定，披露会计政策和会计估计变更以及差错更正的有关情况。

6. 报表重要项目的说明

企业应当以文字和数字描述相结合，尽可能以列表形式披露报表重要项目的构成或当期增减变动情况，而且报表重要项目的明细金额合计应当与报表项目金额相衔接。在披露顺序上，一般应当按照资产负债表、利润表、现金流量表、所有者权益变动表的顺序及其项目列示的顺序。

7. 其他需要说明的重要事项

这主要包括或有和承诺事项、资产负债表日后非调整事项、关联方关系及其交易等，具体的披露要求须遵循相关准则的规定。

三、财务报表附注分析

由于财务报表项目的固定性，使报表本身所反映的财务信息受到一定的限制，因此，报表使用者应该充分利用报表附注对会计政策等事项的补充和说明，更好地理解和分析报表。

（一）分析报表附注基本信息，寻找调查分析重点

在分析企业会计报表的过程中，我们需要先阅读会计报表附注，了解公司基本情况以及财务报表编制的基础和会计处理方法，从而确定思路和调查分析的重点。

1. 分析公司基本情况，关注公司的历史和主营业务

会计报表附注的第一部分是公司基本情况，介绍上市公司的历史和主营业务范围。

在判断会计报表反映其财务状况及经营成果和现金流量情况的真实程度之前，我们必须了解上市公司的历史和主营业务范围，分析上市公司的重大历史事件可能影响公司盈利前景的程度，分析公司在所处行业的现状和前景，以及其在行业中所处的地位。例如，在海信电器（600060）2012 年报表附注中，对公司基本情况介绍如下：

（1）简述公司历史沿革

青岛海信电器股份有限公司（以下简称本公司）成立于 1997 年 4 月 17 日。本公司前身是海信集团有限公司所属的青岛海信电器公司。1996 年 12 月 23 日青岛市经济体制改革委员会青体改发〔1996〕129 号文件批准由原青岛海信电器公司作为发起人，采用募集方式，组建股份有限公司。本公司于 1997 年 3 月 1 日经中国证券监督管理委员会批准，首次向社会公众发行人民币普通股 7 000 万股。其中 6 300 万股社会公众股于 1997 年 4 月 22 日在上海证券交易所上市，700 万股公司职工股于同年 10 月 22 日上市。

1998 年海信电器经中国证券监督管理委员会证监上字〔1998〕62 号文批准，以 1997 年末总股本 27 000 万股为基数，向全体股东按 10：3 比例实施增资配股……配售后总股本为 29 606.5337 万股。

1999 年 6 月 4 日本公司实施 1998 年度资本公积金 10 转 4 后总股本为 41 449.1472 万股。

2000 年 12 月……本公司向全体股东 10：6 配股，其中国有法人股股东海信集团有限公司以资产部分认购 283.6338 万股，其余部分放弃，社会公众股东认购 7 644 万股，该次实际配售股数为 7 927.6338 万股，配股后总股本为 49 376.7810 万股……

2006 年 6 月 12 日，本公司完成股权分置改革……股权分置改革后总股本 49 376.7810 万股；其中海信集团有限公司持有国有法人股 23 896.7810 万股，占总股本的 48.40%，其余为社会流通股计 25 480 万股，占总股本 51.60%。

……

2009 年 12 月……本公司向特定对象非公开发行 A 股股票 8 400 万股，发行后总股本变更为 57 776.7810 万股……

……

2010 年 5 月 13 日本公司实施资本公积转增资本：每 10 股转增 5 股，实施上述分配后股本总额变更为 86 665.1715 万股，其中无限售条件流通股 74 065.1715 万股、有限售条件流通股 12 600.0000 万股；海信集团有限公司持股 35 845.1715 万股、占总股本 41.36%，青岛海信电子产业控股股份有限公司持股 1 848.25 万股、占总股本的 2.13%，上述两股东合计持有 43.49%。

2010 年 12 月 24 日本公司限售股全部上市流通。

2010 年海信集团一致行动人青岛海信电子产业控股股份有限公司增持本公司股份 2 290.8043 万股，占总股本的 2.64%，增持后两股东合计持有本公司 44% 的股份。

……2011 年 6 月 14 日公司临时董事会审议通过股权激励第一期行权安排的议案，行权 222.255 万股。股东行权后股本变更为 86 887.4265 万股。

2011 年海信集团一致行动人青岛海信电子产业控股股份有限公司增持本公司股份 843.6872 万股，占总股本的 2.64%，增持后两股东合计持有本公司 44.86% 的股份，其中海信集团有限公司持有本公司股份 35 845.1715 万股、占总股本的 41.25%，青岛海信电子产业控股股份有限公司持有本公司股份 3 134.4915 万股、占总股本的 3.61%。

……

……2012 年 8 月 29 日公司董事会审议通过股权激励第二期行权安排的议案，行权 333.3825 万股，股东行权后股本变更为 130 664.5222 万股。

截止到 2012 年 12 月 31 日，海信集团有限公司持有本公司股份 53 767.7573 万股，占总股本 41.15%，青岛海信电子产业控股股份有限公司持有本公司股份 4 701.7373 万股，占总股本的 3.60%，上述两股东合计持股 44.75%。

（2）本公司主要经营范围

本公司主要经营电视机、广播电视设备、通信产品制造、信息技术产品、家用商用电器、电子产品的制造、销售、服务。

通过阅读附注中的这一部分，我们对公司的历史沿革有了一个大致的了解，公司自 1997 年首次公开发行后，先后经历数次增资扩股（包括股权激励计划行权）、资本公积转增资本，完成股权分置改革，截止年报基准日，海信集团有限公司持有本公司股份及其一致行动人青岛海信电子产业控股股份有限公司合计持有 44.75% 的股份。

另外，通过阅读我们得知该公司行业细分为"制造业/日用电子器具制造业"，再通过进一步收集资料，我们可以得到该行业各项指标的平均水平和领先水平与该公司相应指标进行对比，以确定该公司在行业中的地位。

2. 阅读会计处理方法及其变更，关注变更对利润的影响

会计报表附注的第二部分是公司主要会计政策、会计估计和前期差错。由于根据

相同的原始会计记录，使用不同的会计处理方法，可以编制出不同财务数据的会计报表，得出不同分析结论，所以我们必须先阅读上市公司使用了哪些会计处理方法以及是否变更了会计处理方法，并且关注这些变更是否对利润产生的影响。关注主要会计政策及会计估计的变更以及对利润的影响，将避免分析者对报表比对数据变动的错误解读。

（二）关注上市公司关联方关系及交易

利用关联方关系及交易粉饰财务报表是上市公司最常用的手法之一，因此报表使用者应该仔细阅读、分析这方面的信息。这方面的信息主要集中在附注中"关联方及关联交易"的说明中，零散的信息可以从"企业合并"的说明和"合并报表项目注释"中收集。通常，关联方交易的方式包括：①资产置换，即将不良资产与等额债务剥离给关联公司，以达到账面止亏；②转移价格，即通过关联方交易，降低原材料购进价格，或提高产成品售出价格，使上市公司利润增加，免于亏损；③管理费用分摊；④托管经营，上市公司将不良资产交给关联公司托管，既可获取利润，又解决了不良资产的亏损反映；⑤租赁；等等。

报表附注对关联方交易通常是分别交易类型进行披露。报表使用者可以首先计算各类型中关联方交易产生的盈利分别占类型总额的百分比及这些类型占利润总额的百分比，判断企业盈利能力对关联企业的依赖程度，依赖程度越高，则对企业盈利能力打的折扣越多；其次，根据交易价格来分析这些关联交易的必要性和公正性；最后，将非必要和欠公正的关联交易所产生的利润，从企业利润总额中剔除，以反映正常的经营成果。对于转移价格引起的关联交易，如果关联交易占销售货物和采购货物的比重较大（大于20%），那么，就有必要分析比较关联交易与非关联交易的价格差异。如果价格差异过大，则有可能存在利润操纵，需要调整因价格差异而影响的利润额。

此外，对于目前存在的关联方占用上市公司资金的情况，在附注中并未予以披露反映出来，需要分析者通过报表中"其他应收款"项目的变动来分析。

（三）分析会计报表重要项目的明细资料

会计报表附注包含会计报表主要项目注释，列示会计报表中有关重要项目的明细资料，这些明细资料是判断会计报表反映公司财务状况及经营成果和现金流量情况真实程度的重要线索。

我们在分析会计报表相关项目的时候应该仔细阅读和分析对应重要项目的明细资料，比如分析主营业务的盈利能力时，应该用到主营业务收入和主营业务成本的数据以保持口径一致，应剔除利润表"营业收入"和"营业成本"项目中包含的其他业务收入和其他业务成本，而相关数据可以从"营业收入和营业成本"的项目注释中取得。

（四）关注会计项目分析提供的线索

会计报表附注能够提供上市公司会计报表真实程度的依据或线索。会计报表附注越详细，我们判断上市公司会计报表反映其财务状况及经营成果和现金流量情况真实程度的依据或线索就越多。

在会计报表附注分析中，我们可以寻找到辨别会计报表反映公司财务状况及经营成果和现金流量情况真实程度的有用线索。如在现金流量分析中就要用到附注中关于利息支出说明的数据等。

会计报表中主要数据的来源及增减变动情况及原因、主要影响因素一般都在附注中予以说明。附注中对这些变动的分析可以帮助我们判断这些变动的合理性，为我们对财务数字认可和质疑提供依据。

（五）关注上市公司或有事项

或有事项是指过去的交易或者事项形成的，其结果须由某些未来事项的发生或不发生才能决定的不确定事项。如未决诉讼或未决仲裁、债务担保、产品质量保证、亏损合同、重组义务、承诺、环境污染整治等。通过关注这些披露，可以帮助我们衡量企业所面临的风险。

或有事项形成的或有资产只有在企业基本确定能够收到的情况下，才转变为真正的资产，从而予以确认。与或有事项有关的义务应当在同时符合以下三个条件时确认为负债，作为预计负债进行确认和计量：①该义务是企业承担的现时义务；②履行该义务很可能导致经济利益流出企业；③该义务的金额能够可靠计量。报表使用者在这种情况下可以通过报表中"预计负债"等相关项目及其附注披露进行分析。

除了分析当期的或有事项外，报表使用者还应始终关注以前期间预计负债的变动情况。如果公司将以前年度预计的负债在本期冲回，从而使本期收益并未引起相应的现金流入，那么其价值几乎为零，是一种低质量的收益。

（六）关注上市公司其他重要事项的说明

会计报表附注还列示资产负债表日后事项中的非调整事项，以及其他重要事项的说明。

资产负债表日后事项是指年度资产负债表日至财务报告批准之间发生的需要调整或说明的事项，这些事项可能影响到财务报表使用者的决策，比如在资产负债表日与报告批准之间发生了重大的灾害造成严重的财产损失，将会影响我们对公司财务状况的判断，因此，我们在分析时应当关注。

其他事项的说明中的事项对企业来说可能有利，也可能不利，通过对这些事项的分析，可以快速判断将对企业产生怎样的影响。这些重要事项的说明可能成为辨别上市公司会计报表反映其财务状况及经营成果和现金流量情况真实程度的重要线索。

本章思考题：

1. 财务报表分析的信息来源有哪些？
2. 企业财务报告包括哪几部分内容？
3. 对于报表阅读和使用者而言，资产负债表的作用是什么？
4. 如何对资产负债表进行初步分析？
5. 简述利润表的作用。
6. 现金流量表主要包括哪些项目？
7. 所有者权益变动表有什么作用？
8. 所有者权益变动表可以反映哪些方面的信息？

第三章　企业偿债能力分析

本章导读

　　偿债能力是指企业用其资产偿还长期债务与短期债务的能力。企业有无支付现金的能力和偿还债务能力是企业能否健康生存和发展的关键。本章主要阐述进行偿债能力分析的目的与作用、分析的主要内容与方法，具体包括短期偿债能力分析与长期偿债能力分析两部分。通过本章的学习，明确偿债能力分析的重要意义，学会各项指标的计算与分析方法，掌握对不同期限结构的债务进行分析的本领。

第一节　企业偿债能力分析概述

一、企业偿债能力的内涵

　　企业偿债能力是指企业偿还到期债务（包括本金与利息）的能力。企业的债务是以持有一定的资产作为物质保障的，债务到期就必须用资产变现偿付。如果企业变现资产不足以清偿到期债务，就很难再从银行或者其他金融机构取得借款，也难以再从供应商那里取得赊购的优惠，从而直接影响企业筹措资金的能力，影响正常的生产经营活动。

　　企业偿债能力，静态的讲，就是用企业资产清偿企业债务的能力；动态的讲，就是用企业资产和经营过程创造的收益偿还债务的能力。企业有无现金支付能力和偿债能力是企业能否健康发展的关键。

（一）企业偿债能力的分类

　　按照偿还期限的长短划分，企业的负债包括短期（流动）负债和长期（非流动）负债两种类型。短期负债是指将于一年或者超过一年的一个正常营业周期内需要动用流动资产偿还的债务。在资产负债表中，短期负债项目主要有短期借款、应付账款、应付票据、预收款项、应付职工薪酬、应交税费、应付股利、其他应付款等项目。长期负债则是指偿还期限在一年或者超过一年的一个正常营业周期以上的债务，包括长期借款、应付债券、长期应付款和其他长期负债等项目。因此，企业的偿债能力分析也相应地分为短期偿债能力分析和长期偿债能力分析。

　　企业短期偿债能力对于财务报表的使用者来说是非常重要的。如果一个企业不能持有一定的短期偿债能力，自然也就不能保持一定的长期偿债能力，也不能满足股东的要求。影响一个企业的短期偿债能力的因素有两个：一是营运资金的多少；二是企业流动资产变现能力的强弱。企业如果缺乏短期偿债能力，不但无法获取有利的进货折扣，而且由于无力支付短期债务，从而被迫出售长期投资或拍卖固定资产，甚至最终导致破产。因此，企业的债权人、职工、顾客、供应商和投资人等都对企业的短期偿债能力非常重视。只有当企业拥有较好的短期偿债能力时，才能获得较好的内外部环境，从而降低成本，增加企业盈利。但是，反映企业偿债能力的指标并不一定是越高越好，应该有一个合理的界限。

企业的长期偿债能力不仅受到短期偿债能力的影响，同时，由于长期负债一般数额较大，其本金的偿还必须有一定的积累过程，因此，从长期来看，企业的长期偿债能力最终取决于企业的获利能力。

（二）短期偿债能力与长期偿债能力的关系

企业短期偿债能力和长期偿债能力共同构成了企业对各种债务压力的承受度。两种偿债能力既相互统一，又有显著区别；它们既有共同性，又各具特殊性。正确理解两种偿债能力的关系，有利于客观准确地分析评价企业的偿债能力，提高财务决策的准确性。

1. 两者的联系

短期偿债能力与长期偿债能力的联系主要体现在以下几个方面：

（1）企业各种长期债务只是一种静态的划分，随着时间的推移，长期债务也会变成"短期债务"，而部分短期债务也可能为企业长期使用，成为企业的"长期债务"。因此，企业对长短债务的偿付应统筹规划，对各种债务偿付的事件、数量、资金来源进行总体安排，才能使企业总的偿债能力达到一种理想水平，避免出现因大量、集中偿付长期债务造成短期债务的拖延，或因保证短期债务的偿付而影响长期债务的偿还。

（2）从全面与长远的角度看，没有一个企业短期偿债能力高而长期偿债能力总是低的，也没有一个企业长期偿债能力高而短期偿债能力总是低的。从根本上讲，企业的偿债能力，无论短期偿债能力还是长期偿债能力，都决定于企业经济效益的高低。企业偿债能力与其经营状况正相关。

（3）短期偿债能力与长期偿债能力均具有保证企业债务及时有效偿付的共同特征。提高企业的偿债能力，降低企业负债风险，与企业在合理的债务水平上进行负债经营是一对矛盾，企业偿付能力并非越高越好。经营者需要在兼顾企业利益相关者（如债权人、所有者等）各方权益的前提下，进行合理的财务决策，既保持适当的偿债能力，又充分利用财务杠杆的作用，争取企业短期偿债能力与长期偿债能力、眼前利益与长远利益的统一。

2. 两者的区别

短期偿债能力与长期偿债能力的区别主要体现在以下几个方面：

（1）短期偿债能力反映了企业保证短期债务有效偿付的程度。长期偿债能力则反映了企业保证未来到期债务有效偿付的能力。

（2）短期偿债能力所涉及的债务偿付一般是企业流动性支出，这些流动性支出具有较大的波动性，从而使企业短期偿债能力也呈现出较大的波动性。长期偿债能力所涉及的债务偿付一般是企业的固定性支出，只要企业资金结构不发生显著变化，企业的盈利水平不发生显著增减，则企业的长期偿债能力也会呈现出稳定的特点。

（3）短期债务的物质承担者是企业的流动资产，流动资产的量与质是企业短期偿债能力的决定因素。长期偿债能力的物质承担者则是企业的资金结构与盈利水平。资金结构的合理性与企业盈利性是企业长期偿债能力的决定因素。

二、企业偿债能力分析的意义

偿债能力是指企业偿还到期债务（包括本息）的能力。能否及时偿还到期债务，是反映企业财务状况好坏的重要标志。企业有无偿债能力或者说有无现金支付能力，是企业能否健康成长和发展的关键。通过对偿债能力的分析，可以考察企业持续经营的能力和风险，有助于对企业未来收益进行预测。因此企业的偿债能力分析是企业财务报表分析的重要组成部分。偿债能力分析的意义集中体现在以下几个方面：

1. 评价企业的财务状况

能否及时偿还到期债务，即偿债能力的强弱，是反映企业财务经济状况的重要指标。通过对企业偿债能力的客观分析，可以准确评价企业财务经济状况及其变动原因，帮助企业所有者、经营者、债权人及其他利益相关者了解企业的经营状况，作出正确判断和决策。

2. 控制企业的财务风险

举债必须以能偿还为前提，如果企业不能按时偿还所负债务的本息，势必影响企业筹措资金的信誉，从而影响到企业正常的生产经营，甚至危及企业的生存。即使盈利不错的企业，也存在着由于资金调度不灵不能及时偿还债务而破产的风险，因此，企业负债经营的基本原则是举债适度和收益与风险对等。也就是说，负债的规模应控制在一定的限度内，即企业能够以足够的现金或者随时可以变现的资产及时足额的偿还所欠债务。了解并控制企业的财务风险，正是偿债能力分析的重要目标之一。

3. 预测企业筹资前景

企业通过各种渠道筹集资金是维持正常经营活动的必要前提。正确评价企业偿债能力，准确预测企业筹资前景，是企业债权人进行正确信贷决策的基础。企业偿债能力强，则企业的财务状况较好，信誉较高，债权人的本金与资金利息的保障程度较高。因此，分析企业的偿债能力，准确预测未来筹资前景，对于企业现实与潜在债权人的信贷决策至关重要。

4. 把握企业财务活动

筹资、投资于资本收益的分配是企业财务活动的基本环节。企业筹集资金的时机与数量，既取决于生产经营情况，也受制于债务的偿还。到期债务的偿还，可以用企业的自由资金，也可以是借新债还旧债。因此，通过对企业偿债能力的分析，可以准确了解企业当前的现金与可变现资产状况，合理安排企业的财务活动，提高资产的利用效果。

第二节　短期偿债能力分析

一、短期偿债能力的内涵

短期偿债能力是指企业流动资产对流动负债及时足额偿还的保证程度，即企业以流动资产偿还流动负债的能力，反映企业偿付日常到期债务的能力，是衡量企业当前财务能力，特别是流动资产变现能力的重要指标。

同时，它也是流动资产与流动负债的外在反映，是短期债权人非常关心的财务指标之一。事实上，由于构成企业流动资产与流动负债的具体项目及数量各不相同，其规模和结构也直接影响着短期偿债能力的大小。

短期偿债能力分析的出发点是资产的变现能力对流动负债的保证程度。流动负债的还款期限比较短，一般在一年或者是超过一年的一个营业周期内，对资产的变现能力要求较高，财务风险较大。在资产的构成中，流动资产的变现能力最强，变现周期一般为一年或者是超过一年的一个营业周期。流动资产和流动负债同处于一个循环期限内，如果假设流动资产能够正常变现的话，就能够以流动资产同流动负债相对比，揭示企业的短期债务偿还能力。

构成企业短期负债的项目，既包括企业短期借入的资金，也包括企业结算以及财税政策、会计制度等原因占用的应付资金。这些资金均为企业在短期内应当偿还的流动负债，其规模越大，则企业在短期内需要偿还的债务负担越重。总的来说，短期偿债能力主要包括了以下内容：

（1）银行短期借款偿还能力。企业在申请得到银行短期借款后，应该根据债务契约的规定，在规定日期前归还借款。由于银行会根据企业的信用来决定以后是否再继续贷款给企业，所以，企业应该及时归还银行本金及利息。

（2）应付账款归还能力。购货款一般是企业在一年内必须支付给供应商的应付账款。应付账款也是一个信用问题，企业想要保持自己良好的信誉，就应该及时如数的归还。

（3）应付职工薪酬、应付税金及短期负债的归还能力。如在企业面临财务危机时，可能会采取一些临时性的缓解措施，包括削减员工的工资水平、拒绝提供员工进修机会，甚至在某些极端的情况下，会采取裁员的措施。然而，对于员工而言，工资水平、福利待遇的降低会严重打击其工作热情与积极性，对企业的生产运营带来负面冲击。

二、短期偿债能力分析的作用

短期偿债能力是企业的任何利益相关人都应重视的问题。

对企业管理者来说，企业短期偿债能力的强弱意味着企业承受财务风险能力的大小。为了保证企业的正常经营运转以及资金的顺利筹措，企业管理者必须重视短期偿债能力的强弱，避免企业陷入破产清算的境地。

企业债权人对企业偿债能力分析，目的在于作出正确的借贷决策，保证其资金的安全。债权人对企业进行贷款，除了希望收回本金和利息外，没有权利与投资者共同分享企业的经营成果，因此，债权人要维护其合法权益必将其注意力集中于债权的安全性。

企业的职工、顾客以及社会公众等也关心企业的短期偿债能力。若企业缺乏短期偿债能力，则无法按期支付员工薪酬，调动不起员工的积极性，甚至还会导致失业的风险。对于企业的顾客，也将失去进货的来源。

对于投资者来说，如果企业的短期偿债能力发生问题，就会使企业的经营者花费大量精力去筹借资金以应付还债。这不仅会增加筹资难度，加大临时性筹资成本，还会使企业的管理者难以专注地进行企业经营管理，最终影响到投资人的利益。

而供应商关心企业短期偿债能力的目的在于判断货款能否按时收回。短期偿债能力直接影响到企业的正常生产经营，供应商会因为企业的资信恶化，从而对企业的财务能力产生怀疑，有时甚至主动放弃客户，使企业无法获得正常的货源。同时，企业如果缺乏良好的短期偿债能力，不仅资金周转不畅，也会丧失供应商提供的折扣机会，从而加大了资金周转的困难程度。

三、短期偿债能力的指标分析

短期偿债能力的衡量指标可分为存量（某一个具体时点上变量的数值）指标和流量（一定时期内变量发生的变动数值）指标，存量指标主要有营运资本、流动比率、速动比率和现金比率等，流量指标主要指现金流动负债比率。

（一）营运资本

营运资本或称营运资金，是指流动资产超过流动负债的部分。它是企业在某一时点以流动资产归还和抵扣流动负债后的剩余。其计算公式为：

营运资本＝流动资产－流动负债

计算营运资本使用的"流动资产"和"流动负债"，通常可以直接取自资产负债表。实际上资产负债表的基本结构，是按债权人的要求设计的。正是为了便于计算营运资本和分析流动性，资产负债表项目才区分流动项目和非流动项目，并按流动性强弱排序。

如果流动资产与流动负债相等，并不足以保证可以按时偿债，因为债务的到期与流动资产的现金生成，不可能同步同量。企业一般要保持流动资产大于流动负债，即保有一定数额的营运资本作为缓冲，以防止流动负债"穿透"流动资产。

【例3-1】海信电器2011、2012年的部分财务数据如表3-1所示：

表3-1　　　　　　　海信电器2011年及2012年财务报表部分数据　　　　　　单位：元

项　　目	2012年	2011年
流动资产	15 125 456 835.78	14 355 104 489.50
流动负债	9 222 820 226.63	8 806 100 737.21

那么，根据上述公式，可得：

2011 年营运资本 = 14 355 104 489.50 - 8 806 100 737.21 = 5 549 003 752（元）

2012 年营运资本 = 15 125 456 835.78 - 9 222 820 226.63 = 5 902 636 609（元）

可以看出，该公司 2011 年与 2012 年的营运资本均为正数，且均超过 50 亿元，说明流动资产对流动负债起到了较好的"缓冲"作用，企业的短期债务的偿还得到营运资本的足额保障。单从营运资本这一指标来看，短期偿债能力较强。

一般来说，对于同一家公司而言，营运资本越多，流动负债的偿还能力就越有保障，短期的偿债能力就越强，就越有可能降低企业的融资成本。

营运资本之所以能够成为流动负债的"缓冲垫"，是因为它是长期资本用于流动资产的部分，不需要在一年内偿还。营运资本的计算公式还可以表示为：

长期资本 = 股东权益 + 非流动负债

营运资本 = 流动资产 - 流动负债

         = （总资产 - 非流动资产）-（总资产 - 股东权益 - 非流动负债）

         = （股东权益 - 非流动负债）- 非流动资产

         = 长期资本 - 长期资产

当流动资产大于流动负债时，营运资本为正数，表明长期资本的数额大于长期资产，超出的部分被用于流动资产。营运资本的数额越大，财务状况就越稳定。如果全部流动资产都是由营运资本提供资金来源，则企业没有任何的短期偿债压力（即流动负债为零）。当流动资产小于流动负债时，营运资本为负数，表明长期资本小于长期资产，有部分长期资产是由流动负债提供资金来源。由于流动负债在一年内需要偿还，而长期资产在一年内不能变现，偿债所需现金不足。当处于这种不稳定的财务状况之下时，企业必须设法另外筹资以满足企业偿还短期债务的"缺口"。

【例 3-2】据表 1-6（2012 年报资产负债表）中的数据和转换后的营运资本的计算公式，海信电器 2011、2012 年的营运资本计算和分析如下：

2011 年营运资本 = 14 355 104 489.50 - 8 806 100 737.21 = 5 549 003 752（元）

2012 年营运资本 = 15 125 456 835.78 - 9 222 820 226.63 = 5 902 636 609（元）

营运资本的比较分析，主要是与本企业年初数据的比较，通常称之为变动分析。该公司的 2011 年和 2012 年营运资本的比较数据，如表 3-2 所示：

表 3-2   公司 2011 年及 2012 年营运资本比较数据表

项目	2011 年		2012 年		增长		
	金额（元）	结构（%）	金额（元）	结构（%）	金额（元）	增长（%）	结构（%）
流动资产	14 355 104 489.50	100	15 125 456 835.78	100	770 352 346	53.66	100
流动负债	8 806 100 737.21	61.34	9 222 820 226.63	60.98	416 719 489	45.18	54.09
营运资本	5 549 003 752	38.66	5 902 636 609	39.02	353 632 857	6.37	45.91
长期资产	178 951 329.83		3 125 900 462.10				
长期资本	5 530 433 124		5 855 750 546				

从上表的数据可以看出：

（1）2011 年的流动资产为 14 355 104 489.50 元，流动负债为 8 806 100 737.21 元，营运资本为 5 549 003 752 元，说明全部流动负债都得到了流动资产的保障，流动资产超出流动负债 38%。

（2）2012 年的流动资产为 15 125 456 835.78 元，流动负债为 9 222 820 226.63 元，营运资本为 5 902 636 609 元，超出流动资产 39.02%。

（3）与 2011 年相比，2012 年的流动资产增加了 770 352 346 元（增长 53.66%），流动负债增加了 416 719 489 元（增长 45.18%），营运资本增加了 353 632 857 元（增长 6.37%）。由于流动资产的增长超过了流动负债，营运资本的绝对数也随之增长，短期偿债能力相对增加。

在进行营运资本分析时，应注意以下几点：

（1）营运资本应保持在适当的水平。对于债权人来说，营运资本越多越好，这样就可以减少贷款风险。因为，当营运资金短缺时，企业为了维持正常的经营和信用，就会被迫按较高的利率进行借款，从而影响利息的支付能力。同时，营运资本也不宜过多，虽然流动性强、风险小，但其获利性较差，不利于企业盈利能力的提高。除了短期借款以外的流动负债通常不需要支付利息，但其金额大小可以说明企业利用无息负债扩大经营规模的能力强弱。因此，企业应当保持适当的营运资本规模。

（2）营运资本是绝对数，不便于不同企业之间的比较。例如，A 公司的营运资本为 600 万元（流动资产 900 万元，流动负债 300 万元），B 公司的营运资本与 A 公司的相同，也是 600 万元（流动资产 2900 万元，流动负债 2300 万元）。但是，它们的偿债能力存在明显不同。因此，在实务中很少直接使用营运资本作为偿债能力的指标，营运资本的合理性主要通过流动性存量比率来评价。

（二）流动比率

流动比率，即流动资产与流动负债的比率，表明企业某个时点上，每 1 元流动负债由多少流动资产作为偿还的保证。它反映了企业用可以短期内变现的流动资产偿还到期流动负债的能力。其计算公式为：

$$流动比率 = \frac{流动资产}{流动负债} \times 100\%$$

一般情况下，流动比率越高，企业短期偿债能力越强，债权人到期收回债务本金和利息的权益就越有保障。这是因为较高的流动比率可以保障在流动负债到期日能够将流动资产迅速变现用以偿还债务。流动比率还可以表明当企业遇到突发性现金流出时的支付能力，如发生意外损失等。一般认为，流动比率的下限为 100%；而流动比率等于 200% 时较为适当，此时说明企业财务状况稳定可靠，除了满足日常生产经营的流动资金需要外，还有足够的财力偿付到期的短期债务。如果流动比率过低，则表示企业可能捉襟见肘，难以如期偿还到期债务；如果流动比率过高，则表明企业流动资产占有较多，会影响资金的使用效率和企业的筹资成本，进而影响企业的获利能力，同时，还说明企业采取了一种保守的财务政策，未能充分利用企业现有的负债筹资能力。

究竟应保持多高水平的流动比率，主要视各行业的经营性质的特殊性和各企业对待风险与收益的态度予以确定。

【例3-3】沿用例3-1中的数据资料，海信电器2011年、2012年的流动比率分别为：

2011年流动比率 = 14 355 104 489.50/8 806 100 737.21×100% = 163%

2012年流动比率 = 15 125 456 835.78/9 222 820 226.63×100% = 164%

海信电器2011年的流动资产为14 355 104 489.50元，流动负债8 806 100 737.21为元，其流动比率是163%，意味着企业的流动资产是流动负债的1.63倍，或者说对于每1元流动负债，企业仅有1.63元流动资产为其作保障。2012年的流动比率为164%，较上年有一定增长，意味着该公司在年末每1元流动负债有1.64元的流动资产作为其保障。该公司2009年年初和年末的比率略小于一般公认的标准2，但我们不能就此得出结论判定海信电器短期偿债能力不理想，必须结合行业特点与性质作出综合判断。

在运用流动比率时，我们必须注意以下几个问题：

（1）流动比率仅能表示一个企业在特定时点的短期偿债能力，并没有考虑流动资产与流动负债在时间上的配合问题，仅仅反映了两者在数量上的关系。

（2）虽然流动比率越高，企业偿还短期债务的流动资产保证程度就越强，但这并不表示企业已有足够的现金或者存款用来偿债。流动比率高可能是存货积压、应收账款增多且收账期延长、待摊费用和待处理财产损失增加所致，而真正可用来偿债的现金和存款却严重短缺。考虑到以上因素，依据账面数据计算的流动比率就有可能高估企业的短期偿债能力。换言之，实际的短期偿债能力可能并没有按账面数字计算的流动比率反映得那样高。所以，企业应在分析流动比率的基础上，进一步对流动资产的组成和现金流量加以考察。

（3）从短期债权人的角度看，流动比率越高越好。但从企业经营角度看，过高的流动比率通常意味着企业闲置现金持有量过多，必然造成企业的机会成本增加和获利能力的降低。因此，企业应尽可能地将流动比率维持在不使货币资金闲置的水平。

（4）流动比率是否合理，不同行业、不同企业以及同一企业不同时期的评价标准是不同的，因此，不应用同一的标准来评价各企业的流动比率的合理性。计算出来的流动比率，只有和同行业平均流动比率、本企业历史的流动比率进行比较，才能得出比率的优劣。若要揭示流动比率过高或过低的原因，还必须进一步分析流动资产和流动负债所包括的内容以及经营上的因素影响。

【例3-3续】请结合海信电器2011年、2012年所在行业其他公司流动比率的水平，对其短期偿债能力作出进一步判断。

首先，我们要通过其主营业务的构成判断该公司所属行业。海信电器主营业务为电视机生产与销售。2012年公司实现营业收入252.52亿元，其中，电视业务实现收入223.08亿元，占总营业收入的88.34%。其所属行业为"家电行业"。

其次，在"家电行业"中选择包括标杆公司——行业龙头公司，相似业务与规模公司，代表平均水平的公司等，计算其流动比率与目标公司进行对比分析。按照这一标准，在家电行业选择有代表性和可比性的三家公司——格力电器、青岛海尔、TCL

集团，其流动比率如表 3-3 所示：

表 3-3　　　　　家电行业部分公司 2011 及 2012 年流动比率数据表

流动比率（%）	2012 年	2011 年
格力电器	108	112
青岛海尔	127	111
TCL 集团	131.12	126.55
海信电器	164	163

通过表 3-3 可以明显看出，海信电器的流动比率在同行业中相对比较高，这就意味着在该行业中，其短期偿债能力比较健康，短期融资能力相对同业其他公司较强。在运用流动比率评价上市公司财务状况时，应注意到各行业的经营性质不同，营业周期不同，对资产流动性要求也不一样，因此 200% 的流动比率标准，并不是绝对的。结合行业对公司的流动比率进行判断得出的结论更为合理与科学。在进行流动比率分析时一定要注重这一点。

（三）速动比率

流动资产中包含的存货等能否足额、迅速地转换为现金是不确定的。为了更加真实地揭示企业的短期偿债能力，我们还可以用速动比率这一指标进行评价。

速动比率又称酸性试验比率或清偿比率，是指企业速动资产与流动负债的比率。它假设速动资产是可以用于偿债的资产，表明每 1 元流动负债由多少速动资产作为偿还保障。速动比率可以衡量企业在不依赖出售存货的条件下迅速偿还债务的能力。其计算公式为：

$$速动比率 = \frac{速动资产}{流动负债} \times 100\%$$

其中：速动资产 = 流动资产 - 存货 - 预付账款 - 待摊费用

所谓速动资产，是指流动资产减去变现能力较弱且不稳定的存货、待摊费用、待处理流动资产损失等后的，可以在较短时间内变现的资产，包括货币资金、交易性金融资产和各种应收、预付款项等。除此之外的流动资产，如上述的存货、待摊费用、待处理流动资产损失等，称为非速动资产。

非速动资产中，一般以存货为主，之所以要剔除存货，是因为：

（1）尽管存货属于企业的流动资产，但其变现速度可能非常慢。另外，存货也有可能已经陈旧过时，变现损失过大，因此在计算分析偿债能力时应该予以剔除；

（2）由于某种原因，部分存货可能已损失报废还未作处理，或者部分存货已抵押给某债权人，企业虽拥有其所有权，但使用权和处置权却受到限制；

（3）存货的计价是按照历史成本进行的，存货的账面价值与变现的市场价值之间存在着巨大的差异。存货的市场价值可能较账面价值有所提升，也有可能贬值。如果从偿债时变现能力的角度来说，与流动比率相比，速动比率能够更加客观、准确、可靠地评价企业资产的流动性和偿还短期债务的能力。

　　一般情况下，速动比率越高，表明企业偿还流动负债的能力越强。通常认为，速动比率为 100% 是安全边际。如果速动比率小于 100%，企业必然面临着很大的偿债风险；如果速动比率大于 100%，尽管债务偿还的安全性很高，但却会因企业的现金及应收账款资金占用过多而使资金闲置，大大增加企业的机会成本。

　　【例 3-4】海信电器 2011 年、2012 年的部分财务数据如表 3-4 所示：

表 3-4　　　　　　　海信电器 2011 年及 2012 年财务报表部分数据　　　　　单位：元

项　　目	2011 年	2012 年
流动资产	14 355 104 489.50	15 125 456 835.78
存货	2 280 163 378.63	3 599 554 763.32
流动负债	8 806 100 737.21	9 222 820 226.63
流动资产−存货	12 074 941 111.00	11 525 902 072.00

　　那么，根据上述公式，可得：

　　2011 年速动比率 = 12 074 941 111/8 806 100 737.21×100% = 125%

　　2012 年速动比率 = 11 525 902 072/9 222 820 226.63×100% = 137%

　　海信电器 2011 年和 2012 年的速动比率均大于经验值 1，且年末的速动比率比年初提高了 12%，说明每 1 元流动负债提供的速动资产保障增加了 0.12 元。

　　在分析速动比率时，需注意以下几个问题：

　　（1）速动比率属于静态指标，其数值都是来自资产负债表，反映一个特定时点上的企业以其速动资产偿还负债的能力，并没有全面反映出一个时期内的生产经营活动的动态情况，与未来的现金流量也无直接的因果关系。

　　（2）速动比率反映的是一个时点上的偿债能力，并不代表企业的长期财务状况。企业为筹借资金等，很可能会人为地粉饰报表。作为债权人应进一步对企业整个会计期间和不同会计期间的速动资产、流动负债进行分析。

　　（3）尽管速动比率剔除了变现能力较弱的存货和预付费用，但速动资产中的应收项目也存在一些潜在的问题，如账面上的应收账款不一定都能顺利收回，实际坏账可能比计提的坏账准备要多；季节性的变化可能使报表上的应收账款数额不能反映平均水平；等等。因此，即使速动比率较高，如果应收账款的管理不善，仍然会面临着偿债风险。对于这些情况，外部分析人不易了解，内部人员却有可能做出估计。

　　（4）尽管速动比率较之流动比率更能反映出流动负债到期偿还的安全性和稳定性，但并不能认为速动比率较低的企业流动负债到期绝对不能偿还。实际上，如果企业存货流转顺畅，变现能力较强，即使速动比率较低，只要流动比率高，企业仍然有望偿还到期的债务本息。

（四）现金比率

　　现金比率是指一定时期内企业现金类资产与流动负债的比值，可以衡量企业实时偿还债务的能力。现金类资产是指库存现金、银行存款及交易性金融资产等。其计算公式为：

$$现金比率 = \frac{库存现金+银行存款+短期有价证券}{流动负债} \times 100\%$$

【例 3-5】海信电器 2011 年、2012 年的部分财务数据如表 3-5 所示：

表 3-5　　　　　　　海信电器 2011 年及 2012 年财务报表部分数据　　　　　单位：元

项　　目	2011 年	2012 年
货币资金	2 766 219 940. 16	1 552 562 681. 45
流动负债	8 806 100 737. 21	9 222 820 226. 63

那么，根据上述公式，可得：

2011 年现金比率 = 2 766 219 940. 16/8 806 100 737. 21 = 31. 41%

2012 年现金比率 = 1 552 562 681. 45/9 222 820 226. 63 = 16. 83%

海信电器的现金比率比年初降低了 14.58%，说明每 1 元流动负债提供的现金资产保障减少了约 0.15 元。虽然从比率上看现金比率和货币资金存量都有一定程度的降低，但结合现金流量表分析其深层原因，我们发现其在 2012 年利用货币资金拓展理财渠道，投资活动现金流量由 30 549.02 万元增加到本期的 144 721.42 万元。判断该货币资金投资对公司短期偿债能力的影响需要进一步分析其投资对象的风险性及收益性，进而分析其对企业短期偿债能力带来的影响。

现金比率反映企业以广泛的现金及其等价物随时偿还流动负债的能力，是最严格、最稳健的短期偿债能力衡量指标。它假设现金资产是可偿债资产，表明 1 元流动负债由多少现金资产作为偿还保障。一般而言，现金比率越高，企业的短期偿债能力就越强；现金比率越低，则企业的短期偿债能力越弱。但是与流动比率和速动比率类似，现金比率过高，也可能说明企业现金及等价物闲置过多，资产的营运效率低，经营者过于保守。一般情况下，现金比率的水平维持在 20% 左右是可以被多数公司接受的。

现金类资产是企业可以立即用以偿付流动负债的资源，因此反映了企业的实际偿债能力。其缺陷在于：它仍然取自于资产负债表的数据，总体上仍是反映某一时点的静态指标，当前企业的经营活动中的现金净流量情况未在指标中得到反映。

（五）企业支付能力系数

企业支付能力是指企业可用于支付的货币资金与需要支付的款项之比，是反映企业短期偿债能力的重要指标。根据支付的时间差异，可分为期末支付能力系数与近期支付能力系数。其计算公式如下：

$$期末支付能力系数 = \frac{货币资金}{急需支付的款项}$$

急需支付的款项包括逾期未缴款项、逾期银行借款和逾期应付款项等。期末支付能力系数大于或者等于 1，说明企业有支付能力；若小于 1，则说明企业支付能力不好；指标越低，说明企业的支付能力越差。

近期支付能力系数是企业近期可用于支付的资金与近期需要支付的资金间的比率。

$$近期支付能力系数 = \frac{近期可用于支付的现金}{近期需要支付的现金}$$

上述指标中的"近期",是根据企业的实际支付情况确定的。对于分子与分母,其资金的时间概念应当一致。近期可用于支付的资金,是企业在这一时段的最后时刻可用于支付的现金及现金类资金,包括企业货币资金的实有数、近期能收回的销售收入及近期能收回的其他应收款项;近期需要支付的资金,则是企业在这一时段的最后时刻必须支付的各类应付未付款项,包括购货款、职工工资、应归还的到期银行借款、各项税款等。与期末支付能力系数相同,近期支付能力大于或者等于1,表明企业有支付能力;若小于1,则说明企业的支付能力不好;指标越低,则企业的支付能力就越差。

（六）现金流量分析

现金流量分析,是将企业一定时期内在正常经营过程中产生的现金流入与现金流出的方向、数量、时间等因素结合起来,考察各时段的净现金流量（即现金流入量与现金流出量之差）。

前述的关于偿债能力的分析均隐含了一个前提,即对偿债能力的分析是建立在对企业现有资产进行清算变卖的基础之上,认为企业的债务应由企业的资产作保障。流动比率、速动比率以及资产负债率都是基于这样的基础来计算的。这种建立在企业清算基础而非持续经营基础上的分析方法并不完全符合企业的运行状况。企业要生存下去就不可能将其所有的流动资产变现来偿还流动负债,更不可能将所有资产变现来偿还所有的债务。因此,持续经营应当成为判断企业的偿债能力的分析基础。

正常持续经营的企业,其债务的偿还依赖于企业稳定的现金流入。企业偿债能力的分析,应当包括对企业现金流量的分析和评价,从现金流入与流出的方向、数量、时间出发,综合考察企业的短期偿债能力。具体的分析方法我们将在本书第六章中详细讲述。

四、影响短期偿债能力的其他因素

仅仅结合上述几个比率进行分析衡量,难以准确判断企业的短期偿债能力,这是因为短期偿债能力还受企业的资产变现能力、融资能力等无法反映在财务报表中的因素影响。影响短期偿债能力的表外因素主要有:

（一）增加变现能力的因素

增加变现能力的因素包括:

（1）可动用的银行贷款。银行已经同意、企业未办理贷款手续的银行贷款限额,可以随时增加企业的现金,提高支付能力。这一数据不反映在财务报表中,但是会在董事会决议中披露。

（2）准备很快变现的长期资产。企业可能持有一些长期资产可以随时出售变现,而不出现在"一年内到期的非流动资产"项目中,如储备的土地、开采的采矿权、目前出租的房产等。在企业资金周转发生困难时,将其出售并不影响企业的持续经营。

（3）企业的声誉。如果企业的声誉较高、信用较好,在偿还债务出现困难时,比较容易筹集到短缺的现金。

（二）减少变现能力的因素

减少变现能力的因素包括：

（1）已贴现的商业承兑汇票形成的或有负债；

（2）未决诉讼、仲裁形成的或有负债；

（3）为其他单位提供债务担保形成的或有负债。如果或有负债数额较大并且可能发生，在评价企业短期偿债能力时应给予关注。

第三节 长期偿债能力分析

一、长期偿债能力概述

长期偿债能力是指企业保证到期长期负债及时偿付的可靠程度。企业的长期债务是指偿还期在一年或者超过一年的一个营业周期以上的负债，包括长期借款、应付债券、长期应付款等。长期负债具有如下四个特点：①利率高。一般来说，长期负债的利率都比较高。②期限长。长期负债的期限都在一年以上，有时为三年、五年、八年甚至更高。③金额大。一般来讲，长期负债每次筹集的资金数额都比较大。④到期必须偿还。

长期负债的利率高，期限长，一般适用于构建固定资产，进行长期投资。因为固定资产周转周期较长，变现速度慢，其资金的筹措不可能来自短期负债。利用长期负债购置固定资产，可以扩大企业的生产能力，提高产品的质量，降低资金成本，提高企业的市场竞争能力，从而为企业带来更多的利润。在总资产报酬率高于长期贷款利率的前提下，适当增加长期负债可以增加企业的获利能力，提高股东的报酬率。同时，举债具有节税的作用，从而使投资者能得到更多的回报。但是若长期负债率较高，过多的长期负债会增加企业还本付息的负担。如果企业的总资产报酬率下降，那么企业用来还本付息的费用就会吞噬企业的盈利，以致发生亏损，引发债务危机。

企业的自有资金和投资收益是偿还长期负债的主要资金来源，因此，企业长期偿债能力的分析可以从资本结构和收益两方面进行。

二、资本结构对长期偿债能力的影响

在对资本结构进行分析时，可以通过以下比率来衡量：资产负债率、产权比率、有形净资产债务率、所有者权益比率与权益乘数以及营运资金与长期负责比率等。其中，资产负债率和产权比率是衡量企业负债水平及风险程度的重要标志。

（一）资产负债率

资产负债率是负债总额与资产总额的比率。它表明在资产总额中，债权人提供资金所占全部资产的比重，反映了企业进行负债经营的能力，以及企业在清算时企业资产对债权人权益的保障程度。其计算公式为：

$$资产负债率=\frac{负债总额}{资产总额}\times100\%$$

资产负债率过高，表明企业的财务风险太大，而过低又意味着企业对财务杠杆利用不够。资产负债比率的高低，取决于企业经理人对企业资产收益率的预测状况，以及对未来财务风险的承受能力，通过两者权衡，才能作出正确的决策。企业在确定负债规模时，必须考虑财务杠杆的因素。当企业总体的资金报酬率高于借入资金的利息率时，负债规模越大，企业自有资金的收益率越高；而当企业总体的资金报酬率低于借入资金的利息率时，负债规模越大，企业自有资金的收益率越低。

一般说来，资产负债率越低，企业长期偿债能力越强，长期经营风险越小；资产负债率越高，企业的偿债能力越弱，长期经营的风险越大。经验表明，资产负债率的适宜水平在40%~60%之间。但不同行业、不同区域的企业对负债的态度往往是不一样的。经营风险比较高的企业，为了减少财务风险，通常会选择比较低的资产负债率，例如许多高科技的企业的负债率都比较低；经营风险低的企业，为增加股东收益通常选择比较高的资产负债率，例如供水、供电企业的资产负债率都比较高。我国交通、运输、电力等基础行业的资产负债率平均为50%，加工业为65%，商贸业为80%。企业对债务的态度除了行业差别外，不同的国家和地区也有差别。英国和美国公司的资产负债率很少超过50%，而亚洲和欧盟公司的资产负债率要明显高于50%，有的成功企业甚至达到70%。

【例3-6】海信电器2011年、2012年的部分财务数据如表3-6所示：

表3-6　　　　　　　海信电器2011年及2012年财务报表部分数据　　　　　　单位：元

项　　　目	2011年	2012年
资产总额	16 144 614 819.33	18 251 357 297.88
负债总额	8 824 671 365.30	9 269 706 289.64
所有者权益总额	7 319 943 454.03	8 981 651 008.24

那么，根据上述公式，可得：

2011年资产负债率=8 824 671 365.30/16 144 614 819.33×100%=54.66%

2012年资产负债率=9 269 706 289.64/18 251 357 297.88×100%=50.79%

该公司2011年与2012年的资产负债率均在50%以上，处于一个相对安全的水平。为了进一步判断其资产负债率的高低与偿债能力的大小，我们像对流动比率的分析一样，选择同行业可比公司进行比较，如表3-7所示：

表3-7　　　　　　家电行业部分公司2011年及2012年资产负债率比较表

资产负债率（%）	2011年	2012年
格力电器	78.43	74.36
青岛海尔	70.95	68.95
TCL集团	73.95	74.63
海信电器	54.66	50.79

　　通过与格力电器、青岛海尔、TCL 集团三家同行业公司对比，我们发现海信电器的资产负债率远低于行业平均水平，可以得出结论：其长期债务风险较低，长期融资能力较强。

　　在进行资产负债率的分析时，各利益主体因不同的利益驱动而从不同的角度评价资产负债比率：

　　（1）从债权人的角度来看，资产负债率越低越好。因为该比率低，债权人提供的资金与企业资本总额相比，所占比例低，企业不能偿付的可能性小，企业的风险主要由股东承担，这对债权人来讲，是十分有利的。反之，资产负债率高，债权人提供的资金与总的资本相比所占比例高，企业不能偿债的可能性大，企业的风险主要由债权人承担，这对债权人来说，是十分不利的。

　　（2）对企业的所有者来说，负债比率高会更好。一是当总资产报酬率高于负债利率时，由于财务杠杆的作用，可以提高股东的实际报酬率；二是可以用较少的资本取得企业的控制权，且将企业的一部分风险转嫁给债权人，对企业来说，还可获得资金成本低的好处。但是，增加债务也会给投资者带来风险，因为债务的成本是固定的。如果企业经营不善或遭受意外情况而出现经营风险时，收益会大幅度滑坡，贷款利息还需照常支付，损失必然由所有者承担，由此增加了投资者风险。对此，投资者往往用预期资产报酬率与借款利率进行比较判断，若前者大于后者时，表明投资者投入企业的资本将获得双重利益，即在获得正常利润的同时，还能获得资产报酬率高于借款利率的差额，这时，资产负债比率越大越好；若前者小于后者，则表明借入资本的一部分利息，要用所有者投入资本而获得的利润数额来弥补，此时，投资者希望资产负债比率越小越好。

　　（3）从经营者的角度来看，负债比率的高低在很大程度上取决于经营者对企业前景的信心和对风险所持有的态度。如果企业经营者对企业前景充满信心，且经营风格较为激进，认为企业的总资产报酬率将高于负债利率，则应保持适当高的负债比率，这样企业可有足够的资金来扩展业务，把握更多的投资机会，以获取更多的利润；反之，经营者认为企业的前景不容乐观，或者经营风格比较保守，那么必然倾向于尽量使用自有资本，避免因负债过多而冒较大的风险，此时，则应保持适当低的负债比率。尽管如此，即便是较为激进的经营者，也不能使负债比率过高，应将资产负债率控制在适度的水平上。由于债务成本可税前扣除和财务杠杆收益的功效，任何企业不可避免地要利用债务；但负债超出某个程度时，则不能为债权人所接受，企业的后续贷款难以为继。随着负债的增加，企业的财务风险不断加大，进而危及权益资本的安全和收益的稳定，也会动摇投资者对经营者的信任。因此，经营者利用债务时，既要考虑其收益性，又要考虑由此而产生的风险，审时度势，作出最优的决策。

　　在对资产负债率进行分析时，还应注意以下问题：

　　（1）在实务中，对资产负债率指标的计算公式存在争议。有的观点认为，不应包括流动负债。理由是：流动负债不是长期资金的来源，应予排除，如果不排除，就不能恰当地反映企业债务状况。本教材采纳了保守的观点，也就是国际上通用的计算公式，即使用总资产与总负债。这是因为：其一，流动资金是全部资产来源的一部分。

例如，就一项应付账款来说，虽然属于流动负债，要在一定的期限内偿还，但是因为业务需要，应付账款已作为一个整体，演变成外部资金来源总额的一部分，在企业内部永久存在。其二，从持续经营的角度看，长期负债是在转换为流动负债后偿还的。

（2）债权人、投资者及经营者对资产负债率指标的态度是各不相同的。如何维护各方的利益，关键是在充分利用负债经营好处的同时，将资产负债率维持在一个合理的水平内。对于合理水平的确定，在不同的时间和空间范围内是不一样的。例如，2000年我国综合类上市公司的资产负债率平均数是53.09%。分析时，应当结合国家总体经济状况，行业发展趋势，企业所处的竞争环境等具体条件加以比较、判断。

（3）从本质上讲，资产负债率指标是确定企业在破产这一最坏情形出现时，从资产总额和负债总额的相互关系来分析企业负债的偿还能力及对债权人利益的保护程度，即企业破产时，债权人能够得到多大程度的保护。当这个指标达到或是超过100%时，说明企业已资不抵债。但是财务报表分析是把企业作为一个持续经营的单位，不是建立在企业破产清算的基础之上。一个持续经营的企业是不能靠出售长期资产还债的，因此关注这个指标的主要用途之一就是揭示债权人利益的保护程度。

（二）产权比率

产权比率又称净资产负债率，是负债总额与所有者权益之间的比率，反映投资者所投入的资产对债权人的权益保障程度。它可以用于衡量企业的风险程度和对债务的偿还能力。其计算公式为：

$$产权比率 = \frac{负债总额}{所有者权益} \times 100\%$$

产权比率越高，企业所存在的风险也越大，长期偿债能力也就越弱。不管企业的盈利情况如何，企业必须履行支付利息和偿还本金的义务和责任。产权比率越低，则企业的长期负债就越安全，债权人的利益就越能得到保障，债权人也就越愿意向企业增加借款。

反映企业长期偿债能力的核心指标是资产负债率，产权比率是对资产负债率的必要补充。产权比率主要反映了负债与所有者权益的相对关系，具体包括以下几个方面：

（1）产权比率指标反映了债权人提供的资本与股东提供的资本的相对关系，这一指标能反映基本财务结构的稳定性。一般来说，股东投入资本大于借入的资本时比较好，但这并不是绝对。站在股东的立场，在通货膨胀加剧时，少举债可以减少利息负担和财务风险。产权比率低，表明企业采纳了低风险、低报酬的财务结构；产权比率高，表明企业采纳了高风险、高报酬的财务结构。

（2）产权比率反映了债权人投入资本受所有者权益的保护程度，也可以表明当企业处于清算状态时，对债权人利益的保障程度。这是由于法律规定，债权人的索偿权先于所有者。公司如果进入清算状态，债权人提供资本占所有者投入资本的比重较小时，债权人的利益保障程度就越高。

（3）产权比率还反映了企业利用财务杠杆的程度。当该指标过低时，表明企业不能充分发挥负债带来的财务杠杆效应；反之，当该指标过高时，表明企业过度地运用了财务杠杆，增加了企业的财务风险。

【例3-7】沿用例3-6中的资料，海信电器2011年、2012年的负债、所有者权益金额如表3-6所示，那么，根据上述公式，可得：

2011年产权比率=（7 319 943 454.03/8 824 671 365.30）×100%=82.94%

2012年产权比率=（8 981 651 008.24/9 269 706 289.64）×100%=96.89%

该公司2011年、2012年的产权比率都小于1，即海信电器的净资产可以足额的保障长期债务的清偿，同资产负债率的计算结果相印证，也说明该公司长期偿债能力较强。但2012年其产权比率有一定程度的上升，需要引起重视。在对产权比率进行分析时还应注意以下问题：

（1）产权比率与资产负债率都是用于衡量长期偿债能力的指标，具有相同的经济意义，两者可以相互补充。因此，对产权比率的分析可以参考对资产负债率的分析。

（2）尽管产权比率与资产负债率都是用于衡量长期负债能力的，但是两个指标之间还是存在一定的区别。产权比率侧重于揭示债务成本与权益成本的相互关系，说明企业财务结构的风险性，以及所有者权益对偿债风险的承受能力；资产负债率则是侧重于揭示总资产中有多少是靠负债取得，说明债权人权益的受保障程度。

（3）所有者权益就是企业的净资产，产权比率所反映的偿债能力是以净资产为物资保障的。

（4）产权比率与资产负债率也具有相似的局限性，即它们都是站在企业清算的角度来透视长期偿债能力的。实际上，如果企业到了破产清算的地步，企业资产可变现的价值早已不是账面上的金额了，按照可变现价值重新计算资产负债率与按照账面价值计算的资产负债率相比，可能会大相径庭。

（三）有形净资产债务率

有形净资产债务率是企业债务总额与有形净资产的比率。有形净资产是指所有者权益总额减去无形资产、递延资产后的净值，即所有者权益中的有形资产。该指标是净资产负债率的延伸，更为谨慎地反映了企业清算时债务人投入的资本受到所有者权益的保证程度。其计算公式为：

$$产权比率=\frac{负债总额}{所有者权益-无形资产净值}×100\%$$

由于企业长期债务的偿还需要企业的有形资产来保证，无形资产（如商誉、商标、专利权等）的价值具有很大的不确定性，不一定能够用来偿债（因为在企业破产清算时，企业财务报表账面的无形资产有可能变得一文不值）。因此，为了谨慎起见，这部分无形资产一律视为不能偿债的项目，将其从分母中剔除；而递延资产本身就是企业费用的资本化，它们往往不能用于偿债，因而也应将其从分母中扣除。

和产权比率一样，该指标越大，则表明企业的风险越大；反之，则越小。

（四）所有者权益比率与权益乘数

所有者权益比率是企业所有者权益与资产总额的比值，表明权益资本在企业资产中所占的份额，一般又称为股东权益比率、主权比率、净值比率等。其计算公式为：

$$所有者权益比率 = \frac{所有者权益总额}{资产总额} \times 100\%$$

所有者权益比率与资产负债比率之和应该等于1。这两个比率是从不同的侧面反映企业的长期财务状况的。所有者权益比率越大，资产负债率越小，企业的财务风险就越低，偿还长期债务的能力就越强，反之亦然。

权益乘数是所有者权益比率的倒数。该乘数越大，说明所有者投入的资本在总资本中所占比重越小。其计算公式为：

$$权益乘数 = \frac{资产总额}{所有者权益总额}$$

权益乘数越大，表明所有者投入的资产占全部资产的比重越小，企业负债的程度越高；反之，该比率越小，表明所有者投入的资本占全部资产的比重越大，企业的负债程度越低。将其称之为权益乘数，是因为该指标是资产权益率的倒数。常用的财务比率都是除数，除数的倒数自然就是乘数。所有者权益除以资产是资产权益率，资产除以所有者权益就称之为权益乘数。权益乘数和资产负债率的关系可以表示为：

$$权益乘数 = \frac{1}{1 - 资产负债率}$$

【例 3-8】沿用例 3-6 中的资料，海信电器 2011 年、2012 年的部分财务数据如表 3-6 所示，那么，根据上述公式，可得：

2011 年所有者权益比率 = （7 319 943 454.03/16 144 614 819.33）×100% = 45.34%

2012 年所有者权益比率 = （8 981 651 008.24/18 251 357 297.88）×100% = 49.21%

2011 年权益乘数 = 1/0.4534 = 2.21

2012 年权益乘数 = 1/0.4921 = 2.03

所有者权益比率即权益乘数是对资产负债率的必要补充。具体运用这个指标时，还应注意两方面的问题：一是所有者权益比率和权益乘数与资产负债率都是用于衡量长期偿债能力的，可以互相补充；二是所有者权益比率和权益乘数与资产负债率之间是有区别的，其区别在于反映长期偿债能力的侧重点不同：所有者权益比率和权益乘数侧重于揭示资产总额与所有者权益的倍数关系，权益乘数越大，说明企业资产对负债的依赖程度越高，风险愈大；资产负债率侧重于揭示总资本中有多少是靠负债取得的，说明债权人权益的保障程度。

（五）营运资金与长期负债比率

营运资金与长期负债的比率，是指企业的营运资金（流动资产与流动负债之差）与长期负债的比例关系，其计算公式为：

$$营运资金与长期负债比率 = \frac{流动资产总额 - 流动负债总额}{长期负债}$$

长期负债会随着时间的推移不断地转化为流动负债，即一年内到期的长期负债。因此，流动资产除了满足偿还流动负债的要求，还须有能力偿还长期负债。一般而言，如果保持长期负债不超过营运资金就比较理想。但该指标在一定程度上受企业筹资策略的影响，因为在资产负债率一定的情况下，流动负债与长期负债的结构安排因筹资策略的改变而不同。保守的做法是追求财务的稳定性，更多地筹措长期负债；而较为激进的做法是追求资本成本的节约，更多地利用流动负债来筹资。

三、收益对长期偿债能力的影响

（一）利息保障倍数

利息保障倍数也称已获利息倍数，是指一个企业每期获得的收益与所支付的固定利息费用之间的倍数关系。利息保障倍数越大，企业偿还债务利息的能力必然越强，通常也就越有能力偿还到期的债务本金。利息保障倍数指标可以用来衡量企业所获得的收益承担应支付的利息费用的能力，用以分析企业的长期偿债能力。

企业对外举债的目的是取得必要的经营资本。通过企业财务杠杆分析可知，企业负债经营可行性的基本要点是举债所付出的利息费用必须低于使用该笔资金所获得的利润，否则企业就不应该进行负债经营。在企业负债经营中，利息率的高低对经营风险有直接影响。一般来说，负债利率越高，借入资本所获得的收益少于利息费用的风险也就越大，这种经营风险的程度可以用利息保障倍数指标来加以衡量。利息保障倍数取决于两个基本因素：一是企业税前利润，二是企业的利息费用。其计算公式为：

$$利息保障倍数 = \frac{息税前利润}{利息费用} = \frac{利润总额 + 利息费用}{利息费用} = \frac{净利润 + 所得税 + 利息费用}{利息费用}$$

公式中的分子是运用资本所获得的收益，即没有扣除利息费用的税前利润，包括税前净利润与利息费用。在计算中不能够用税后净利润，因为企业的利息费用是在所得税之前列支的，而所得税是在扣除利息费用以后的利润中支付的，所得税的多少对利息费用的支付不会产生影响。另外，指标中的分子必须包括利息费用，因为利息费用也是经营资本所获得的收益，只是这部分收益付给了债权人。

利息保障倍数反映企业的营业收益能够偿付利息的倍数，是衡量长期偿债能力的一个重要指标。长期债务在到期前只需要定期支付利息，不需支付本金。况且，对于一般企业来说，只要其资本结构基本上是稳定的，并且经营状况良好，就能够通过举借新的债务来偿还到期债务的本金。利息保障倍数越高，说明息税前利润相对于利息越多，则债权人的利息收入就越有保障；相反，利息保障倍数越低，说明企业负债太多或盈利能力不强，对债务人权益的保障越小，从而影响长期偿债能力和重新借债能力。

正确评价企业的长期偿债能力，分析该指标的高与低，应将本年度利息保障倍数同该企业以往年度、同一行业的其他企业以及该行业平均指标进行对比。此外，企业经营的好坏、信用的高低对利息保障倍数的要求也有所不同。

从长远角度分析，一家企业的利息保障倍数至少要大于1，否则企业就不能举债经营。利息保障倍数大于1，表明可供支付利息费用的收益大于需要支付的利息费用；如果该指标小于1，则表明可供支付利息费用的收益不足以支付利息费用，也就没有能力支付所发生的利息费用。从短期来看，企业的利息保障倍数指标有可能低于1，企业支付利息费用可能不存在问题。这是因为一些费用项目在当期是不需要支付现金的，例如企业的折旧费用、低值易耗品摊销等。由于这些不需要支付现金的费用存在，企业在短期内尽管利息保障倍数低于1，但是支付利息仍然不存在问题。

【例 3-9】海信电器 2011 年、2012 年的部分财务数据如表 3-8 所示：

表 3-8   海信电器 2011 年及 2012 年财务报表部分数据   单位：元

项 目	2011 年	2012 年
利润总额	1 964 805 874.83	1 911 535 007.05
利息费用	−43 693 207.90	−54 353 339.85

从表 3-8 可以看到，海信电器 2011 年、2012 年利息费用均为负值，即其存款利息收入高于贷款利息支出，因此其利息保障能力是非常强的。

使用利息保障倍数时应注意以下问题：

（1）利息费用的内容。计算中的利息费用，一般取自企业当前利润表中的财务费用，但其并不准确。因为借款利息费用应当包括计入当期损益（财务费用）的费用化部分和计入固定资产原值等的资本化部分，而且，当期财务费用不仅仅包括利息费用，还包括了汇兑损益，利息收入等内容。因此，对于利息费用，应当尽量通过有关信息获取更准确的数据。

（2）利息费用的实际支付能力。由于到期债务是用现金支付的，而企业的当期利润是依据"权责发生制"原则计算出来的，这意味着企业当前可能利润很高，但不一定具有支付能力。所以，使用这一指标进行分析时，还应注意企业的现金流量与利息费用的数量关系。

（3）如果利润表上的利息费用为负数，表明它实质上是企业的利息收入，意味着该企业银行存款大于银行借款。此时，利息保障倍数就没有了实际意义。

（二）债务本息偿付保障倍数

债务本息偿付保障倍数是在利息保障倍数的基础上，进一步考虑债务本金和可用于偿还本金的固定资产折旧计算得到，是衡量企业长期偿债能力的又一重要指标。其计算公式为：

$$债务本息偿付保障倍数 = \frac{息税前利润 + 固定资产折旧 + 无形资产摊销}{利息费用 + 偿还本金额 / (1 - 所得税率)}$$

此项指标考虑了折旧、摊销和所得税率。首先，固定资产折旧和无形资产摊销应该作为当前的现金流入量，可用以偿还长期负债本息；其次，由于用于偿还的长期负债本金需在缴纳所得税之后，因此，应将偿还的本金按所得税率进行调整。

需要注意的是，此项指标的分子与分母时间口径上应保持一致。若计算年度债务本息偿付保障倍数，则有关项目均应为年度数据；若计算某一期间的债务本息偿付保障倍数，则有关项目为同一期间的数据。

与利息保障倍数类似，债务本息偿付保障倍数大于1，说明企业具有偿还当期债务本息的能力。该指标越高，企业的长期偿债能力就越强；反之越弱。

（三）固定支出保障倍数

除了债务利息，企业还有一些与负债相关的固定支出，如租入固定资产的租金费用等。因为这部分费用要定期支付，在评价企业长期偿债能力时，也应该考虑在内。固定支出保障倍数是指企业经营业务收益与固定支出的比率。它是利息保障倍数更完善的扩展形式。其计算公式为：

$$固定支出保障倍数 = \frac{税前利润 + 固定支出}{固定支出}$$

其中，固定支出包括：①因短期借款、应付票据而定期支付的利息；②因经营租赁而定期支付的应付经营租赁费；③因融资租赁而定期支付的应付融资租赁款；④因长期借款而定期支付的利息。

固定支出保障倍数是衡量企业偿付长期债务能力的重要指标，也是债务人非常关注的指标之一。但是该指标也具有一定的局限性。固定支出保障倍数是根据利润额的大小与固定支出之间的比率关系来衡量企业偿债能力的，利润越高，对债务的偿付能力越强。但是，利润是一个会计数据，会计数据不能够作为长期债务偿付手段。因为决定利润大小的两个因素是收入和费用。这与现金流量不同，利润不是企业可以动用的净现金流量。利用利润和固定支出的关系衡量偿债能力并不是最好的方法。实际应用时，可以结合现金流量表的数据进行长期偿债能力的分析。

四、影响长期偿债能力的其他因素

（一）长期租赁

当企业急需某种设备或资产而又缺乏足够资金时，可以通过租赁的方式解决。财产租赁有两种形式：融资租赁和经营租赁。

融资租赁是由租赁公司垫付资金购买设备租给承租人使用，承租人按合同规定支付租金（包括设备买价、利息、手续费等）的租赁方式。一般情况下，在承租方付清最后一笔租金后，其所有权归承租人所有，实际上属于变相的分期购买固定资产。因此，在融资租赁形式下，租入的固定资产作为企业的固定资产入账进行管理。相应地，租赁费用被作为长期负债来处理。这种资本化的租赁，在分析长期偿债能力时，应包含在债务比率指标的计算之中。

经营租赁是指融资租赁方式以外的租赁。当企业的经营租赁量比较大、期限比较长或具有经常性时，便构成了一种长期性筹资。这种长期性筹资虽然不包括于长期负债内，但到期必须支付租金，同样会对企业偿债能力产生影响。因此，如果企业经常发生经营租赁业务，也应考虑租赁费用对长期偿债能力的影响。

（二）或有事项

或有事项，是指过去的交易或者事项形成的，其结果须由某些未来事项的发生或不发生才能决定的不确定事项。常见的或有事项有：未使用的抵免税额形成的或有收益；附条件的捐献资产形成的或有资产；产品售后服务责任形成的或有损失；应收票据贴现与未决诉讼形成的或有负债等。或有事项最具代表性的是或有负债。或有负债是指企业在经营活动中将来可能会发生的潜在的债务。常见的或有负债项目有应收票据贴现、应收账款抵借、未决诉讼、质量保证等。

或有事项一旦发生便会对企业的财务状况造成影响，可能给企业带来经济收益或经济义务。或有事项的特点是现存条件的最终结果不确定：产生或有负债可能会提高企业的偿债能力，也有可能会降低企业的偿债能力。因此，在分析企业财务报表时，应充分关注有关或有项目的报表附注披露，以了解未来资产负债表上反映的或有项目。评价企业长期偿债能力时，不仅要考虑或有项目的潜在影响，还应关注是否有资产负债表日后事项导致的或有事项。

由于涉及不确定性，在分析、评价或有事项对财务状况的影响时，会存在一定的困难。这种困难来自于两方面：一是事件本身发生的可能性是一个概率事件；二是企业披露的信息不充分，外部信息使用者，只能利用可获取的公开信息，比如或有事项的成因、可能产生的损失等，并结合历史信息，对管理人员判断的合理性作出评价。为提高分析的准确性，可以采取的措施有：①除财务报表以外，还需获得其他方面的非会计信息，如公司公告、法院记录等，以帮助作出判断；②对提供担保可能产生的损失，可以通过分析债务人的财务状况进行推测。当债务人发生财务困难时，损失出现的可能性加大；对于极有可能成为真正负债的或有负债，分析时应该增加负债总额。

（三）金融工具

金融工具是指引起一方获得金融资产并引起另一方承担金融负债或者享有所有者权益的契约，如债券、股票、基金及衍生金融工具等。与偿债能力有关的金融工具主要是债券和衍生金融工具。企业为筹集资金发行的长期债券，包含以下两点承诺：①到期偿还本金；②定期支付利息。一旦公司破产，债券持有人享有优先于股东的求偿权。衍生金融工具包括期货、期权互换合同或带有类似特征的企业衍生金融工具。契约双方的权利与义务在签约时发生转移，比如远期合同的持有人必须在契约合同指定的日期按指定的价格购买指定的资产。

与金融工具有关的信息，应反映在财务报表的附注说明中。这些信息一般包括面值、合同金额、金融工具的性质、工具的信用风险和市场风险、契约一方为履行义务给企业带来的损失等。金融工具对企业偿债能力的影响主要体现在未能对金融工具的风险程度恰当披露。风险大小不同对企业未来损益变动的影响程度不同。风险大的金融工具，其发生损失的可能性也较大。报表使用者在分析企业长期偿债能力时，要注意结合具有表外风险的金融工具记录，并分析信贷风险的集中项目和金融工具项目，对企业的偿债能力作出综合判断。

第四节　企业偿债能力的综合评价

一、企业偿债能力分析中的问题

财务报表指标体系能够对企业偿债能力作出基本判断，但过于单一地看待这些指标存在片面性和局限性。总结来说有以下两点不足：

（一）建立在清算基础上

我国企业现有的偿债能力分析是建立在清算基础而非持续经营基础上的。长期以来，对偿债能力的分析是建立在对企业现有资产进行清盘变卖的基础上进行的，并且企业的债务应该由企业的资产作保障。而正常持续经营的企业偿还债务要依赖企业稳定的现金流入，所以偿债能力的分析如果不包括对企业现金流量的分析就有失偏颇。我国企业只能以持续经营为基础而非清算基础来判断企业的偿债能力，否则评价的结论只能是企业的清算偿债能力。

（二）非动态的

我国企业现有的偿债能力分析是一种静态性的，而不是动态性的。只重视了一种静态效果，而没有充分重视在企业生产经营运转过程中的偿债能力；只重视了某一时点上的偿债能力，而不重视达到这一时点之前积累的过程。现有的偿债能力分析没有将利息的支付与本金的偿还放在同等重要的位置。对于长期性的债务，本金数额巨大，到期一次还本，必须有一个利润或现金流入积累的过程，否则企业必然会感到巨大的财务压力。这样一个积累过程应该也必须在偿债分析中充分反映，以利于企业经营者正确的决策。

二、企业偿债能力综合分析

基于偿债能力指标定量分析中存在的一些问题，我们有必要通过综合评价完善和提高其实用价值。具体来说，就是将定性分析融入偿债能力综合分析的框架中，将定性分析与定量分析有机结合在一起，得到更具有说服力的结论。

例如，在偿债能力分析中，我们首先关注第一还款来源，偿债能力的大小主要取决于第一还款来源的质量。一旦第一还款来源出现问题，此时就要探讨抵质押资产变现的可能性，这样的关注就是定性分析。

至于定量上所说的流动比率、速动比率、现金比率等指标，也是重要的参考，和定性因素一起决定了企业的偿债能力。在进行偿债能力分析时，我们尤为注意不能单看比率高低与数字的大小，需要具体问题具体分析。如果一个企业经营状况良好，只是面临短期的流动性困难，则可能虽然偿债能力指标不好，但偿债能力较强。而有些企业的流动性指标，尤其是流动比率，非常好，但仓库里价值巨大的存货已经滞销数年，早已被市场淘汰，这样的企业虽然有着良好的指标但偿债能力仍然较差。弥补偿债能力比率分析的不足，我们可以从以下几个方面进行关注与调整：

（一）重视行业差距、企业差异的横向对比和企业自身的纵向比较

对任何一个指标的评价，都不能脱离其行业背景和历史沿革而纸上谈兵，期望一成不变的理想标准是不现实的。在不同国家、不同行业的不同历史时期，评价指标的合理标准是可变的，就流动比率而言，日韩企业就普遍高于美国企业，因为他们更多地依靠短期贷款及其续贷满足流动资产周转的需要。而从我国企业短期偿债能力的行业差距来说，重工业一般强于轻工业，私营、外资企业略强于国有和集体企业，东部企业又会优于西部企业。如果生产性企业流动比率合理值为2，则服务行业的标准值就会低于2。高成长性的企业可能通过举债来扩大生产规模，投入到高报酬的项目中，虽然看起来其资产负债率偏高，但从长远看收益高；相反规模小、盈利能力差的企业，其资产负债率可能会很低，但并不能说明其高成长性的企业可能通过举债来扩大生产规模，投入到高报酬的项目中，虽然看起来其资产负债率偏高，但从长远看收益高；相反规模小、盈利能力差的企业，其资产负债率可能会很低，但并不能说明其偿债能力强。因此企业长期偿债能力的衡量不仅要看资产负债率指标，还应该与企业净资产报酬率（净利润与净资产的比值）结合，如果其获利能力很强，保持较高的资产负债率是可行的。

（二）对现行偿债能力分析基础片面性的必要修正

长期以来偿债能力分析往往建立在对企业现有资产进行清盘变卖的基础上，认为企业的债务应该由企业的资产保障，其一系列指标都是基于此基础来计算的。但这种分析基础并不符合企业的实际运行状况，企业要生存就不可能将所有流动资产变现来偿还流动负债，也不可能将所有资产变现来偿还企业所有债务。因此需要以持续经营为基础来判断企业偿债能力，否则其结论只能是企业的清算偿债能力。而持续经营的企业偿还债务要依赖企业稳定的现金流，偿债能力分析如果不包括对企业现金流量的分析当然有失偏颇。

例如对"利息保障倍数"这个指标的评价，一般认为该比值越高，长期偿债能力越强，但在权责发生制下本期的利息费用不一定就在本期实际支出，而本期的利息支出也并非就一定是本期的利息费用。同时本期的息税前利润也并非都在本期获得现金，会计利润并不能完全等同于现金流量，即使盈利仍可能只有账面利润而无足够的现金。利润是偿债的源泉，但偿债最可靠的还是现金，所以应该进一步分析诸如债务本金偿付比率、现金流量偿付比率以及现金利息保障倍数等补充指标以揭示现金及现金流量对付息能力的影响。

首要的是分析基本经营现金流入和流出情况，如果企业一段时期从客户处收到的现金大于它进行各种经营活动的支出，那么现金流量水平应保持相对稳定的正数，这是企业维持正常经营活动的基本保证；其次就是分析经营活动产生的现金流量净额与净利的比例，判断利润实现情况。其主要衡量指标有销售收到现金比率、现金与利润总额比及每股现金净流量等。海信电器公司相关指标如表3-9所示：

表 3-9　　　　　　　　　海信电器公司 2009—2012 年部分财务指标

项　　目	2009 年	2010 年	2011 年	2012 年
销售收到现金比率	0.875705	0.913753	0.839662	0.975816
现金与利润总额比	0.594133	0.570982	0.40486	0.122289
现金到期债务比	0.777684	1.146249	1.065766	0.276624
每股现金净流量	2.635168	0.275303	0.379012	-0.928835

从表 3-9 中我们可以发现，结合现金流量进行分析时，2012 年的现金与利润总额比、现金到期债务比、每股现金净流量都产生了较大幅度的下降，结合前文"现金比率"的分析，海信电器在 2012 年度由于"运用货币资金，积极拓展理财渠道"，在投资活动中付出了大量现金，导致期末库存现金减少了 43.87%，直接使每股现金净流量降为负值，其风险程度与投资项目有关，但我们必须重视这一指标，在对其进行偿债能力分析时必须要考虑现金指标。

（三）对偿债主要对象资产内涵与外延的再认识

资产项目的内涵与外延存在复杂多变的因素。首先，流动资产中可能存在一些长期化和边缘化的资产，例如长期积压的存货、长年存在的应收账项等，这些沉淀资产以及待摊费用这样的虚资产根本不可能用于偿还债务；对流动资产内部构成合理性的质疑，现金过多则说明其获利能力未能充分发挥，机会成本高；应收账款则牵涉企业的信用政策，不能完全单一地评判，其中真正可能用于偿债的仅是极少的部分；存货变现受外部环境因素影响大、变现价值波动等问题影响。这都说明对流动资产的内涵和质量需要认真辨认和比较，不能仅凭报表数据作出简单评判，结合营运能力分析指标进行综合分析将会在一定程度上提高准确性。其次，对速动资产的范围认定，学界长期存在争议，一般界定为流动资产扣除存货（或流动资产-存货-待摊费用等）。根据稳健原则，速动资产当然是指在短期内能够迅速变现的资产项目，作为短期投资的有价证券如在证券市场有挂牌的交易价格，可以市价列入速动资产；应收票据持有时间短，变现能力强也可列入；账龄大于一年的应收账款要从应收账款净额中扣除。因此相对准确的速动资产范围应调整为：广义现金+以期末市价列示的短期投资+应收票据+（应收账款净额-账龄大于一年的应收账款）。

在关注资产负债率指标时，应当充分考虑资产中的虚资产和不良资产的影响，因为它们的存在夸大了企业偿债能力。此外，我们还应该注意在流动比率分析中经常存在的"窗饰"现象。该指标易于粉饰，从而对分析者产生误导。企业管理当局可以在接近某个分析期末时人为地影响和改善流动比率，可能的方式是：推迟赊购货物、临时性的偿还债务、暂时不转销无法收回的应收账款或者对存货损失不作处理等，以高估流动资产，粉饰流动比率指标。

总之，以财务报表信息为基础的企业偿债能力分析是一个复杂的系统工程，全面科学的分析评价需要从各个侧面进行相对完整的评估，注重实用价值，排除虚幻和人为因素应该是贯穿始终的指导思想。

本章思考题:

1. 说明流动比率与速动比率的关系。
2. 阐述短期偿债能力与长期偿债能力的联系与区别。
3. 影响企业长期偿债能力的因素有哪些?
4. 影响企业短期偿债能力的因素有哪些?
5. 用现金比率来衡量企业的短期偿债能力的优缺点各是什么?
6. 计算利息保障倍数有何意义? 为什么要用利润和利息对比?
7. 固定费用保障倍数与利息保障倍数有何不同? 计算它们有什么作用?

第四章　企业资产运营能力分析

本章导读

　　本章主要介绍了资产营运能力的各项衡量指标及分析方法，以及在战略视角下，企业自查营运能力分析的方法。流动资产营运能力分析的主要指标有流动资产周转率、应收账款周转率以及存货周转率。固定资产周转率、固定资产更新率以及固定资产退废率是衡量固定资产营运能力的主要指标。全部资产营运能力分析主要采用总资产周转率指标进行衡量。通过本章的学习，应重点掌握流动资产营运能力分析指标与方法，包括应收账款周转率分析、存货周转率分析以及流动资产周转率分析。

第一节　企业资产营运能力分析概述

一、资产营运能力的内涵

　　资产营运能力主要是指企业营运资产的利用效率和效益。营运资产的效率是指各项资产的周转速度，周转速度越快，资产的利用效率越高。营运资产的效益是指资产的利用效果，用资产的投入与产出之间的比率来表示，同等数量的资产可能为企业带来的收益越高，利用效果越好。

　　企业营运资产经营管理的目标是以尽可能少的资产占用和尽可能短的周转时间，实现尽可能多的销售收入和利润。对企业资产进行营运能力分析是实现资产经营管理目标的重要途径，即通过对反映企业资产运营效率和效益的指标进行计算和分析，评价企业的营运能力，发现不足，以提高企业的经济效益。

二、资产营运能力分析的意义

　　进行资产营运能力分析，主要有以下几方面的重要意义：

　　1. 评价企业资产的营运能力

　　企业的资产营运能力越强，获利能力越强；反之，则获利能力越弱。通过营运能力分析可以了解企业资产的利用效率和效益，为提高资产获利能力指明方向。

　　2. 评价企业资产管理水平

　　企业的资产管理水平越高，周转速度越快，销售收入增加，有可能获得更高的利润；相反，则企业的销售收入下降，利润减少。因此，资产营运能力是考核经营管理工作的一个重要指标。

3. 评价企业各项资产配置是否合理

企业资产的周转速度与资产配置的合理性有密切的关系，如果企业资产配置合理、有效，则企业资产总体的周转速度就快，同样的资产就能创造更多的收入，获取较多的利润；反之，企业的收入、利润则较少。

4. 营运能力分析是对盈利能力分析、偿债能力分析的有效补充

资产周转速度越快，相同资产产生更多的收益，企业的偿债能力也越强。如 100 万资产，利润率为 20%，若一年周转一次产生 2 万元利润，若一年周转四次则产生 8 万元利润。营运能力分析作为盈利能力分析、偿债能力分析的有效补充，共同构成了企业财务报表分析的主要内容。

三、资产营运能力分析的主要内容

根据资产的流动性以及分析角度的不同，企业资产营运能力分析可以分为流动资产营运能力分析、固定资产营运能力分析与全部资产营运能力分析。资产的营运能力可用周转速度指标进行分析。

资产周转速度是衡量企业营运效率的主要指标，资产周转速度越快，资产利用的次数越多，使用效率就越高；反之，则表明资产利用较差。资产周转速度可用周转率和周转期来表示，资产周转率也称资产周转次数，表示在一定时期内（通常为一年）资产从投入到收回所循环的次数。资产周转期又称资产周转天数，等于计算期天数除以资产周转率，表示资产从投入到收回所需要的天数。其计算公式为：

$$周转率 = \frac{资产周转额}{资产平均余额}（次）$$

$$周转天数 = \frac{计算期天数}{资产周转率}（天）$$

选择评价资产营运能力的指标，必须遵循以下原则：

（1）应体现提高资产营运能力的实质要求，即以尽可能少的资产占用和尽可能短的周转时间，实现尽可能多的销售收入和利润。

（2）应体现多种资产的特点。流动资产应体现其流动性的特点，对于固定资产应考虑其使用价值与价值相脱离的特点，指标的计算上应从两方面加以考虑。

（3）资产营运能力指标应有利于考核分析，可以根据现有核算资料计算分析。

依据上述原则，分析资产周转率（期）的指标主要包括：应收账款周转率（天数）、存货周转率（天数）、流动资产周转率（天数）、固定资产周转天数、总资产周转率（天数）。本章若无特殊说明，计算期天数均用 360 天。

第二节　流动资产营运能力分析

一、流动资产营运能力分析

（一）流动资产分析

流动资产是指企业准备在一年或超过一年的一个营业周期内变现或耗用的资产，是企业资产中必不可少的部分。企业流动资产在总资产中占有相当高的比重，而且周转期短、形态易变，所以，流动资产管理是企业财务管理工作中的一项重要内容。流动资产包括货币资金、应收账款、应收票据、存货等。当企业的流动资产占总资产的比例确定后，其内部结构也应保持合理的比例关系。如果企业持有较多的流动资产，则企业资产的流动性越强，风险越低，其盈利能力就越弱；反之，资产的流动性越弱，风险性越高，其盈利能力就越强。可见，流动资产的流动性与盈利性之间存在着此消彼长的关系。

（二）流动资产周转率

流动资产周转率又称流动资产周转次数，是指企业一定时期内（通常为一年）的营业收入净额与平均流动资产总额的比率，反映了一定时期内流动资产从投入到产出的次数，是评价企业资产利用率的重要指标。流动资产周转期又称流动资产周转天数，反映了一定时期内流动资产从投入到产出所需要的天数。其计算公式分别为：

$$流动资产周转率 = \frac{营业收入净额}{平均流动资产总额}（次）$$

$$流动资产周转期 = \frac{360}{流动资产周转率}（天）$$

其中，营业收入净额是指企业当期销售产品、提供劳务等取得的收入减去折扣和折让后的数额。平均流动资产总额等于流动资产期初数和期末数的平均值，即平均流动资产总额 =（期初流动资产+期末流动资产）/2。

一般地，该指标越高，流动资产经营效益越好，同样的流动资产所带来的收入就越多；反之，则流动资产经营效益低。在运用流动资产周转率时，可以将本期指标与上期对比，也可以将本企业指标同行业平均水平进行对比，还可分析连续几年流动资产周转率的变动，观察流动资产运用效率的变动趋势。

【例4-1】依据表1-6，海信电器2012年年初和年末的流动资产分别为14 355 104 489.50元和15 125 456 835.78元，营业收入净额为25 251 980 431.00元。那么：

$$平均流动资产总额 = \frac{14\ 355\ 104\ 489.50 + 15\ 125\ 456\ 835.78}{2}$$

$$= 14\ 740\ 280\ 662.64（元）$$

$$流动资产周转率 = \frac{25\ 251\ 980\ 431.00}{14\ 740\ 280\ 662.64} = 1.71（次）$$

$$流动资产周转期 = \frac{360}{1.71} = 210.53 （天）$$

计算结果表明，2012 年海信电器的流动资产周转率为 1.71 次，周转期为 210.53 天，表明一年流动资产周转了 1.71 次，周转一次需要约 211 天。作为企业的投资者或经营者，在具体评价流动资产周转率时，可以将本期指标和上期指标进行对比，也可以将本企业指标与同行业平均水平进行对比，还可以分析连续几年流动资产周转率的变动，观察流动资产运用效率的变动趋势。

【例 4-2】依据表 1-6、表 1-7 中的数据，计算得到海信电器流动资产周转率及其变动趋势，如表 4-1 所示：

表 4-1　　　　　　海信电器公司 2011 年及 2012 年流动资产周转率

	平均流动资产	营业收入	流动资产周转率
2011 年	12 629 521 108.41	23 523 723 550.20	1.86
2012 年	14 740 280 662.64	25 251 980 431.00	1.71
变动数额（率）	16.71%	7.35%	-0.15

从表 4-1 可以看出，海信电器 2012 年流动资产周转率比 2011 年流动资产周转率减少了 0.15，表明 2012 年该公司的流动资产周转次数比 2011 年减少了 0.15 次。其中，平均流动资产 2012 年比 2011 年增加了 16.71%，而营业收入 2012 年比 2011 年增加了 7.35%，营业收入增加的幅度小于平均流动资产增加的幅度，因此，2012 年的流动资产周转速度有所下降。

（三）流动资产周转率的影响因素

根据流动资产周转率公式，可以分解出影响流动资产周转率的两大因素：

$$流动资产周转率 = \frac{营业收入净额}{平均流动资产总额}$$

$$= \frac{营业成本}{平均流动资产总额} \times \frac{营业收入净额}{营业成本}$$

$$= 流动资产垫支周转率 \times 成本收入率$$

流动资产周转率受垫支周转率、成本收入率两大因素影响，垫支周转率是用营业成本反映的流动资产周转速度，更准确地反映了流动资产的使用效率，成本收入率反映的是企业资产的获利能力，为提高流动资产周转率可以分别提高流动资产垫支周转率和成本收入率。

【例 4-3】根据表 1-6、表 1-7 中的数据，海信电器 2012 年流动资产周转率为：

流动资产周转率 = 流动资产垫支周转率 × 成本收入率

$$= \frac{20\,702\,079\,214.39}{14\,740\,280\,662.64} \times \frac{25\,251\,980\,431.000}{20\,702\,079\,214.39}$$

$$= 1.40 \times 1.22$$

$$= 1.71 （次）$$

计算结果表明，2012 年海信电器的成本收入率为 1.22，流动资产垫支周转率为 1.40。成本收入率大于 1，说明企业有经济效益，此时流动资产垫支周转速度越快，其资产运用效果越好；若企业的成本收入率小于 1，则垫支周转率的加快反而不利于企业经济效益的提高。

为确定垫支周转率和成本收入率对流动资产周转率的影响，可用连环替代法或差额计算法，其公式是：

流动资产垫支周转率影响 =（报告期流动资产垫支周转率－基期流动资产垫支周转率）×基期成本收入率

成本收入率变动的影响 = 报告期流动资产垫支周转率×（报告期成本收入率－基期成本收入率）

【例 4-4】根据上述公式及表 1-6、表 1-7 中的数据，计算结果如表 4-2 所示：

表 4-2 　　　　　　　　海信电器流动资产周转率影响因素分析表

项　　目	流动资产垫支周转率	成本收入率	流动资产周转率
2012 年	1.40	1.22	1.71
2011 年	1.47	1.26	1.86
增减变动	-0.07	-0.04	-0.15
对流动资产周转率的影响	-0.09	-0.06	-0.15

从表 4-2 可以看出，2012 年流动资产周转率比 2011 年减少了 0.15 次。其中，2012 年流动资产垫支周转率比 2011 年降低了 0.07 次，致使该年度流动资产周转减少了 0.09 次；2012 年成本收入率在 2011 年基础上有些下降，使该年度流动资产周转率下降了 0.06 次。可见，成本收入比和流动资产垫支周转率同时影响了流动资产周转率，其中流动资产垫支周转率作用效果更明显。

（四）计算分析流动资产周转时的注意事项

计算分析流动资产周转时应注意：

（1）流动资产周转率反映了企业流动资产的周转速度，是从企业全部资产中流动性最强的流动资产角度对企业资产的运用效率进行分析，以进一步揭示影响企业资产质量的主要因素。

（2）该指标将营业收入净额与企业资产中最具活力的流动资产相比较，既能反映企业一定时期流动资产的周转速度和使用效率，又能进一步体现每单位流动资产实现价值补偿的高与低以及补偿的速度。

（3）要实现该指标的良性变动，要以营业收入增幅高于流动资产增幅做保证。在企业内部，通过指标的分析对比，一方面可以促进企业加强内部管理，充分有效地运用各项流动资产；另一方面亦可以促使企业采取措施扩大销售，调高流动资产的周转速度。

（4）一般而言，该指标越高，表明企业流动资产周转速度越快，利用越好。在较高的周转速度下，会相对节约流动资产存量，其意义相当于流动资产投入的扩大，提高了单位资金的盈利率。

二、应收账款周转率分析

（一）应收账款分析

应收账款是指企业因销售产品或提供劳务等而应向客户收取的款项。各种应收账款的共同特点是企业只有在未来才能收到现金，并且其能否收回在很大程度上取决于付款方的信用。对应收账款的分析可以从应收账款的质量和应收账款周转率两个方面进行。

1. 应收账款的质量分析

所谓应收账款的质量，是指债权转化为货币的质量。由于应收账款既可转化为现实货币，又可转化为坏账，形成损失，因此在既定的债权规模下，对应收账款质量的分析尤为重要。

对应收账款的质量分析，主要可以从以下两个方面进行：

（1）对债权的账龄进行分析。企业已发生的应收账款时间有长有短，有的尚未超过信用期，有的则超过了信用期。账龄分析法是通过对现有债权按其欠账期的长短（即账龄）进行分析，进而对不同账龄的债权分别判断其质量。一般而言，未过信用期或已过信用期但拖欠期较短的债权出现坏账的可能性比已过信用期较长时间的债权发生坏账的可能性要小。

【例4-5】海信电器2012年应收账款账龄分析如表4-3所示：

表4-3　　　　　　　　　海信电器应收账款账龄分析表

账龄	期末数			期初数		
	金额（元）	比例	坏账准备（元）	金额（元）	比例	坏账准备（元）
1年以内	521 065 603.12	97.20%	26 053 280.18	405 419 169.66	96.45%	20 270 958.48
1至2年	14 716 267.82	2.75%	1 471 626.78	14 824 523.27	3.53%	1 482 452.33
2至3年	272 286.95	0.05%	54 457.39	67 657.50	0.02%	13 531.50
3至5年						
合计	536 054 157.89	100.00	27 579 364.35	420 311 350.43	100.00	21 766 942.31

从表4-3可以看出：就数量而言，该公司2012年年末的应收账款中，有97.20%的应收账款在一年以内，较年初而言，该账龄的应收账款比率有所增加。此外，有2.75%的应收账款在1至2年内，0.05%在2至3年的账龄段。整体而言，该企业的应收账款主要集中在一年以内，流动性较好，相对年初的应收账款比例，2012年应收账款与其呈现了合理的结构性对称。

（2）对债务人的偿债信誉进行分析。在很多情况下，企业债权的质量，不仅与债权的账龄有关，更与债务人的偿债信誉有关。对于资信好、经济实力强的债权人而言，其偿债能力有保障，偿债信誉越好，企业债权收回的可能性也就越大。而对于某些偿债信誉较差的债务人而言，企业收回债权的可能性就要差些。企业在确定某一客户的偿债信誉时，可通过5C系统来进行。所谓5C系统，是评估客户信用品质的五个方面，即品质（Character）、能力（Capacity）、资本（Capital）、抵押（Collateral）和条件（Conditions）。通过5C系统，可以了解客户的信用品质，评估其赖账的可能性。

（二）应收账款周转率定义

应收账款周转率，是指企业一定时期内（通常为一年）赊销收入净额与平均应收账款余额的比率，反映的是一定时期内应收账款回收的次数。应收账款周转期又称应收账款收现期，指企业从产品销售出去开始至应收账款收回为止的天数。其计算公式分别为：

$$应收账款周转率 = \frac{赊销收入净额}{平均应收账款余额}（次）$$

$$应收账款周转期 = \frac{360}{应收账款周转率}（天）$$

其中，赊销收入净额指企业当前销售产品、提供劳务等主要经营活动的赊销收入减去销售折扣和折让后的余额；平均应收账款余额为年初、年末应收账款（含应收票据）的平均值，即平均应收账款=（期初应收账款+期初应收票据+期末应收账款+期末应收票据）/2。

一般地，应收账款周转率越高，平均收款期越短，说明企业的应收账款回收速度越快，企业应收账款发生坏账损失的可能性越小，应收账款的营运效率就越高；反之，则应收账款经营效率就越差。

【例4-6】根据上述公式及表1-6、表1-7中的数据，海信电器2012年的应收账款周转率和周转天数为：

$$平均应收账款余额 = \frac{8\ 680\ 061\ 208.82 + 1\ 243\ 531\ 528.15 + 8\ 225\ 683\ 678.34 + 1\ 041\ 732\ 919.39}{2}$$

$$= 9\ 595\ 504\ 667.35（元）$$

$$应收账款周转率 = \frac{25\ 251\ 980\ 431.00}{9\ 595\ 504\ 667.35} = 2.63（次）$$

$$应收账款周转天数 = \frac{360}{2.63} = 136.88（天）$$

计算结果表明，2012年海信电器应收账款周转率为2.63次，周转天数为136.88天，即一年内该公司的应收账款周转了2.63次，周转一次所需的时间为136.88天。在计算平均应收款余额时，应包括该企业的应收票据，若不包括进去就会影响应收账款周转率的正确性。同时，由于企业的赊销收入净额难以取得，采用的是营业收入净额进行代替，一定程度上可能会影响该指标的正确性。分析不同年份指标的变化趋势时，应注意计算口径的一致性。

（三）计算分析应收账款周转率时的注意事项

计算分析应收账款周转率时应注意：

（1）用营业收入净额代替赊销收入。计算应收账款周转率从理论上说应用赊销收入计算，不包括现销收入，但赊销收入不要求在报表中披露，外部报表使用者很难取得企业赊销收入的数额，因此，计算时一般用营业收入净额来代替。

（2）应收账款周转率指标并非越高越好。该指标越高表明企业收回应收账款的速度越快，应收账款发生坏账损失的可能性越小，但同时也表明该企业的信用政策过于苛刻，不利于企业扩大销售。因此，在分析企业应收账款营运能力时还应结合企业的信用政策。

（3）某些情况下会影响该指标计算的正确性。应收账款是一个时点指标，容易受到季节性、偶然性和人为因素影响。为保证所计算的数值最接近真实值，应按更详细的计算资料，如按月或按季度计算应收账款平均余额。

（4）采用该指标的目的在于促进企业通过合理制定赊销政策、严格销货公司管理，及时结算等途径加强应收账款的前后期管理，加快应收账款回收速度。

三、存货周转率分析

（一）存货分析

存货是企业重要的流动资产之一，通常占流动资产总额的一半以上。与其他流动资产相比，存货的变现能力相对较弱，因而存货过多将使存货在流动资产中所占的比重上升，使流动资产总体的变现能力下降，从而影响企业的短期偿债能力。同时，存货过多，将使企业的资金过多地占用在存货上，不仅影响企业的资金周转，还会增加存货的存储成本及磨损或霉变等损失。另外，存货是企业生产经营的前提和条件，存货量不足，就无法满足企业正常生产经营的需要，容易导致企业生产经营的中断，使企业失去获利机会。

【例4-7】海信电器2011年、2012年存货结构及其变动如表4-4所示：

表 4-4 海信电器存货结构及变动表

项　　目	2012 年		2011 年		比例增加
	账面价值（元）	比例	账面价值（元）	比例	
原材料	1 378 220 759.65	38.29%	616 767 546.76	27.05%	11.24
在产品	5 070 721.15	0.14%	3 617 784.54	0.16%	−0.02
库存商品	2 216 263 282.52	61.57%	1 659 778 047.33	72.79%	−11.22
合　　计	3 599 554 763.32	100.00	2 280 163 378.63	100.00	

从海信电器的存货结构表可以看出，2011年、2012年存货中，库存商品占绝大部分，2011年库存商品占存货比例为72.79%，2012年库存商品占存货的比例为61.57%。其次，2011年及2012年原材料占存货的比例也较大，2011年原材料占存货总额的比例高达27.05%。2012年企业进一步增加了原材料储备，使原材料存货占总存货的比例增加了11.24个百分点。

（二）存货周转率分析

存货周转率又称存货周转次数，指企业一定时期内（通常为一年）销售成本与平均存货的比率，反映的是企业存货周转的次数。存货周转天数指企业从取得存货、投入生产到实现销售所需要的天数。其公式分别为：

$$存货周转率 = \frac{销售成本}{平均存货}（次）$$

$$存货周转期 = \frac{360}{存货周转率}（天）$$

式中，销售成本指企业销售产品、商品或提供劳务等经营业务的实际成本，一般用报表中的营业成本代替；平均存货等于期初存货与期末存货的平均值，即平均存货＝（期初存货+期末存货）/2。

一般地，存货周转次数越多越好。周转次数越多，表明存货的流动性越强，转换为现金或应收账款的速度就越快；反之，则表明存货的利用效率越差。

【例4-8】依据表1-6，海信电器2012年年初和年末的存货分别为2 280 163 378.63元和3 599 554 763.32元，营业成本为20 702 079 214.39元，那么

$$平均存货 = \frac{2\ 280\ 163\ 378.63 + 3\ 599\ 554\ 763.32}{2} = 2\ 939\ 859\ 070.98（元）$$

$$存货周转率 = \frac{20\ 702\ 079\ 214.39}{2\ 939\ 859\ 070.98} = 7.04（次）$$

$$存货周转期 = \frac{360}{7.04} = 51.14（天）$$

可以看出，海信电器股份有限公司2012年存货周转率为7.04次，周转期为51.14天，即表明该公司一年中存货周转7次，周转一次需要52天。为综合评价该企业存货营运的效率，还应结合企业前期数额以及同行业该指标的平均值。

【例4-9】根据上述公式及表1-6、1-7中的数据，海信电器2011年、2012年的存货周转率及其变动趋势如表4-5所示：

表4-5　　　　　　　　　海信电器存货周转率及变动趋势表

	平均存货（元）	营业成本（元）	存货周转率
2011年	2 412 232 537.93	18 614 493 179.63	7.72
2012年	2 939 859 070.98	20 702 079 214.39	7.04
变动数额（率）	22%	11%	-0.68

从表4-5可以看出，海信电器2012年存货周转率比2011年存货周转率减少了0.68，表明2012年该公司的存货周转次数比2011年减少了0.68次。其中，平均存货2012年比2011年增加了22%，营业成本2012年比2011年增加了11%，营业成本增加的幅度小于平均存货增加的幅度，因此，2012年的存货周转速度下降。

为满足企业的正常生产和经营，储备一定数额的存货不仅是必要的，也是合理的。

如果存货不足可能会出现商品脱销或不能正常生产，使企业失去获利机会；如果存货过量就会形成积压，占用大量资金，同时增加存货的存储成本和磨损或霉变损失。

（三）影响存货周转率的三大因素

企业存货主要由原材料、在产品和产成品等构成，影响存货周转率快慢的因素也必定与其相关。因此，在深入分析存货周转率时，应具体分析原材料存货周转率、在产品存货周转率以及产成品存货周转率。

1. 原材料存货周转率

从原材料存货来看，原材料存货周转是指材料购入验收入库开始到材料投入生产为止的过程。计算原材料存货周转率时，应用一定时期内耗用原材料成本大小作为其周转额度。因此，原材料存货周转率应等于耗用原材料成本与平均材料存货的比率，反映一定时期内企业投入原材料的次数。原材料存货周转期也称原材料存货周转天数，反映原材料存货周转一次所需的天数。其计算公式分别为：

$$原材料存货周转率 = \frac{耗用材料成本}{平均材料存货}（次）$$

$$原材料存货周转期 = \frac{360}{材料存货周转率}（天）$$

一般地，该指标越大越好。原材料存货周转率越大，表明企业生产耗用原材料的速度越快，生产的产品越多，能够带来更多的销售收入。若原材料耗用速度增加，企业销售收入却逐渐下降，则表明企业可能存在着材料浪费的现象。

2. 在产品存货周转率

从在产品存货来看，在产品存货周转是指材料投入生产开始至产品完工入库为止的过程。计算在产品存货周转率指标时，应采用一定时期内在产品所发生的制造成本作为其周转额。因此，在产品存货周转率应等于所耗用制造费用与平均在产品存货的比率，反映一定时期内企业生产产品的次数；在产品存货周转天数则表示生产一批产品所需要的天数。其计算公式分别为：

$$在产品存货周转率 = \frac{制造成本}{平均在产品存货}（次）$$

$$在产品存货周转期 = \frac{360}{在产品存货周转率}（天）$$

一般地，该指标越大越好。在产品存货周转率越大表明企业生产产品的次数越多，产品流通状况良好，能够带来更多的销售收入。若企业的产品不能及时销售出去，则较快的生产速度会导致企业堆积大量的存货，增加了企业的储存成本及存货损失的可能性，也不利于销售收入的增加；若产品的生产速度小于产品的销售速度，则有可能造成产品供应不足，影响企业的正常销售活动。因此，保证合适的生产速度对于企业来说是至关重要的。

3. 产成品存货周转率

从产成品存货来看，产成品存货周转是指产品完工入库开始至产品销售出去为止的过程。计算产成品存货周转率指标时，应采用一定时期内产品销售成本作为其周转额。因此，产成品存货周转率应等于销售成本与平均产成品存货的比率，反映一定时期内企业产品销售的次数。产成品存货周转天数则表示销售一批产品所需要的天数。其计算公式分别为：

$$产成品存货周转率 = \frac{销售成本}{平均产成品存货} （次）$$

$$产成品存货周转期 = \frac{360}{产成品存货周转率} （天）$$

产品销售对于存货周转是至关重要的。产品销售既是实现存货周转的最终途径，也是保证企业再生产的前提条件。原材料存货周转速度、在产品存货周转速度必须与产成品销售速度相匹配，不然会造成原材料的浪费或影响正常的销售活动。产成品周转速度越快，存货周转速度就越快。为提高存货周转速度，应先考虑提高产成品周转速度。

4. 存货各组成项目周转速度与存货周转速度之间的关系

$$存货平均周转天数 = \frac{平均存货余额 \times 360}{销售成本}$$

$$= （平均材料存货 + 平均在产品存货 + 平均产成品存货） \times \frac{360}{销售成本}$$

$$= 材料存货平均周转天数 \times \frac{材料耗用成本}{销售成本} + 在产品存货平均周转天数 \times \frac{制造成本}{销售成本}$$

$$+ 产成品存货周转天数$$

【例4-10】某公司 2011 年年末存货有 28 亿元，其中：原材料存货 4 亿元，在产品存货 8 亿元，产品存货 16 亿元；2012 年年末存货 49 亿元，其中：原材料存货 10 亿元，在产品存货 12 亿元，产品存货 27 亿元。又知 2011 年材料耗用成本为 40 亿元，制造成本为 130 亿元，销售成本为 276 亿元；2012 年材料耗用成本为 60 亿元，制造成本为 160 亿元，销售成本为 398 亿元。试用连环替代法分析原材料存货周转率、在产品存货周转率、产成品存货周转率对存货周转率的影响程度。

首先，计算存货各组成项目的周转天数。

2011 年：

原材料存货平均周转天数 = （360×4）/40 = 36（天）

在产品存货平均周转天数 = （360×8）/130 = 22.15（天）

产成品存货平均周转天数 = （360×16）/276 = 20.87（天）

2012 年：

原材料存货平均周转天数 = （360×10）/60 = 60（天）

在产品存货平均周转天数 = （360×12）/160 = 27（天）

产成品存货平均周转天数 = （360×27）/398 = 24.42（天）

其次，全部存货周转日数与各组成项目周转日数的关系可计算表示：

2011 年全部存货平均周转天数 = 36×（40/276）+22.15×（130/276）+20.87

$$= 5.22 + 10.43 + 20.87$$

$$=36.52（天）$$

2012 年全部存货平均周转天数 $=60×（60/398）+27×（160/398）+24.42$

$$=9.05+10.85+24.42$$

$$=44.32（天）$$

从上述计算结果可以看出，全部存货平均周转天数本年比上年加快了 7.8（44.32-36.52）天，就其各个组成项目变动的影响程度来看：

材料存货周转情况变动的影响 $=9.05-5.22=3.83$（天）

在产品存货周转情况变动的影响 $=10.85-10.43=0.42$（天）

产成品存货周转情况变动的影响 $=24.42-20.87=3.55$（天）

各项目综合影响为：$3.83+0.42+3.55=7.8$（天）

上述分析过程说明，存货平均周转天数的变动受其各部分存货周转天数与各部分成本比例（占销售成本的比重）这两个因素变动的影响。换言之，要加快存货周转，一方面要加快各部分存货的周转，另一方面要缩小部分成本同销售成本的比例，即降低材料耗用成本和制造成本。只有把存货管理的措施落实到各个责任部门和工作环节，才能全面提升流动资产的流动性，改善企业财务状况。

（四）计算分析存货周转率时的注意事项

计算分析存货周转率时应注意：

（1）由于存货发出计价方法不同，存货营业成本和期末存货也不同，因此在与其他企业比较时，应考虑因会计处理方法的不同而产生的影响。

（2）运用该指标时，还应综合考虑进货批量、生产销售的季节性以及存货结构等因素。若企业期末进货批量剧减，则会虚减存货平均值，导致存货周转率的增大；销售旺季，企业的存货相对较少，会使存货周转率加快，在分析时应考虑销售周期对存货量的影响。企业的存货分为原材料、在产品和产成品，原材料过多是采购部门的责任，产成品过多是销售部门的责任，分析评价企业存货营运效率时还应考虑存货的结构。

（3）存货周转率是反映企业存货取得、生产到销售等环节管理水平的综合性指标，存货周转速度越快，资金占用量越少，相同资金实现的销售收入越多，企业的盈余能力及偿债能力都较强，因此，存货周转率也是企业进行盈利能力、偿债能力分析的有效补充。

第三节　固定资产营运能力分析

一、固定资产构成分析

固定资产是指企业为生产商品、提供劳务、出租或经营管理而持有的，使用寿命超过一个会计年度的有形资产。固定资产构成是指各类固定资产原价占全部固定资产原价的比重，它反映了固定资产的配置情况。合理地配置固定资产既可提高企业的生产能力，又能使固定资产得到充分有效地利用。分析固定资产构成情况的变化，就是看固定资产的配置是否合理，为挖掘固定资产的利用潜力提供依据。

固定资产结构变动的分析主要包括两个方面的内容：一是考察未使用、闲置固定资产比重的变化情况，查明企业在处置闲置固定资产方面是否作出了成绩；二是考察生产经营用固定资产内部结构是否合理。

分析固定资产结构变动情况，可编制固定资产结构变动分析表，如表4-6所示。

表4-6　　　　　　　　　海信电器固定资产结构变动分析表

固定资产类别	固定资产原值（元）				固定资产构成（%）		
	期初数	本期增加	本期减少	期末数	期初	期末	差异
房屋及建筑物	722 088 210.52	245 344 978.91	1 695 648.51	965 737 540.92	42.46	46.16	3.70
通用设备	99 986 142.53	13 201 408.99	3 219 612.97	109 967 938.55	5.88	5.26	-0.62
通用仪表	41 760 711.43	10 543 085.13	7 280 648.50	45 023 148.06	2.46	2.15	-0.30
专用设备	677 479 928.70	139 734 476.14	14 679 545.00	802 534 859.84	39.84	38.36	-1.48
专用仪表	133 996 386.60	19 112 698.47	11 505 616.10	141 603 468.97	7.88	6.77	-1.11
运输设备	21 992 516.63	3 539 588.02	2 905 974.51	22 626 130.14	1.29	1.08	-0.21
办公设备	3 278 015.94	1 421 214.52	73 443.46	4 625 787.00	0.19	0.22	0.03
合计	1 700 581 912.35	432 897 450.18	41 360 489.05	2 092 118 873.48	100	100	

各类固定资产原值增减数量的不同，将使固定资产的构成情况发生变化。本例中固定资产构成从总的变化趋势来看是正常的。生产用固定资产在年初与年末都占据了绝大部分的数额，其中，房屋及建筑物期初、期末占固定资产总额分别为42.46%、46.16%，专用设备期初、期末占固定资产总额分别为39.84%、38.36%。通过上述分析，可以了解各类固定资产变动的趋势是否有利于提高资产利用的效率，这对于正确评估固定资产增减变动的合理性是十分必要的。

二、固定资产周转率

（一）固定资产周转率定义

固定资产周转率也称固定资产利用率，是指企业一定时期内（通常为一年）的销售收入与平均固定资产净值的比率，反映一定时期内固定资产周转的次数。固定资产周转期表示固定资产周转一次所需要的天数。其计算公式分别为：

$$固定资产周转率 = \frac{销售收入}{平均固定资产净值}（次）$$

$$固定资产周转期 = \frac{360}{固定资产周转率}（天）$$

式中，平均固定资产净额等于固定资产期初余额与期末余额的平均值，即平均固定资产余额＝（期初固定资产+期末固定资产）/2。

一般来说，固定资产周转率越高，周转天数越少，说明企业固定资产的利用效率越高，资产管理水平就越高；反之，则表明企业固定资产的营运能力较差。

【例4-11】依据表1-6，海信电器2012年年初和年末的固定资产净额分别为1 005 536 775.05元和1 285 485 641.06元，那么：

$$固定资产平均余额=\frac{1\ 005\ 536\ 775.05+1\ 285\ 485\ 641.06}{2}=1\ 145\ 511\ 208.06（元）$$

$$固定资产周转率=\frac{25\ 251\ 980\ 431.00}{1\ 145\ 511\ 208.06}=22.05（次）$$

$$固定资产周转期=\frac{360}{22.05}=16.33（天）$$

计算结果表明，海信电器2012年固定资产周转率为22.05次，固定资产周转期为16.33天，即该公司固定资产在2012年周转了22.05次，周转一次所需的时间为16天。评价固定资产营运效率时应结合本企业前期、同行业当期固定资产周转水平。

（二）计算分析固定资产周转率时的注意事项

计算分析固定资产周转率时应注意：

（1）这一指标的分母采用固定资产净值。当期折旧费用越多，固定资产净值就越小，周转率越大；当期固定资产更新数额越多，固定资产净值越大，周转率就越小。如果一味追求高周转率，往往会忽视固定资产的更新改造。

（2）固定资产净值会受到企业折旧方法和折旧年限的影响，因此，在不同企业进行固定资产周转率对比时，应注意因折旧的不同而产生的影响。

三、固定资产更新率

（一）固定资产更新率定义

固定资产更新率，是指企业一定时期内新增加的固定资产原值与期初全部固定资产原值的比率，反映了一年中新固定资产的增加幅度。其计算公式为：

$$固定资产更新率=\frac{本期新增固定资产总额（原值）}{期初固定资产总额（原值）}\times100\%$$

一般地，该指标越大，表明企业固定资产更新的速度越快，固定资产的实际生产能力越强。但是，固定资产的更新速度应与企业实际发展速度相适应，一味地扩大生产也会造成资源的浪费。

（二）计算分析固定资产更新率时的注意事项

计算分析固定资产更新率时应注意：

（1）固定资产更新率数值受到期初固定资产总额和当期新增固定资产数额的影响。期初固定资产体现着原有固定资产的规模，这一数值愈大，在其他条件不变的情况下，固定资产更新率愈低。在期初固定资产总额一定的情况下，当期增加的固定资产越多，其固定资产的更新率越高。

（2）固定资产更新率大小还受到计算期长短的影响。一般来讲，计算期越长，固定资产增长的数量就越多，在期初固定资产原值相等的条件下，固定资产更新率越大。

（3）由于固定资产更新率是新增固定资产和期初固定资产原值的比较，没有考虑期初固定资产的新旧程度。如果期初固定资产均为新资产，那么计算期内更新率的提高反映的是固定资产规模的扩大；如果期初固定资产使用多年而且必须被新的固定资产替代，其新的固定资产与被替代的固定资产相适应，则仅仅实现了固定资产的更新；如果新增固定资产数额不足以弥补退废固定资产，则固定资产的更新程度仍未得以全部实现。因此，固定资产更新率必须结合固定资产退废率进行分析。

四、固定资产退废率

固定资产退废率又称"固定资产报废率"，是指企业一定时期内报废清理的固定资产与期初固定资产原值的比率。计算公式为：

$$固定资产退废率=\frac{本期退废固定资产（原值）}{期初固定资产总额（原值）}\times100\%$$

需要说明的是，固定资产的报废分两种情况：一种是固定资产因陈旧、磨损严重，无法继续使用而被报废；另一种是由于科学技术的发展进步，生产效率更高的固定资产淘汰原有固定资产。固定资产退废数额中不包括固定资产盘亏和损坏的数额。

企业固定资产的退废应与更新相适应，这样才能维持再生产。若企业固定资产退废率大于固定资产更新率，则企业生产能力萎缩，生产率下降；若退废率小于更新率，则说明企业固定资产规模增加，有利于生产率的提高。

【例4-12】根据海信电器2012年年报资料，该公司2012年固定资产更新率与固定资产退废率计算结果如表4-7所示：

表 4-7　　　　　　　　海信电器固定资产更新率与退费率计算表

项　　　目	本期增加（元）	本期减少（元）	期初原值（元）	更新率	退废率
房屋及建筑物	245 344 978.91	1 695 648.51	722 088 210.52	33.98%	0.23%
通用设备	13 201 408.99	3 219 612.97	99 986 142.53	13.20%	3.22%
通用仪表	10 543 085.13	7 280 648.50	41 760 711.43	25.25%	17.43%
专用设备	139 734 476.14	14 679 545.00	677 479 928.70	20.63%	2.17%
专用仪表	19 112 698.47	11 505 616.10	133 996 386.60	14.26%	8.59%
运输设备	3 539 588.02	2 905 974.51	21 992 516.63	16.09%	13.21%
办公设备	1 421 214.52	73 443.46	3 278 015.94	43.36%	2.24%
合　　　计	432 897 450.18	41 360 489.05	1 700 581 912.35	166.77%	47.10%

整体上来说，海信电器固定资产更新率为166.77%，远大于其固定资产的退废率47.10%，说明该公司固定资产的实际规模在逐步增加，有利于生产率的提高。具体来讲，房屋及建筑物的更新率为33.98%，退废率为0.23%，新增数额大于减少数额；其他项目如通用设备、专用设备、办公设备的更新率也远大于退废率，固定资产的实际生产能力在增强。

五、固定资产净值率

固定资产净值率反映了固定资产的新旧程度，其计算公式为：

$$固定资产净值率 = \frac{固定资产净值}{固定资产原值} \times 100\%$$

该指标值大，表明公司的经营条件相对较好；反之，则表明公司固定资产较旧，经营条件相对较差，须通过投资进行维护和更新。

【例4-13】根据海信电器2012年年报资料，其固定资产净值率计算结果如表4-8所示：

表4-8　　　　　　　　　　海信电器固定资产净值率计算表

项　目	净　值（元）	原　值（元）	净值率
房屋及建筑物	759 330 674.73	965 737 540.92	78.63%
通用设备	20 537 253.28	109 967 938.55	18.68%
通用仪表	15 732 326.28	45 023 148.06	34.94%
专用设备	448 109 484.34	802 534 859.84	55.84%
专用仪表	54 894 846.79	141 603 468.97	38.77%
运输设备	7 024 938.27	22 626 130.14	31.05%
办公设备	1 804 204.18	4 625 787.00	39.00%
合　计	1 307 433 727.87	2 092 118 873.48	62.49%

从表4-8可以看出，海信电器固定资产整体的净值率为62.49%，其中房屋及建筑物的净值率为78.63%，专用设备的净值率为55.84%，运输设备的净值率31.05%，办公设备的净值率为39.00%。整体上来说，该公司的固定资产较新，有较大的生产潜力。

第四节　全部资产营运能力分析

一、总资产周转率

总资产周转率又称总资产周转次数，是指企业在一定时期内（通常为一年）的营业收入净额同平均资产总额的比率。它表明企业总资产在一定时期周转的次数，是综合评价企业全部资产管理质量和利用效率的重要指标。总资产周转期表示企业资产周转一次所需要的天数。其计算公式分别为：

$$总资产周转率 = \frac{营业收入净额}{平均资产总额}（次）$$

$$总资产周转期 = \frac{360}{总资产周转率}（天）$$

其中，主营业务收入净额是指企业当期销售产品、商品、提供劳务等主要经营活动取得的收入减去折扣与折让后的数额；平均资产总额是指企业资产总额年初数与年末数的平均值，即平均资产总额=（资产总额年初数+资产总额年末数）/2

一般地，该指标值越大，表明总资产周转速度越快，销售能力越强，资产利用效率越高。具体分析时，可以将该指标与上期、本期行业平均数对比，以评价资产管理水平的高低，也可观察连续几年的变化，分析其变动趋势。

【例 4-14】依据表 1-6，海信电器 2012 年年初和年末的资产总额分别为 16 144 614 819.33 元和 18 251 357 297.88 元，那么：

$$平均资产总额=\frac{16\ 144\ 614\ 819.33+18\ 251\ 357\ 297.88}{2}=17\ 197\ 986\ 058.61（元）$$

$$总资产周转率=\frac{25\ 251\ 980\ 431.00}{17\ 197\ 986\ 058.61}=1.47（次）$$

$$总资产周转期=\frac{360}{1.71}=244.90（天）$$

从计算结果可以看出，海信电器总资产周转率为 1.47 次，总资产周转期为 244.90 天，即企业总资产每年周转 1.47 次，周转一次所需的时间为 245 天。为综合评价企业总资产周转率还应结合企业前期或同行业当期平均水平。

【例 4-15】根据表 1-6、表 1-7 中的数据，海信电器 2011 年、2012 年总资产周转率及其变动情况如表 4-9 所示：

表 4-9　　　　　　　　　　海信电器总资产周转率分析表

项　　目	2012 年	2011 年	增减变动
资产总额（元）	18 251 357 297.88	16 144 614 819.33	2 106 742 478.55
平均资产总额（元）	17 197 986 058.61	14 319 328 994.38	2 878 657 064.23
营业收入（元）	25 251 980 431.00	23 523 723 550.20	1 728 256 880.80
总资产周转率	1.47	1.64	-0.17

从表 4-9 可以看出，该公司 2012 年的总资产周转率比 2011 年减少了 0.17 次，这是因为：平均资产总额增加 2 878 657 064.23 元，营业收入增加 1 728 256 880.80 元，而营业收入增加的幅度小于平均资产增加的幅度。

计算分析总资产周转率时，应注意以下问题：

（1）如果企业的总资产周转率突然上升，而企业的销售收入却无太大变化，则可能是企业本期报废了大量固定资产造成的，而不是企业的资产利用效率提高。

（2）如果企业资金占用的波动性较大，总资产平均余额应采用更详细的资料进行计算，如按照月份计算。

（3）总资产周转率公式中的分子是指扣除折扣和折让后的销售净额，是企业从事经营活动所取得的收入净额；而分母是指企业各项资产的总和，包括流动资产、长期股权投资、固定资产、无形资产等。众所周知，总资产中的对外投资，给企业带来的应该是投资损益，不能形成销售收入。可见由于公式中的分子、分母口径不一致，进而会导致这一指标前后各期及不同企业之间因资产结构的不同失去可比性。

二、资产损失分析

由于自然灾害、管理不善等客观原因，企业现有资产可能会遭到毁坏和损失，可以用资产损失率来反映这一状况。资产损失率是企业一定时期待处理资产损失净额占资产总额的比重。其中，待处理资产损失净额指企业待处理流动资产净损失、待处理固定资产净损失以及固定毁损、待报废三项合计。其计算公式为：

$$资产损失率 = \frac{待处理资产损失净额}{资产总额} \times 100\%$$

资产损失率是衡量企业资产营运与管理水平的一项重要指标。它从资产质量角度揭示了资产管理状况。

第五节　其他资产质量指标

一、不良资产比率分析

不良资产比率和资产现金回收率等指标也能够反映资产的质量状况和资产的利用效率，从而在一定程度上体现生产资料的运营能力。

企业的不良资产是指企业尚未处理的资产净损失和潜亏（资金）挂账，以及按财务会计制度规定应提未提资产减值准备的各类有问题资产预计损失金额。

不良资产率是指不良资产占全部资产的比率。其公式为：

$$不良资产比率 = 年末不良资产总额/年末资产总额 \times 100\%$$

$$= \frac{资产减值准备余额 + 应提未提和应摊未摊的潜亏挂账 + 未处理资产损失}{资产总额 + 资产减值准备余额} \times 100\%$$

其中：

（1）年末不良资产总额是指企业资产中存在问题、难以参加正常生产经营运转的部分，主要包括三年以上应收账款、其他应收款及预付账款、积压的存货、闲置的固定资产和不良投资等的账面余额、待处理流动资产及固定资产净损失，以及潜亏挂账和经营亏损挂账等。

（2）年末资产总额指企业资产总额的年末数。

不良资产比率着重从企业不能正常循环周转以谋取收益的资产角度反映了企业资产的质量，揭示了企业在资产管理和使用上存在的问题，用以对企业资产的营运状况进行补充修正。该指标在用于评价工作的同时，也有利于企业发现自身不足，改善管理，提高资产利用效率。一般情况下，本指标越高，表明企业沉积下来、不能正常参加经营运转的资金越多，资金利用率越差。该指标越小越好，0是最优水平。

二、资产现金回收分析

资产现金回收率（天数）是经营现金净流量与平均资产总额的比值。该指标旨在考评企业全部资产产出现金净流量的能力。

资产现金回收率＝经营现金净流量/平均资产总额×100%

其中：

平均资产总额＝（期初资产总额+期末资产总额）/2

通常而言，资产现金回收率越大，资产利用效果越好，利用资产创造的现金流入越多，整个企业获取现金能力越强，经营管理水平越高；反之，则经营管理水平越低，经营者有待提高管理水平，进而提高企业的经济效益。

资产现金回收天数＝360/资产现金回收率

资产现金回收天数反映了企业资产回收的含义，是全部资产用经营活动现金回收而需要的期间长短。回收期越短，说明资产获现能力越强。

第六节　基于战略视角下的企业资产营运能力分析

一、财务战略的基本概念

财务报表分析通常通过比率法和趋势法以增强分析的可比性，如此一来，传统财务报表分析不可避免地带有很大的局限性：第一，报表分析是建立的财务报表数据是可靠的基础上的，但是，作为报表的外部使用人很难确保这一点，大量的案例证明财务报表经常被粉饰。第二，即使是没有被粉饰的财务报表，其自身也存在很多局限性，如会计的基本假设之一是货币计量，货币计量的前提是货币价值具有稳定性，如果货币价值发生变动，会计报表所反映的会计信息是失真的；另外，货币计量的会计假设暗示了凡是没法用货币计量的企业资源，财务会计报表只能舍弃，如企业的人力资源、品牌、营销网络等。第三，判断财务指标数值的优劣必须放到具体的情境之下才能判断，比如，一般地认为，存货周转率提高，意味着企业存货周转水平提高，但是如果企业通过降低应收账款的信用条件、将存货低价变现等手段提高存货周转水平则就不能意味着存货周转水平提高。

与此同时，随着进入信息社会后行业技术革新速度的加快，竞争环境变化加快，在全球化大背景下，企业的成功越来越依赖于其战略规划。作为企业战略的一部分，财务战略犹如大脑中的脑干，在整个公司的战略体系汇总中占据了举足轻重的地位。

从目前学术界的研究来看，财务战略主要有以下两个观点：①从静态和动态、财务活动和财务关系两个角度对财务战略进行定义，财务战略是指企业在一定时期内，依据企业总体战略，对企业长期发展有重大影响的财务活动和财务关系的策划，并确保其执行过程。财务战略的静态内容表现为企业的远景、使命、目标和策略等。同时，财务战略的实施是一个动态的过程，需要根据环境的变化作出相应的调整。②财务战略是企业财务决策者为企业在较长时期（如五年以上）内保持生存和发展，在充分预测、分析、估量影响企业长期发展的内外部各种因素的基础上，对企业财务作出的长远谋略。其主要包括财务战略思量、战略目标和计划三个基本要素。

二、财务战略的类型

财务战略作为经营战略的支持、执行、保障体系，应就企业总体的战略方针进行最切合时宜的基本定位。财务战略可分为三个综合类型：扩张型财务战略、稳健型财务战略、防御收缩型财务战略。

扩张型财务战略，是以实现企业资产规模快速扩张为目的的一种财务战略，为了实施该战略，企业应将大部分甚至全部利润留存，还需大量地进行外部筹资，更多地利用负债。在企业扩张的进程中，由于资产规模的扩张，资产收益率往往在一个较长的时期内从数据上表现出较低的收益率。扩张型财务战略具有"高负债、高收益、少分配"的特征。

稳健型财务战略，是以实现企业财务绩效的稳定增长和资产规模的平稳扩张为目的的一种财务战略。实施稳健型财务战略的企业，一般将尽可能优化现有资源的配置和提高现有资源的使用效率及效益作为首要任务，将利润积累作为实现企业资产规模扩张的基本资金来源。稳健型财务战略一般具有"适度负债、中受益、适度分配"的财务特征。

防御收缩型财务战略，是以预防出现财务危机和求得生存及新的发展为目的的一种财务战略。实施防御收缩型财务战略的企业一般会尽可能减少现金流出，并以增加现金流入为首要任务。防御收缩型财务战略具有"低负债、低收益、高分配"的财务特征。

三、基于行业生命周期和企业发展阶段的财务报表分析

1. 不同行业生命周期和企业发展阶段的财务特征

通常，每个行业都要经历一个由成长到衰退的发展演变过程。这个过程便称为行业的生命周期。一般地，行业的生命周期可分为四个阶段，即初创阶段（也叫幼稚期）、成长阶段、成熟阶段和衰退阶段。同时，每个企业也要经历创业期、成长期、成熟期和衰退期四个阶段。

行业生命周期每个阶段的财务特征是：

（1）初创阶段：没有或极少有现金流量，需要利用财务杠杆积极筹资；

（2）成长阶段：有少量增长的现金流，需要生产和技术能力；

（3）成熟阶段：现金流量逐步增长，需要采取控制成本的财务策略；

（4）衰退阶段：从能产生大量现金流到开始衰竭，需要采取提高管理控制系统效率的财务策略。

企业各个发展阶段的主要财务特征是：

（1）创业期企业的主要财务特征：没有销售收入或只有少量的销售收入；经营亏损或勉强盈利；经营活动产生的现金流量入不敷出；投资活动产生的现金流出金额巨

大；筹资活动产生的现金流量是维系企业正常运转的首要资金来源。

（2）成长期企业的主要财务特征：销售收入快速增长；经营利润大幅提升；经营活动产生的现金流量增长迅速，但并不宽裕，因为面对众多的投资机会和诱人的投资回报，企业会毫不犹豫地将经营活动产生的现金流量用于扩大经营规模；投资活动产生的现金流出呈递减趋势；对筹资活动产生的现金流量的依赖性大为降低，给股东的现金股利有所增加。

（3）成熟型企业的主要财务特征：销售收入增长缓慢或急剧减少；经营利润停滞不前；经营活动产生的现金流量十分充裕，因为面对日益险峻的市场环境，企业只好将经营活动产生的现金流量大量沉淀，或用于偿还负债；投资活动产生的现金流量大幅增加，因为此时的固定资产折旧和其他资产的摊销往往大于资本性支出；筹资活动产生的现金流量快速下降，因为企业此时除了加快偿还银行借款外，通常还会通过回购库存股或提高派现比例，将剩余的资金回馈给股东。

（4）衰退期企业的主要财务特征：销售收入极度萎缩；经营巨额亏损；经营活动产生的现金流量急剧下降，甚至出现入不敷出的局面；投资活动产生的现金流量因企业的战略撤退而持续下降；筹资活动产生的现金流量因企业经营规模的裁减等原因而日益枯竭。

2. 基于战略的财务报表分析的思路

根据上述的分析，我们不难得出只局限于财务报表数据的分析得出的结论是多么的苍白，而从企业战略的角度进行财务报表分析是多么的必要。

（1）分析企业所处的发展阶段和所处行业的生命周期。这是财务报表分析最重要也是最关键的一步。因此，获取这方面的大量信息是成功地分析财务报表的前提。不同的发展阶段、不同的行业周期，其财务报表的数据是不能相互比较的。

（2）研究企业发展的路径。同一行业，不同的财务报表数据也是不能轻易比较的，因为企业的发展路径不同。最明显的例子，两个处于成熟期的企业都在经营处于成熟阶段的行业，一家企业意识到行业处于成熟期，在维系企业发展的同时，及时地为企业转向做准备，投入大量的财力研发新的行业；而另一家企业还在扩张，将大量财力投入扩大再生产或广告费用，两家企业的财务数据显然会有很大的不同，前一家企业的财务数据很可能不如后一家企业，但从企业的发展路径来看，前一家企业的可持续盈利能力显然要比后一家企业强。

（3）研究企业转向的退出壁垒。即使企业在成熟期都能意识到要开发新的行业，寻求新的利润增长点，其过程中的成本和代价也是有很大差异的，因为，企业转向是要付出退出代价的，如果企业转向于一个完全不相关的行业，其退出壁垒是很大的。实践中，很多企业多元化经营之所以未获成功，就是因为退出成本很高。因此，如何在既有行业积累的基础上实现企业转向将是一个很复杂的问题。

财务报表分析的主要目的是通过分析企业过去的财务状况预测企业的未来。但是，由于企业的发展阶段和行业生命周期，更重要的是企业的发展路径不同，在目前行业生命周期逐渐缩短的今天，根据过去的数据预测未来显得越来越苍白，有时甚至荒谬。基于行业生命周期和企业发展阶段的战略财务报表分析，能站在报表之外看报表，对于判断企业走势，预测未来财务状况有着重要的作用和意义。因此在进行企业资产营运能力分析时，从战略角度对其进行分析，能得出更客观的分析结论。

本章思考题：

1. 资产营运能力分析的内容有哪些？常用的指标有哪些？
2. 影响流动资产周转率的两大主要因素是什么？它们之间的关系如何？
3. 运用应收账款周转率时应注意哪些内容？
4. 存货周转率与其各项目周转率之间的关系？
5. 固定资产营运能力分析的主要指标有哪些？
6. 固定资产营运能力分析的指标是怎么应用的呢？

第五章　企业盈利能力分析

本章导读

通过本章学习，学生应该掌握企业盈利能力分析的基本内容和主要方法，能够比较准确地分析、判断企业的获利能力，为需要收益信息的报表使用者作出相应的决策提供高质量的决策依据。其学习目标具体包括：掌握一般企业和上市公司盈利能力分析的基本内容和主要方法，了解各重要分析指标的影响因素，并能够灵活运用于财务报表分析实践；熟悉收益质量的含义、影响因素和主要的收益质量分析方法。

第一节　企业盈利能力分析概述

盈利能力是指企业在一定时期内赚取利润的能力。盈利能力的大小是一个相对的概念，它是利润相对于一定的收入或资源投入而言的一个命题。一般来说，利润相对于收入和资源投入的比率越高，盈利能力越强；比率越低，盈利能力就越弱。由于利润是衡量企业经营成果的重要尺度，企业经营业绩的好坏最终可以通过企业的盈利能力来反映。同时投资者、债权人等财务主体对企业盈利能力的分析都是其行为决策的重要依据，因此无论是企业经营者、投资者、债权人，还是企业职工甚至政府都十分关心企业的盈利能力，非常重视对盈利能力水平、变化的分析和判断。

一、企业盈利能力对于经营者的意义

从企业的角度看，企业从事经营活动，其直接目的是最大限度地赚取利润并维持企业持续稳定地经营和发展。持续稳定地经营和发展是企业获取利润的前提，而最大限度地获取利润又是企业持续稳定发展的目标和保证。只有在不断获取利润、充分积累的基础上，企业才可能持续发展。同时，盈利能力较强的企业比盈利能力弱的企业具有更强的生命力和发展前景。因此盈利能力是企业经营者最重要的业绩评价标准和发现问题、改进企业管理的重要依据。对企业经营者来说，进行盈利能力分析的意义至少可以表现在两个方面：

（1）利用盈利能力指标反映和衡量企业经营业绩。基于企业经营者的受托地位，企业经营者的根本任务是履行其受托责任。从企业投资者的利益考虑，企业经营者须通过自己的努力使企业赚取更多的利润。各项盈利能力指标反映了企业的盈利能力，

也体现了企业经营者的经营业绩。通过与既定的包括同行业标准、定额标准、计划标准、历史标准在内的标准的比较，盈利能力指标可以较好衡量企业经营者的经营业绩。

（2）通过盈利能力分析发现经营管理中存在的问题。由于利润是企业经营业绩的重要体现，因此企业的各项工作，最终都与企业赚取利润的多少，即盈利能力有关。盈利能力是企业各环节经营活动的具体表现，企业经营的好坏都会通过盈利能力表现出来。通过对盈利能力的形成原因、现状以及发展趋势的深入分析，可以发现企业经营中存在的不足、缺陷以至重大问题，进而有针对性地采取措施，提高企业未来的盈利能力。

二、企业盈利能力对于投资者的意义

投资者（或股东）作为企业净资产的所有者自然对企业的盈利能力表现出浓厚的兴趣，这一方面由于他们是企业永久性资本的投资者，另一方面作为出资者，他们需要对自己的投资回报和投资风险进行判断和分析。

（1）盈利能力的分析是投资者投资决策的重要依据。利润在一定程度上是衡量投资效果的重要依据，同时对股票价格施以重要影响，投资者经常通过判断盈利能力预测未来收益或估计投资风险。同时投资者十分关心对企业未来现金流量前景的预测，这样在企业盈利能力与企业未来可能现金流量之间就存在一种假定的关系，这种假定的关系决定了投资者的投资决策行为。对于上市公司而言，由于盈利能力的提高有利于股票价格的上升，投资者可以利用对盈利能力的分析作为其投资决策的依据，获得更多的资本收益。

（2）通过盈利能力分析判断企业可能的利润分配水平。利润是企业分配的基础和前提。尽管会计收益与应税收益之间存在一定的差别，从股利分配上看，扣除所得税后的营业收益是股利分配的依据或基础。从长远观点看，这一数额是股利分配的最大限额，虽然各期的分配数额会因利润分配政策的不同有所差异。因此通过企业盈利能力分析，投资者可以对企业可能的利润分配水平进行相应的判断。

（3）通过盈利能力分析了解其资本的保值增值情况。资本保值增值是投资者投资的基本要求，它一方面体现了资本保全原则的思想，另一方面能够保护投资者的利益，抑制资产流失现象的发生。事实上，企业盈利能力是企业资本保值增值的基本前提，只有在企业具备一定的盈利能力的前提下企业才可能实现资本的保值增值。一般而言，企业盈利能力越强，企业资本亏蚀的可能性越小，资本保值增值效果越好。

三、企业盈利能力对于债权人的意义

对于债权人而言，企业的偿债能力除了企业本身的流动性要求和资本结构要求外，企业的举债效率十分重要。从长远来看，利润是偿债的主要资金来源，尤其是长期债务更为如此。企业盈利能力将直接对企业偿债能力产生影响。由于企业盈利能力与未来现金流量之间潜在的相关关系，盈利能力分析是企业稳定性分析的重要组成部分。通过对企业盈利能力的分析，债权人可以更好把握企业偿债能力的高低，以维护其债权的安全、有效。

四、盈余管理的概念

盈余管理的概念分为狭义和广义两种，狭义的盈余管理是会计政策管理，William. K. Scott 认为在公认的会计准则（简称 GAAP）允许的范围内，通过对会计政策的选择使经营者自身利益或企业市场价值达到最大化的行为，狭义的盈余管理是以合法、合规为前提，这种观点只局限于会计政策的选择，管理层会更多地考虑私人利益，而不是以客观公正为会计政策选择的标准。

广义的盈余管理是"信息披露管理"，是 1989 年美国会计学家 Katherine Shipper 在信息观的基础上提出来的，Shipper 认为盈余管理是企业管理人员通过有目的地控制对外财务报告过程，以获取某些私人利益，相比狭义的盈余管理而言，广义的盈余管理的操控空间更大，它包括合法的盈余管理和不合法的盈余操纵。这种广义的概念将盈余管理扩大到对外披露的任何一个环节，形式多样化。

在 William. K. Scott 和 Katherine Shipper 的基础上，1999 年，Healy 又将盈余管理扩展到编制财务报告的过程中，并且其动机也不再局限于私人利益。Healy 提出：盈余管理是发生在管理当局运用职业判断编制财务报告和规划交易以及变更财务报告时，旨在误导那些以公司的经济业绩为基础的利益关系人的决策或者影响那些以会计报告数字为基础的契约的后果。Healy 认为盈余管理更多的是同时注重会计数据的信号作用和经济收益的驱动作用。

第二节　一般企业盈利能力分析

盈利能力分析是企业财务报表分析的重点。盈利能力的分析主要是借助利润率指标。因为尽管利润额的分析可以说明企业财务成果的增减变动状况及其原因，为初步判断企业盈利能力提供了可能。但是，限于利润额指标绝对数的特点，其受投入资源和企业规模的影响较大，一方面使不同规模企业之间缺乏可比性，另一方面也不能科学、准确地反映企业的盈利能力。利润率指标在实际运用中由于企业不同性质、不同投入资源形式，特别是不同投入资本类型的影响，不同企业之间利润率存在较大差异，其盈利能力分析也有一定区别，因此我们将盈利能力分析区分为一般企业和上市公司盈利能力分析两方面。

所谓一般企业，是指所有企业的统称，包括不同所有制、不同行业、不同规模的各种、各类企业，也包括含上市公司在内的所有股份公司。一般企业盈利能力分析是指能够适用于所有企业的盈利能力分析。由于企业盈利能力分析指标有各种不同的形式，故可以从不同的角度来进行一般企业的盈利能力分析。

一、净资产收益率分析

（一）基本概念

净资产收益率是指企业一定时期内的净利润与平均净资产的比率。净资产收益率充分体现了投资者投入企业的自有资本获取净利润的能力，突出反映了投资与报酬的关系，是评价企业资本经营效率的核心指标。净资产收益率的计算公式是：

净资产收益率＝净利润/平均净资产×100%

上式中，净利润是企业当期税后利润，是未作任何分配的数额，能够比较客观、综合地反映企业的经济效益，准确体现投资者投入资本的盈利能力；净资产是归属于企业所有者的资产，在数量上等于资产负债表上的所有者权益部分。平均净资产是指期初与期末净资产的平均值。值得注意的是如果需要通过该指标分析判断企业的利润分配能力，则分母应取年末净资产为宜，由此计算的净资产收益率一般被称为摊薄净资产收益率。

（二）影响因素分析

通过对净资产收益率的分解，我们可以得到如下关系式：

净资产收益率＝［总资产报酬率+（总资产报酬率-负债利率）×负债与所有者权益比率］×（1-所得税率）

上式可以反映影响净资产收益率的主要因素有总资产报酬率、负债利息率、资本结构和所得税率等。

（1）总资产报酬率。净资产是企业总资产的一部分，因此，净资产收益率必然受企业总资产报酬率的影响。在负债利息率和资本结构等条件不变的情况下，总资产报酬率越高，净资产收益率就越高。

（2）负债利息率。负债利息率之所以影响净资产收益率，是因为在资本结构一定的情况下，当负债利息率变动使总资产报酬率高于负债利息率时，将对净资产收益率产生有利影响；反之，在总资产报酬率低于负债利息率时，将对净资产收益率产生不利影响。

（3）资本结构或产权比率（负债/所有者权益）。当总资产报酬率高于负债利息率时，提高负债与所有者权益比率，将使得净资产收益率提高；反之，降低负债与所有者权益比率，将使净资产收益率降低。

（4）所得税率。因为净资产收益率的分子是净利润即税后利润，因此所得税率的变动必然引起净资产收益率的变动。通常，所得税率提高，净资产收益率下降；反之，则净资产收益率上升。

（三）指标分析要点

（1）净资产收益率是评价企业自有资本及其积累获取收益水平的最具综合性和代表性的指标。该指标通用性强、适应范围广。在我国上市公司业绩评价中，该指标备受青睐。

（2）净资产收益率具有较强的可比性。通过对该指标的综合对比分析，可以判断企业盈利能力在同行业中所处的地位，以及与同行企业的差异水平。

（3）一般认为，企业净资产收益率越高，企业自有资本获取利润的能力越强，其营运效率越好，对投资者、债权人的保障程度越高。

二、总资产报酬率分析

（一）基本概念

总资产报酬率是指企业在一定时期内获得的报酬总额与资产平均总额的比率。该指标表示企业包括净资产和负债在内的全部资产的总体盈利能力，是评价企业资产营运效率的重要指标。其计算公式为：

总资产报酬率 = 息税前利润/平均资产总额×100%

由于分母总资产中包括负债，故具有借入资本等价报酬性质的利息费用应该包括在企业报酬中，因为在会计处理时利息支出税前列支的特点，所以企业报酬，即息税前利润等于利润总额加上利息支出。利润总额是指企业实现的税前全部利润，利息支出指企业在生产经营过程中实际支出的借款利息、债券利息等；平均资产总额是指企业期初与期末资产总额的平均值。

（二）影响因素分析

根据总资产报酬率指标的经济内容，可将其作如下分解：

$$总资产报酬率 = \frac{息税前利润}{平均资产总额} \times \frac{销售收入净额}{销售收入净额} \times 100\%$$

$$= \frac{息税前利润}{销售收入净额} \times \frac{销售收入净额}{平均资产总额} \times 100\%$$

$$= 销售报酬率 \times 总资产周转率$$

可见，影响总资产报酬率的因素有两个：一是销售报酬率，该指标从企业销售收入转化为报酬数额的多少这个角度反映了企业生产经营的盈利能力，企业生产经营的盈利能力强，则销售报酬率高。二是总资产周转率，该指标作为反映企业营运能力的指标，用于说明企业全部资产的营运效率，是企业资产经营效果的直接体现。总之，企业生产经营的盈利能力和企业全部资产的营运效率是影响总资产报酬率的两个重要因素。

（三）指标分析要点

（1）总资产是企业占有的全部经济资源，总资产报酬率反映企业全部经济资源的利用效果。该指标越高，表明企业资产利用的效率越高，是全面反映企业盈利能力和投入产出状况的指标。通过对该指标的深入分析，可以增强各方面对企业资产经营的关注，促进企业提高单位资产的收益水平。

（2）企业总资产来源于所有者权益和负债两个方面。一般情况下，财务报表分析主体可根据该指标与企业同期净资产收益率进行的比较，判断企业财务杠杆作用情况。若总资产报酬率小于净资产收益率，则说明企业获得了财务杠杆收益；反之，总资产报酬率大于净资产收益率，则企业现有负债已经产生了负的财务杠杆效应，企业面临巨大的财务风险。

三、资产回报率

资产回报率的定义是企业在应用总资产的基础上获取的盈余比率，因为总资产的资金来源于股东和债权人，所以资产回报率衡量的是企业，不论资金来源，为股东和债权人共同创造价值的能力。其计算公式为：

$$资产回报率=\frac{净利润+利息费用×（1-企业所得税率）}{期初资产}$$

公式中分子是一个会计期间中企业股东和债权人所得到的盈余的总和，分母为股东和债权人在企业中投资的总和，分子和分母衡量的是一致的，都是属于股东和债权人的。

损益表在计算利润的时候已经减去了企业支付给债权人的利息费用（债权人得到的盈余）。从企业创造的盈余中，股东获得的部分是净利润，而债权人获得的部分是利息，资产回报率衡量的是股东和债权人一共从企业创造的盈余中的所得，所以在计算资产回报率的分子的时候要把净利润和利息加在一起。但是我们不能把全部利息费用都加到净利润上去，因为利息费用是在计算应税利润之前扣除的，所以利息费用导致企业少交了一部分所得税。

"杜邦分析法"是将资产回报率分解得更细的、更基本的组成部分，以利于投资者更好地预测其未来趋势。首先，资产回报率可以被分解为销售边际利益率和资产周转率两个部分组成：

$$资产回报率=\frac{净利润+利息费用×（1-企业所得税率）}{收入}×\frac{收入}{期初资产}$$

其中$\frac{净利润+利息费用×（1-企业所得税率）}{收入}$是销售边际利润率，这个指标是衡量企业在销售的基础上创造利润的能力，即每一元的收入为股东和债权人共同体创造了多少利润。提高边际利润率的核心是企业控制成本的能力。在收入相同的情况下，成本控制得越好，边际利润率越高。

边际利润率反映了企业现在控制成本的能力，如果企业的成本控制得好，边际利润率就比较高。这样的企业在面临经济衰退、竞争加剧或其他经营困难的时候，通过降低产品价格来提高产品竞争力的余地就大，因此更容易度过风险期。所以边际利润率越高，企业为投资者创造的财富就越多，企业抵抗风险能力就越强。

资产回报率等于销售边际利润率乘以资产周转率，它们是推动资产回报率变化的主要因素。两者越高，资产回报率就越高。任何企业的梦想都是在维持很高的资产周转率的同时还能够取得很高的边际利润率。遗憾的是，大部分企业很难做到这一点。

这样，在进行盈利能力分析的时候，我们有必要确定对于分析对象来说，是资产周转率还是边际利润率在决定企业资产回报率中发挥更大的作用。区分两者对资产回报率影响的大小，我们可以把更多的力量投入到预测作用更大的因素上。

根据长期以来的经验，在决定资产回报率过程中到底是资产周转率作用大还是边际利润率作用大主要是取决于企业所在行业特征，一般来说，竞争激烈的行业资产周转率比较重要，而垄断程度高的行业边际利润率比较重要。比如，奢侈品行业的垄断程度高，企业的销售量小，因此其资产周转率低，但是，这些企业可以指定很高的产品价格，成本只是产品价格的很小一部分，因此，其边际利润率比较高。对于这些企业，我们在分析其盈利能力时更关注边际利润率。零售行业则不同。零售行业是一个充分竞争的行业，企业在产品定价上缺乏控制能力，很多时候不得不进入价格竞争的局面。所以，零售行业边际利润率很低，为了产生足够的资产回报率，企业只能靠大量的销售，所以资产周转率很高。

四、销售利润率分析

销售利润率是反映销售收入转化为利润水平的一类指标，能衡量企业生产经营方面的盈利能力。由于对于分子、分母内涵的不同认识和对分子分母配比的考虑，该指标有多种不同的具体指标表现，如销售毛利率、销售利润率、营业收入利润率、销售净利润率、销售报酬率等。由于该类指标具有反映企业生产经营盈利能力的共性，本教材只就其中最具代表性和实践意义的两个指标进行分析。

（一）销售毛利率

销售毛利率是销售毛利与销售收入净额之比，其中销售毛利是销售收入净额与销售成本的差额。销售毛利率的计算公式为：

销售毛利率＝销售毛利/销售收入净额×100%

所谓销售收入净额是指销售收入减去销售退回、销售折扣、折让之后的差额。该指标的分析要点如下：

（1）销售毛利率反映了企业产品或商品销售的初始盈利能力，从企业营销策略来看，没有足够大的毛利率便不能形成较大的利润。

（2）销售毛利率的分析与销售毛利额分析相结合，可以评价企业对管理费用、营业费用、财务费用等期间费用的承受能力。销售毛利率高的企业可以开支的期间费用相对就较多，反之，则较少。

（3）通常说来，毛利率随行业的不同而高低各异，但同一行业的毛利率一般相差不大。与同期同行业的平均毛利率比较，可以揭示企业在定价政策、产品商品销售或生产成本控制方面存在的问题。

（二）销售利润率

销售利润率是指企业一定时期销售利润同销售收入净额的比率。它表明企业每单位销售收入能够带来的销售利润，反映了企业主营业务的盈利能力。其计算公式是：

销售利润率＝销售利润/销售收入净额×100%

上式中销售利润是指企业销售收入扣除销售成本、销售费用、销售税金及附加后的利润，主要体现为企业的主营业务利润。主营业务利润是企业全部利润中最为重要的部分，是影响企业整体经营成果的主要因素。该指标的分析要点如下：

（1）该指标体现了企业经营活动最基本的盈利能力，没有足够大的销售利润率就无法形成企业的最终目标利润。该指标结合企业的销售收入和销售成本分析，能够充分反映出企业成本控制、费用管理、产品营销、经营策略等方面的成绩与不足。

（2）销售利润率是从企业主营业务的盈利能力和盈利水平方面对资本和资产盈利能力的补充，体现了企业主营业务利润对利润总额的贡献，以及对企业全部收益的影响程度。

（3）该指标受行业特点影响较大。通常说来，越是资本密集型的企业，其销售利润率就越高；反之，资本密集程度相对较低的行业，其销售利润率也较低。

五、成本费用利润率分析

（一）基本概念

成本费用利润率是企业一定时期的利润同企业成本费用总额的比率。成本费用利润率用来表示企业为取得利润而付出的代价，从企业支出与收益的关系方面评价企业的盈利能力。与销售利润率一样，该指标由于对分子分母内涵和配比的不同考虑，有销售成本利润率、营业成本费用利润率、成本费用利润率等不同的指标形式，各指标的分析也稍有不同。其中成本费用利润率最能反映企业支出与收益的关系，计算公式为：

成本费用利润率＝利润总额/成本费用总额×100%

公式中成本费用总额是指企业能够施以重大影响的销售成本、销售费用、管理费用和财务费用之和。

（二）指标分析要点

（1）成本费用利润率是从企业内部管理等方面对企业资本收益状况的进一步修正。该指标通过企业收益与支出的直接比较，客观评价企业的盈利能力。

（2）该指标从企业耗费角度评价企业收益状况，有利于促进企业加强内部管理，节约支出，提高经营效益。

（3）该指标越高，表明企业为取得收益所付出的代价越小，企业成本费用控制得越好，企业盈利能力越强。

六、资本保值增值率分析

（一）基本概念

资本保值增值率是指企业本年末所有者权益扣除客观增减因素后同年初所有者权益的比率。该指标表示企业当年资本在企业自身努力下的实际增减变动情况。资本保值增值率是考核经营者对投资者投入资本的保值增值能力的重要指标，它一方面反映了资本保全原则的要求，另一方面对于抑制当前较为严重的资产流失现象有一定的实际意义，是投资者经营者均比较关心的指标，也是评价企业盈利能力和财务效益的辅助指标。该指标的计算公式如下：

资本保值增值率＝扣除客观因素后的年末所有者权益/年初所有者权益×100%

上式中扣除客观因素后的年末所有者权益是指企业在经营期间由于投资者投入资本、企业接受捐赠、资本（股本）溢价以及资产升值等客观原因导致的实收资本、资本公积的增加，并不是资本的增值。而向投资者分配的当期利润，无论是否发放，均已经从期末所有者权益中扣除，未包括在期末所有者权益中的"未分配利润"中。所以，计算资本保值增值率时，应从期末所有者权益中扣除报告期因客观因素产生的增减额，加上向投资者分配的当年利润。

（二）指标分析要点

（1）资本保值增值率是根据"资本保全"原则设计的指标，更加谨慎、稳健地反映了企业资本保值增值情况。它充分体现了对所有者权益的保护，能够及时、有效地发现侵蚀所有者权益的现象。

（2）该指标反映了投入资本的保全性和增长性。该指标越高，表明企业的资本保全状况越好，所有者权益增长地越快，企业发展后劲越强。

（3）需要注意的是，当该指标出现负值时，表明企业资本受到侵蚀，没有实现资本保全，损害了所有者的权益，也妨碍了企业进一步发展壮大，应予以充分重视。

（4）该指标能够从资本保值增值方面间接体现企业盈利能力。一般而言，该指标越高，说明企业资本盈利能力越强，财务效益越好，反之则越差。

第三节　上市公司盈利能力分析

上市公司是指公开发行股票公司中已经在二级市场（股票流通市场）挂牌上市股票的股份有限公司。就盈利能力分析而言，上节对一般企业盈利能力分析的方法和内容对上市公司而言同样适用，但是由于公开发行股票公司有其特殊性，所以本节将对此类公司盈利能力的某些特殊方面进行专题讨论。说上市公司情况特殊，是因为：

（1）上市公司作为股份公司，与其他企业相比，最显著的特点就是将企业的全部资本划分为等额股份，并通过发行股票的方式筹集资本。股东以其所认购股份对公司承担有限责任，股份是公司很重要的指标。股票的面值与股份总数的乘积为股本，股本应等于企业的注册资本，所以股本也是十分重要的指标。因此为了更直观地反映这类公司的盈利能力，必须结合其股份、股本进行分析。

（2）上市公司作为公开发行股票公司与证券市场的关系比一般企业更为密切，这类企业经营成果的表现和盈利能力的高低将会对证券市场产生一定的影响。由于上市公司的信息披露受到严格的管制，所以对该类公司的盈利能力分析应该紧密联系有关公开发行股票公司的信息披露制度。

（3）上市公司作为公开发行股票公司其所有者可能成千上万，其股东一般都想在公司市场价值最大化中牟取投资回报。因此，在分析这类公司的盈利能力过程中，分析与公司市场价值有关的盈利能力指标及相关其他指标意义重大，而这种分析是其他企业盈利能力分析中所不能遇见的。

基于上市公司盈利能力分析的特殊性，要准确判断上市公司的盈利能力，除充分运用一般企业盈利能力分析指标和分析内容外，还应对一些特殊指标进行分析，特别是一些与企业股票价格或市场价值相关的指标分析。

一、每股收益分析

（一）基本概念

在上市公司财务报表分析的诸多指标中，每股收益是一个颇受人们关注的指标，是上市公司必须披露的最重要的盈利能力指标之一。每股收益是指净利润扣除优先股股利后的余额与普通股发行在外加权平均股数之比。它反映了每股发行在外的普通股所能分摊到的净收益额，有时又被称为每股利润或每股盈余。其计算公式如下：

$$每股收益 = \frac{净利润 - 优先股股利}{普通股发行在外加权平均股数}$$

由于优先股股东对股利的受益权优先于普通股股东，因此在计算普通股股东所能享有的收益额时，应将优先股股利扣除。分母普通股的数量应为当期发行在外普通股的加权平均数。本期内发行的股份和购回的股份应以其发行在外的时间进行加权计算。这是因为本期内发行在外的普通股股数只能在普通股增加以后的这一段时间内产生权益，减少的普通股股数在减少以前的期间内仍产生收益，所以应当采用加权平均数，以正确反映本期发行在外的实际普通股股数。例如某公司 2009 年年初发行在外的普通股股份 5000 万股，当年 7 月 1 日又增发了 1000 万股，并且该年内未发行其他股票，亦无退股事项，则该年度普通股流通在外的平均数应为 5500 万股［即 5000+（1000×6/12）万股］。

（二）指标分析要点

从长远的观点来看，投资者往往愿意使用每股收益来判断一个企业的成功与否，这是因为：

（1）该指标为会计准则所特别重视，包括国际会计准则在内的世界许多会计准则均包含有每股收益准则。我国也于 2002 年 11 月发布了《企业会计准则——每股收益》（征求意见稿）。

（2）财务报表分析主体在选择投资方案时，往往视其为非常重要的指标。投资者将其视为企业未来现金流量的综合指示器，并且用来作为在各公司之间进行比较的依据。

（3）实证研究表明，该指标与公司股票市价之间存在一定的相关性。国内外学者研究均证实每股收益与股票价格之间的相关系数为正，说明公司盈余状况与市场价值正相关，市场是认同每股收益指标的。

（4）每股收益是其他一些指标的基础。依据每股收益的影响因素，可对每股收益进行如下分解：

$$每股收益 = \frac{净利润 - 优先股股利}{普通股发行在外加权平均股数} \times \frac{普通股权益}{普通股权益}$$

$$= \frac{普通股权益}{普通股发行在外加权平均股数} \times \frac{净利润 - 优先股股利}{普通股权益}$$

$$= 每股账面价值 \times 普通股权益报酬率$$

（三）影响因素分析

从上面公式可知，每股收益主要取决于每股账面价值和普通股权益报酬率两个因素。

（1）每股账面价值。每股账面价值又被称为每股净资产，是指股东权益总额减去优先股股东权益后的余额与发行在外的普通股平均股数的比值。该指标可帮助投资者了解每股的权益，该指标越高，则普通股每股享有的权益就越大；反之，就越小。该指标与股票市价进行比较，可以用来判断以当前的投资代价换取该股票既定的会计账面价值是否值得，有助于潜在的投资者进行投资分析。另外，在公司兼并时，每股净资产与公允市价往往都是兼并方需要研究的指标。对于每股收益而言，每股净资产的提高，将直接导致每股收益的提高。

（2）普通股权益报酬率。普通股权益报酬率是影响每股收益的另一个重要因素，它的变化会使每股收益发生相同方向的变化。普通股权益报酬率是指净利润扣除应发放的优先股股利后的余额与普通股权益之比。该指标从股东的角度反映企业的盈利能力，指标值越高，说明盈利能力越强，普通股股东可得收益越多。

二、股利发放率分析

（一）基本概念

股利发放率是普通股股利与每股收益的比值，反映每股收益中实际发放的股利水平或普通股股东从每股全部收益中分得的份额。其计算公式为：

股利发放率＝每股股利／每股收益×100%

公式中每股股利是指实际发放给普通股股东的股利总额与流通股数的比值。

（二）指标分析要点

（1）一般而言，由于股利是公司净利润的分配，故公司盈利状况是公司发放股利水平的重要依据，公司股利发放率的高低可以从一个侧面间接了解公司的盈利能力，尤其是公司实际的利润质量。

（2）公司股利发放率的高低主要取决于公司的股利政策，目前的现金流量以及面临的投资机会等。有时候，尽管公司盈余充足，但管理当局仍可将资金用于新的投资机会，从而导致股利发放率较低。

（3）由于上述特点，股利发放率没有一个固定的衡量标准。但一般来说，较高的股利发放率更容易获得投资者的青睐。

（三）影响因素分析

为进一步分析股利发放率的影响因素，可对指标进行如下分解：

$$股利发放率=\frac{每股股利}{每股收益}\times\frac{每股市价}{每股市价}\times100\%$$

$$=\frac{每股市价}{每股收益}\times\frac{每股股利}{每股市价}\times100\%$$

=价格与收益比率×股利报酬率

从上式可以看出股利发放率主要取决于价格与收益比率与股利报酬率。一般来说，长期投资者可能更加关注价格与收益比率，而短期投资者则比较注重股利报酬率。

（1）价格与收益比率，又称市盈率，是企业股票每股市价与每股收益的比值。它是影响企业股利发放率的正指标。

（2）股利报酬率，也称股利与市价比率。在价格与收益比率一定的情况下，股利报酬率越高，则股利发放率也越高，反之亦然。事实上，一个对股利感兴趣的投资者，可以借助不同投资方案股利报酬率的比较对方案进行初步筛选。

三、市盈率分析

（一）基本概念

市盈率（Price-Earnings，简写P/E）是股票市场投资者特别关注的一个重要财务指标，亦称价格与收益比率，是股票价格除以每股收益的比率。市盈率给投资者传递了这样一个重要信息：他们正在为一个公司的盈利能力付多少钱。市盈率越高，则投资者为该公司的股票付出的代价越多，同时表明投资者正期待着更高的盈利增长。一般情况下，该比率保持在20~30之间是正常的。一只股票市盈率越低，市价相对于股票的盈利能力越低，表明投资回收期越短，投资风险就越小。过大则说明股价高，风险大，购买时应谨慎。目前深沪两个交易所在证券报上均公布市盈率，市盈率的计算办法：

市盈率=股票市价/每股税后利润（摊薄）

根据深、沪交易所的规定，市盈率中的每股税后利润均以摊薄后的每股收益计，即计算每股收益的分母为年末普通股股数。

（二）指标分析要点

尽管市盈率作为一个简单指标不可避免地具有局限性，但由于其综合对比了股票这一金融资产的两大核心要素：价格和收益，表明了股价的相对高低，因而被监管当局和投资者作为一个标尺而广泛采用，尤其是在进行各国市场总体比较以及同一行业的不同公司之间的横向比较，该指标具有不可替代的重要实践意义。把市盈率作为衡量股票价格高低和投资价值高低的一个重要指标，是有一定道理的，但也是不全面的。

（1）市盈率是一个动态指标。企业业绩的变化和股票价格的变化都可以随时改变市盈率。而且，在市盈率与股价之间，并不是一种简单的正相关关系，市盈率高，股价不一定就高，市盈率低，股价也不一定就低。

（2）市盈率与股本变动密切相关。上市公司当年的每股收益水平不仅和企业的盈利水平有关，而且和企业的股本变动与否也有着密切的关系。在上市公司股本扩张后，摊到每股里的收益就会减少，企业的市盈率会相应提高。

（3）市盈率作为一个指标在理论上也存在一定的缺陷，例如以某一时点的股票市价与某一时期的每股收益进行比较，信息在时间上的差异为投资分析带来一定的遗憾。又如由于不同企业会计政策等方面的差异导致每股收益确定的口径不一致，这为其在不同企业间的比较增加了困难。

第四节　盈余管理的动机

一、盈余管理的客观条件

盈余管理的客观条件包括：

1. 会计准则的不完善及其可选择性

与其他法规相比，会计准则给会计实务留有大量自由选择的空间。例如，对应收账款可以选择直接冲销或计提坏账准备，对固定资产的折旧和无形资产的摊销的方式的选择等。会计准则之所以具有可选择性，是由会计本身具有的社会性与技术性的双重属性决定的，因而有其存在的必然性。但这同时也给上市公司通过会计政策的选择来达到盈余操纵创造出一个空间。此外，我国会计准则本身存在着许多缺陷。例如，在指定会计准则的参与人中，理论研究者居多，会计实务界人士较少，从而造成会计准则在实际应用中的操作性较差，这些缺陷，必然会进一步增大上市公司盈余操纵的"空间"。

2. 独立董事制度建设滞后

在现代公司两权分离的条件下，公司投资者与管理者之间存在着严重的信息不对称。为了解决信息不对称所带来的负面影响——逆向选择和道德风险，美英等发达国家首先引入独立董事制度，并且规定要董事会下设主要由独立董事组成的审计委员会，其目的是为了审计财务报告、抑制盈余操纵和保护投资者利益。在我国，上市公司投资者与管理者之间的信息不对称问题更加突出，但直至 2001 年 8 月证监会才颁布了《关于在上市公司建立独立董事制度的指导意见》，要求上市公司设立独立董事。但是关于独立董事的选聘问题、人数比例问题、时间精力问题、责任追究问题、激励问题仍然没有得到有效的解决。显然，这种制度安排很难激励独立董事的职业努力。如果我们期望独立董事努力工作并以法律责任来督促他们，就应该让他们获得与其承担的义务与责任相应的利益。

3. 注册会计师制度危及审计的独立性

注册会计师的存在是为了对上市公司的财务报表进行独立审计，以提高财务报表的可信赖程度。因此，注册会计师的独立审计，是抑制上市公司盈余操纵的重要外部制度安排。然而，在实际生活中，许多财务造假案件并不是由注册会计师发现的，而是通过新闻媒体的曝光才被知晓。最根本的原因在于注册会计师缺少新闻记者的独立性。按规定，上市公司选聘注册会计师必须经过股东大会批准，但实际的操作却与规定不一致，如果公司的"内部人控制"问题比较严重，则管理者才是真正掌握实权的人，股东大会形同虚设，最终的结果可想而知。

4. 市场监管手段落后，惩罚力度不大

关于监管机构指定出对盈余管理行为的惩罚机制，其实质就是一种博弈的过程，当上市公司为进行盈余管理预期要付出的成本高于盈余管理的预期收益时，上市公司就会放弃盈余管理的行为。但我国证券市场存在着严重的监管体系薄弱、监管手段落后、监管力度不对等现象，这些现象都促使了上市公司存有侥幸心理，通过盈余管理来"粉饰"对外公布的财务报表。据概略统计，上市公司近 12 年对外提供的中报、年报、验资报告、资产评估报告、盈利预测报告、招股说明书等信息资料不下 2 万份，然而被证监会惩罚的上市公司不足 100 家，因此可以得出盈余操纵被发现的概率远低于千分之五。同时，目前证监会依赖行政手段（如警告、罚款、纠正违规行为等）主要是针对上市公司而不是直接责任人。所以，即使盈余操纵被曝光，上市公司付出的代价也是极其有限的。然而，与此形成鲜明对照的是，盈余操纵的预期收益可能呈几何级数放大。

二、盈余管理主观动机

1. 资本市场动机

在国内，大部分学者对盈余管理的动机研究主要集中在资本市场动机研究中，资本市场动机主要包括首次公开发行股票动机、配股动机和维持上市资格动机。

（1）首次公开发行股票动机。Aharony Lee 和 Wong（2000）连续三年通过对 83 家 IPO 公司（首次公开募股的简称，下同）的研究发现，上市公司的资产收益率在 IPO 当年达到最高水平随后逐年下降，这表明中国的上市公司在 IPO 过程中有盈余管理的行为。王春峰和李吉栋（2003）提出一种新的盈余管理检验模型——现金流收益模型，研究了企业首次公开发行股票前后的盈余管理行为，发现 IPO 企业在发行之后出现显著的业绩下滑现象。裴新春对 2006—2008 年间的深交所 A 股企业进行研究，也发现在新会计准则执行后，在首次公开募股前仍然存在盈余管理行为，中小板企业为了融资需求也进行了盈余管理，募股前后的业绩存在明显变化，IPO 后的业绩明显低于前两年的平均业绩。此外，洪剑鞘、陈朝晖（2002），张宗益、黄新建（2003）的研究也表明上市公司在 IPO 前后存在着盈余管理行为。

其实，IPO 后资产收益率大幅度下降主要是由于工业类公司总体上均在 IPO 前运用盈余管理手段大幅度增加了报告收益的结果。这种方式增加利润都主要是通过应计项目将利润在时间上进行了转移，理论上并不会影响利润的总额，即当期增加或减少的利润必然会在以后会计期间出现相同金额的"反转"，这是通过应计项目进行盈余管理的方法的最主要缺陷，而且这种方法也较容易被审计师所识别。

（2）配股动机。由于我国上市公司通过首次公开发行只能取得有限的融资配额，其他获取资金途径如银行借款或债券发行等很少，因此配股再融资的愿望强烈。为了限制过度配股，引导资源的合理分配，保证优质公司能进入资本市场进行融资，证监会对申请配股的公司进行了资格限定，即"公司上市超过 3 个完整会计年度的，最近 3 个完整会计年度的净资产收益率平均在 10% 以上，在其期间内任何一年的净资产收益率均不得低于 6%"。只有关键绩效指标达到要求的公司才有资格申请配股，这样的高门槛使得许多上市公司具有很强的操纵关键指标的盈余管理动机。

蒋义宏、魏刚（1998）首次运用管理后盈余分布法对我国上市公司的盈余管理状况进行了研究。研究发现，证监会 1996 年 1 月颁布的新的配股政策对 ROE（股东权益收益率或净资产收益率的简称，下同）的分布产生了重大影响。在新配股政策出台后，ROE 位于 10% 左右的公司存在着盈余管理。陈小悦、肖星、过晓艳（2000）通过实证研究的方法得出，为了达到证监会规定的配股标准，上市公司的管理当局采取了明显的"盈余操纵"措施，形成中国股票市场独特的"10% 现象"。黄明峰、黄瑶、田水运用频率分布法对 1994—2007 年间上市公司的 ROE 数据进行研究，发现上市公司存在通过盈余管理行为来调控收益以达到配股标准的现象，并且随着配股政策的变化而变化。

2003 年，陆宇建也对企业为了获得配股资格而进行盈余管理的诱因进行了分析，检验了上市公司盈余管理行为对中国证监会 1996 年 1 月与 1999 年 3 月出台的配股政策的反应，结果表明我国上市公司的盈余管理行为是政策诱致型。另外，刘星、徐腾（2003）、张祥建、徐晋（2005）和张少岩、李希富（2006）的研究结果也表明上市公司为了达到配股资格而进行了盈余管理。

（3）维持上市资格动机。我国的上市公司通常都会尽量避免首次报告亏损，一方面从外部来看，亏损会引起股票市场的消极反应，影响投资者对公司的预期等，另一方面从内部看，亏损对公司高管的晋升和地位等产生诸多不利影响。若上市公司连续两年亏损，证券市场为提醒投资者注意投资风险而在其股票名称前冠以"ST"，据公司法暂停上市的相关规定，如果被"ST"的上市公司继续亏损，则将面临退市风险，达到证券管理部门规定的暂停上市要求的公司股票将被暂停上市。亏损对于上市公司的发展是非常不利的，上市公司定会想出各种应对办法，通过盈余管理来扭亏为盈，以免出现亏损或连续亏损三年的情况。

蒋义宏（1998）、陆建桥（1999）的研究证实了上市公司进行盈余管理的动机就是为了避免连续三年亏损而受到证券部门的管制。陆建桥（1999）的研究还发现亏损公司在亏损年度及其前后年度普遍采用应计利润项目，如应收应付项目、存货项目、调增或调减收入。这几种方式都是会计准则允许的，同时这几种方式也不容易被发现。此外，俞乔、杜斌、李若山（2003）也进行了研究，其结果和蒋义宏、陆建桥的一样。

王亚平等（2005）利用 2001 年至 2003 年间亏损上市公司财务数据研究发现，在阈值即临界点上进行了盈余管理的公司比率高达 64.4%。

2. 契约动机

关于契约动机的研究，国外研究得比较成熟，而国内在这方面的研究比较稀少。

（1）管理报酬契约动机。首先，我们要先明确一个概念，就是"代理理论"，所谓"代理理论"就是指，当企业的经营权与所有权分离时，一方的当事人授权代理人一定的决策权，这两者之间的关系就是"委托代理关系"。目前上市公司的股东和经营者之间就是这样的关系，股东是委托方，经营者是受托方。经营者掌握了公司内部所有信息，为了了解公司的运作情况，委托人会要求经营者定期以财务报告的形式对外公布公司的财务状况、经营成果和现金流量等情况，从而产生了内部人员和外部人员之间的信息不对称现象。由于信息不对称，会产生"逆向选择"和"道德风险"，经营者会为了自身的利益而与股东价值最大化目标相违背，比如，经营者会产生更多的不必要的"在职消费"、追求过多的闲暇时间，或者经营者不投资高收益项目，造成公司投资不足、丧失盈利机会等。

为了提高管理者的积极性，使管理者的目标与股东的目标保持一致性，股东往往会采用一些激励措施，如支付给管理者股票、股票期权和红利等，这种奖励往往与管理者的经营业绩挂钩。公司管理者为了追求自身利益最大化，会倾向于选择提高利润的会计政策。

吕长江、赵宇恒（2008）研究发现，权利较弱的管理者为达到薪酬考核的目的，会选择通过盈余管理来虚构利润。朱星文等（2010）的研究结果表明，发生高级管理层变更的公司，高级管理人员变更的当年存在调减利润的盈余管理行为。

Holthausen Larcker 和 Sloan（1995）选取了 1982—1990 年之间的 443 家公司作为样本，用琼斯模型对这部分的非操纵性应计利润进行了估计，发现已获得奖金最高额的管理人员减少报告盈利来为未来有较高的报酬做准备。

林芳、冯丽丽（2012）管理层权力视角下的盈余管理研究（《财务与会计》，2012年7月第34卷，第7期），以 2007—2010 年沪深两市所有 A 股上市公司作为样本，深入分析了管理层权力与盈余管理的关系，研究发现：管理层权力越大的企业，越容易进行盈余管理，具体表现为公司管理层既可以通过应计盈余管理调增利润，又可以通过应计盈余管理调低利润，这说明管理层权力对于盈余管理来说较多地发挥了负面作用。

王克敏、王志超（2007）以 2001—2004 年我国沪深两市的 1914 家上市公司为研究样本，发现高管报酬与盈余管理正相关，当高管控制权缺乏监督和制衡时，抑制了高管报酬诱发盈余管理的程度。同时，总经理持股与盈余管理负相关，但相关性不强。此外，朱星文、蔡吉甫、谢盛纹（2008）也通过研究证实了经营者有通过调增会计收益来增加其自身的报酬的倾向。此外，戴云、刘益平（2010）通过实证研究发现高管薪酬与盈余管理显著正相关，但高管持股比例与盈余管理相关性不强。

然而，关于高管持股与盈余管理的关系，赵息、石延利、张志勇（2008）单独对管理层股权激励与盈余管理的关系进行实证研究，通过对截止 2007 年 12 月已经实施股权激励的 40 家公司进行检验，认为我国的股权激励与高管盈余管理行为之间存在正相关关系，这与上述王克敏等的结论完全相反。

李增泉等（2009）认为我国上市公司目前不依赖于企业绩效的高级经理人员货币性薪酬水平是对上市公司客观经营环境（包括政府干预、大股东侵占和盈余管理等多个方面）的反映，但仍然符合股东利益最大化的最优契约设计原则。

李延喜等（2008）选取 2002—2004 年间沪深两地上市公司作为研究样本，分行业采用修正的截面琼斯模型对上市公司的可操控性应计利润进行计算，以此作为衡量盈余管理程度的代理变量，在此基础上考察了高管人员薪酬激励、董事会监管与盈余管理之间的关系。在控制了上市公司资产规模和债务水平之后，研究发现，管理层薪酬水平与调高的操控性应计利润高度正相关，认为薪酬激励构成了中国上市公司盈余管理的一个基本诱因。朱星文、蔡吉甫等（2008）运用上市公司 2004 年数据，对经理报酬业绩敏感度与盈余管理、董事会的关系进行了研究。研究发现，盈余管理对经理报酬业绩敏感度具有显著的正向影响，表明当经理报酬契约基于会计业绩设计时，经理有动机为增加其薪酬利用盈余管理调增会计收益。

（2）债务动机。一般而言，为了防止企业管理者以为了公司股东和管理者自身利益而牺牲债权人利益的行为，债权人会经常在债务契约中附带一些债务条款，如要求企业维持较高的流动比率和较高的利息保障倍数等，如果企业违约则会付出很大代价，比如债权人将停止对企业借款或者提前收回借款等。因此，为了防止这样的情况发生，管理层就会运用盈余管理对报表数据进行操纵，从而减少违反债务契约的可能性。

BD（1997）根据交易成本理论解释了企业盈余管理行为，得出结论：①盈余信息影响与企业的利益关系人以及潜在债权人之间的交易，因此企业有高估盈余的动机，报告盈余下降或损失的企业将会面临更高的交易成本。②信息处理的成本致使外部关系人和潜在的债权人利用零盈余来作为判断企业的业绩的信号，从而决定其与企业之间的交易。因此，企业在借款过程以及借款后为避免违约都有进行盈余管理的动机。

Sweeny（1994）对由价款合同导致盈余管理的情况进行了研究，在研究过程中，她选取了样本和控制样本并且发现样本中的企业相对于控制样本，的确更多地利用了增加盈余的会计政策，并且还发现面临违约风险的企业更愿意尽早地采用那些可增加报告净利润的新会计准则。后来，Goncharov 和 Zimmermann（2007）为了分析会计信息在借款过程中的应用以及企业围绕借款过程的财务报告动机，对俄罗斯企业 1999—2004 年的数据进行了分析，结果发现企业对银行评价及其会计业绩的回报是信贷授予前和贷后监控中围绕零盈余目标进行盈余管理。李延喜等（2007）的研究表明：中国上市公司盈余管理问题产生的诱因也是因为债务契约的存在，上市公司付息债务比例和企业所承担的财务压力成正相关。

程敏（2009）选取了 2007 年我国 494 家制造业上市公司的数据作为样本，通过利用截面扩展的修正 Jones 模型对操纵性应计利润进行分离，得到盈余管理的操作程度，以此来检验盈余管理的契约动因，但得出的结果却是债务契约与盈余管理呈负相关关系，并且未通过显著性检验。经过多方面因素的考虑，其中的原因可能是因为当年的经济增长强劲、国内证券市场出现了非常规波动、新会计准则的颁布等一系列因素所致。

（3）隐含契约动机，又称关系契约。关系契约是公司与股东、雇员、供应商、贷款者和顾客之间的一种长期关系，代表着相关利益者基于公司过去业务的期望行为，同时也将为公司带来很多好处。例如，如果公司及其管理人员获得了一种遵守正式契约的声誉，他们将从供应商那里得到更多优惠，从贷款者那里得到较低的贷款利率。Bowen Du Charme 和 Shores（1995）对以隐含契约为目的的盈余管理进行了研究，研究发现：为了增强股东对管理人员继续履行合同责任的信心，管理者会高报利润以提高其隐含契约声誉。

3. 其他动机

（1）避税动机。基于税率差异的盈余管理行为的研究，主要集中在利润的跨期、跨地区或跨公司的转移。Dhaliwal 等（1992）发现公司会通过跨期转移盈余使其承担的税负最小化。Collins 等（1997）认为，一旦外国的平均税率高于本国税率时，跨国公司更容易实施基于所得税负的盈余转移。

2007 年新企业所得税法出台后，董巧敏（2008）通过实证研究以检验企业是否基于税收目的进行了盈余管理，结果表明财务能力较强的国有企业比财务能力较弱的私营企业做了更多的盈余管理会计处理。相对于规模较小的国有企业而言，规模较大的国有企业基于税收动机的盈余管理相对不显著，经过深入研究后，研究者发现其原因是规模较大的国有企业不仅要实现企业经济利益，而且还要承担更多的社会化目标和受到更多的税务部门监督。

（2）控股股东变更与高级经理人员更换动机。只要有经理市场，就会存在代理人之间的竞争，国内外的许多文献表明：代理人竞争与会计和盈余管理有关。

朱红军（2002）收集了1996—1998年期间所有上市公司更换大股东的数据，并且为了在一个较长时间内分析经营业绩的变化趋势，剔除了1994年以前上市的公司，研究结果表明经营业绩低劣的上市公司更容易更换高级经理人员，控股股东的更换和高管人员的更换伴随着严重的盈余管理。

De Angelo（1988）的一项研究证明了当总经理受到对其公司失去控制的威胁时，盈余管理就发生在代理权的竞争中。Pourciau（1993）研究了高管人员非常规变更与盈余管理的关系，发现新任CEO（首席执行官的简称）在变更当年会进行降低收益的盈余管理行为，其主要目的是为了将来公司有较高的盈余做铺垫。

（3）政治动机。在政治动机研究方面，国内只有田丰、周红（2000）对我国1997年的5家新闻行业上市公司在申请反倾销期间的盈余管理进行的检验，研究结果并没有发现调低应计利润的盈余管理的证据，这个结果与国外同类研究不一致，他们的解释是这些上市公司取得反倾销诉讼所得收益小于通过调高盈余管理取得配股资格所带来的收益，当然样本规模过小也可能是其结果与国外研究结果不一致的一个重要原因。

（4）监管动机。监管动机包括行业监管、反托拉斯监管以及其他政府监管。国外实证研究主要是对前两大块进行了研究。

①行业监管。在美国，所有的行业都要受到政府一定的监管，但是在银行、保险和公共事业等行业中，其监管是直接与会计数据挂钩。大量的研究发现这类行业有为了逃避行业监管而进行盈余管理的倾向，当其资本达不到规定要求时，银行就通过提高贷款损失准备和降低报坏账冲销额实现提高盈余的目的。Adiel（1996）还进行了有关行业监管的盈余管理行为频率的研究，他选取1980—1990年间1294个保险公司作为研究样本，发现在这些样本中有1.5%通过财务再保险来避免违反行业监管规定。

②反托拉斯监管。Watts和Zimmeran认为那些处于垄断的企业或接近垄断的企业等容易受到反托拉斯监管，这类的公司有进行盈余管理的动机，它们主要通过利用会计程序和方法的选择来使利润最小化。很多研究也得出了一致的结论。在1970—1983年中美国司法部与联邦贸易委员会对垄断性经营调查期间，Cahan发现被调查的企业相对于未调查期间，使用了更多的调减利润的项目。

第五节 收益质量分析

收益是会计的核心概念，也是会计信息使用者特别是投资者最关心的信息。会计信息使用者通常以会计收益为基础通过计算每股收益（EPS），净资产收益率（ROE）等指标对企业盈利能力进行评价。在目前的业绩报告制度下，会计收益仅反映收益的数量水平，难以反映收益质量。忽视收益质量的盈利能力评价是不全面的，不能为科学的决策提供有效的信息支持。

一、收益质量

（一）收益与收益质量的涵义

收益是一个看似明确实则含糊不清的概念，亚当·斯密最早在《国富论》中指出收益是指不侵蚀资本的可予消费的数额。20世纪初，美国著名经济学家欧文·费雪第一次提出了真实收益的概念，所谓真实收益是指经济财富的增加。1946年，约翰·希克斯在《价值与资本》一书中把收益表述为期末保持期初同样好的前提下个人可消费的最高数额，这种表述引入了资本保全的概念，即期末资本维持在期初水准的基础上才能确定收益。悉德尼·S.亚历山大进一步把希克斯的定义引申为公司年度收益的概念：公司向其权益所有者分配的数额，能保持公司年度的境况与年初的境况一样好。以上是经济学对收益内涵的论述，它力图计量企业的实际收益而非名义收益。经济学收益又称为"真实收益"。

经济学收益的理论价值是不可否认的，但由于经济学收益以预计为基础，可靠性低，影响了其在会计学中的应用，同时，会计的效应是双重的，会计收益既要为财富分配提供依据，同时又要满足会计信息使用者的其他特定决策需求，而在实务工作中，会计是以历史成本原则和权责发生制为基础，按配比原则通过对企业日常交易和事项确认、计量和记录从而计算会计收益。可见，会计收益与经济收益确定方式存在明显的差异，经济收益根据期末期初净资本的差额确定，基于实物资本保全观念，所体现的是以现行价值或公允价值为基础的"资产—负债观"，会计收益的确定基于财务资本保全观念，强调已实现收入与相关历史成本的配比，所体现的是以历史成本原则和实现原则为基础的"收入—费用观"。由于会计计价原则的局限性，并且在会计收益的计算过程中涉及会计人员的一系列主观职业判断，因此会导致会计收益与真实收益出现偏离。会计收益又被称为"观念收益"。

收益质量这个概念起源于西方，它是从证券市场基本面分析中逐渐演变而来的。基本面分析形成于20世纪30年代，目的是发现价值高估或低估的证券。一支低估或高估的证券，也就是价格低于或高于其"真实的"或内在的价值的证券。这种真实价值要经过仔细分析公司财务报表信息才能确定，财务报表信息能够预示公司是以高于还是低于目前市场价值成交。收益质量概念在20世纪60年代末70年代初变得更加著名。

作为财务报表分析的收益质量法的最著名的倡导者之一桑顿·L. 奥格洛弗，发表了一份投资咨询报告《收益质量》。奥格洛弗的方法涉及收益构成因素的详细分析，以便评价所报告的收益的持久程度。在西方财务报表分析界，收益质量这个术语主要有两种不同的定义：一种观点认为收益质量与收益的持久性相关，也就是高质量收益反映出收益能够维持更长时间。另一种观点是收益与其在股票市场的表现有关。这种观点认为收益和市场回报的相关性越强，收益质量就越高。

近年来，我国有许多学者对收益质量的涵义进行研究，并提出了不同的观点。主要有三种：其一，收益质量是指会计收益与真实收益的匹配程度；其二，收益质量是指报表被认为是合格产品的情况下，利润表收益数额能由报表使用者直接使用的程度或放心使用的程度；其三，收益质量是指在谨慎的、一致的财务基础上，一家持续经营企业在某一时期创造稳定自由现金流量的能力。以上对收益质量的界定从特定的角度，主要是从会计收益与真实收益匹配程度和会计收益与实际现金流转匹配程度角度揭示了收益质量的一些基本特征。

美国财务会计准则委员会（简称 FASB，下同）在其第一号财务会计概念公告中明确指出：企业编制财务报告的目的是为现在的、潜在的投资者和债权人及其他用户提供信息，所提供信息有助于他们估量有关企业期望的净现金流入的数量、时间和或然性。在第二号财务会计概念公告《会计信息质量特征》中提出会计信息的两个主要质量特征：相关性和可靠性。相关性指财务报表信息必须与报表使用者的经济决策相关，信息应及时并具有反馈价值和预测价值。随着企业所面临的外部环境的不确定性增强，会计信息的相关性特别是预测价值越来越受到人们的关注。收益作为会计的核心信息理应有助于信息使用者预测企业未来净现金流入的数额、时间和或然性。所以，收益质量应包含两层含义：①会计收益与真实收益的匹配程度。会计收益与真实收益的对比可反映在过去的会计期间账面收益的真实性，体现收益信息的反馈价值，会计收益与真实收益的匹配程度取决于会计计价基础的适当性和会计收益确认过程中会计人员职业判断的中立性和适当性。②会计收益与企业未来净现金流量数额、时间、或然性的匹配程度，体现收益信息的预测价值。

（二）收益的质量特征

根据以上分析，收益应包括真实性、现金保障性、持续性、稳定性和安全性五个基本的质量特征。

1. 收益的真实性

收益的真实性包含两个层次：一是收益的确定必须以实际发生的经济业务为基础并遵循会计准则和会计制度，这是收益最基本的质量要求，否则如果企业所报告的收益是虚假收益，不但不能为决策提供有效的信息支持，相反会误导信息使用者的决策。二是会计收益尽量与经济学的收益即真实收益接近，这需要对目前的会计模式进行改进。

2. 收益的现金保障性

会计收益的确认是建立在权责发生制和会计分期假设基础之上，是某一会计期间账面收入和账面费用配比的结果，体现为应计现金净流入的概念和可能财富的增加，并不直接等同于实际现金净流入与真实财富增加，只有当应计现金净流入成为实际现金净流入时才表明收益的真正实现。如果会计收益不能转化为足够的实际现金净流入，高的会计收益也仅仅是"账面富贵"，蕴含较大的风险，同时，由于会计的财富分配效应，这种"账面富贵"不仅不能提升企业价值，相反可能会损害企业价值。

3. 收益的持续性

目前企业收益的报告采用"损益满计观"，会计收益既包含经常项目带来的收益也包含非常项目带来的收益。然而，不同的收益构成项目对预计企业未来现金流量有不同的意义和价值。Ramakkrishnan 和 Thomas 将会计盈余按持续性分为三类：①持续性会计盈余（permanent earnings），这类性质的会计盈余预期将持续到公司未来会计年度。②暂时性会计盈余（transitory earnings），此类性质的会计盈余仅涉及当前会计年度，在以后会计年度不再发生。③价格无关会计盈余（price irrelevant earnings），此类盈余是由会计变更引起，它不影响企业当年经营业绩，也不影响以后年度经营业绩，会计政策变更产生的会计盈余变动仅仅是纸上变化（paper change）。显然，持续性会计盈余是企业综合素质和竞争能力的体现，对企业未来收益有较强的预测价值，而暂时性盈余和价格无关盈余，没有持续性，对企业未来收益无预测价值，收益持续性越强，收益质量越高。

4. 收益的稳定性

收益的稳定性是指企业收益水平变动的基本态势，如果企业某一期收益水平很高但缺乏稳定，也不是良好的经营状况的反映。收益的稳定有两种表现形式：一种是在连续几个会计年度，收益水平围绕在水平线上下波动且波幅很小；另一种是随时间延续，收益水平呈不断上升的趋势。当然，后者是利害关系人更愿意看到的。稳定性和持续性是两个不同的概念，收益的持续性取决于收益项目的来源，经常性业务带来的收益具有持续性，而偶发交易和事项带来的收益不具有持续性。收益的稳定性则取决于企业业务结构、商品结构、时效结构、收支习性结构及企业所面临的外部环境的稳定性。

5. 收益的安全性

收益与风险对称是经济生活中的普遍规律，企业在高风险状态下运行而获取中等甚至低水平的收益显然不是投资者所愿意看到的。收益的稳定性是企业所面临风险大小的表象特征，收益稳定性越差说明企业所面临的风险越大，反之，说明企业所面临的风险越小。企业外部环境的不确定程度、成本性态、资本结构、管理水平的不同组合导致企业面临不同的风险水平，从而决定企业未来收益的稳定性。风险是影响企业价值的两个基本因素之一，对企业收益质量进行评价，必须充分关注企业所面临的风险的大小。

二、收益质量的主要影响因素

西方财务报表分析师对什么是高质量的收益，什么是低质量的收益所进行的分析表明，可能影响企业收益质量的因素非常之多，这些众多因素所表现出的与企业收益的绝对水平和每年每股收益变化之间的关系，证明它们对收益质量是有明显影响的。具体因素见图5-1。

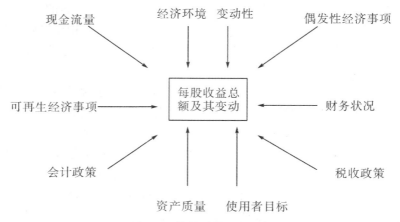

图 5-1　收益质量影响因素

使用图5-1列示的框架时，我们应该明白：对于所展示的各收益质量影响因素而言，没有一个影响收益质量的固定模式，能够认识到这一点十分重要。至于影响收益质量的单个因素或多个因素的组合孰重孰轻的问题，也没有一个完全统一或是一致的准则。事实上，随着经济环境、变动性以及每个报表使用者目标的不同，各影响因素之间的相对重要性可能会发生相应的变化。正如图5-1所指出的那样，收益质量并不仅仅涉及收益这一要素。一些经营活动、财务活动、行业因素特征也对收益质量的高低产生影响。

在分析影响因素或因素的组合对收益质量的作用时，客观把握这些方面是必要的。

1. 经营活动的影响

公司营业杠杆系数，指的是公司总成本中固定费用所占的份额。固定费用所占比例越高，营业杠杆系数越大，经营活动水平变化引起的潜在收益的变化就越大。公司收益波动的幅度越大，收益质量就越低，有关投资者承担的风险就越大。

如果公司变动成本占销售收入的百分比下降，为确定收益对费用和收入进行的配比将会变得比较困难，原因在于不容易确立收入和用来创造收入的费用之间的关系。如果公司具有这样的成本结构，在她们碰到经营问题时，会倾向于把有关的支出资本化而不是费用化。这种情况表明公司收益质量在下降。

对于资本资产密集的公司而言，资本资产维修费用充足与否是一项重要的收益质量影响因素。如果资本资产的维护不够充分，或者资本资产逐渐被淘汰了，公司收益倾向于被高估，有如公司有能力保持比较强的竞争力以及维持经营活动的有效性。这些收益被认为是低质量的。

2. 财务活动的影响

财务活动特征，如财务杠杆系数、流动性或融资能力，也会影响收益质量各影响因素的排列顺序。如果债务水平上升，进行其他债务融资的可能性会降低。并且，为了取得资金所支付的利息率可能会比现在的要高。固定利息支出上升时，收益的波动倾向会强烈，收益质量也就随之降低。

公司必须得到需要用于未来发展的资金，而且这些资金来源直接影响着收益质量。如果公司不能以合理的、可以承受的成本为它的发展提供资金，它可能无法维持原有的增长率，这可能会损害公司收益的稳定性。

流动性是评价公司短期偿债能力的一个关键因素。尽管流动性可能对当期报表收益不产生直接影响，但如果公司不能及时偿还到期债务，它可能会采取一些不适当的行为，这些行为将使未来收益变得更加不确定，风险更大。而且，对于非财务机构而言，如果收益中利息收入的比例比较高，这样的收益也被认为是低质量的。

3. 行业因素的影响

在评价公司收益质量时，必须进行行业分析。一个行业内可以接受的会计和财务实务，对于另一个行业而言，可能不能接受。例如，许多投资者认为，在公用事业领域中，把与建筑活动有关的借款利息资本化是可以接受的，因为未来调整后的产品价格可以反映对这个成本所作的补偿。相反，在工业企业中，即使会计准则要求把与建筑有关的借款利息进行资本化，也不像在公用事业领域里那样易于让人接受。原因在于，对于那部分资本化的成本而言，它的未来补偿的不确定性增加了。

和行业有关的政治和环境因素也会影响收益质量。一般而言，管理当局无法控制这些因素。例如，如果一家企业设在经济和政治环境不稳定的国家或地区内，它的收益可能被列为低质量。原因在于，那里存在着国有化和限制收益返还的风险。其他政府管制，如价格和工资控制，也可能对收益质量产生负面影响。

三、收益质量分析

尽管没有可以用来衡量收益质量的完全绝对的尺度，但从概念上来讲，可以对高质量和低质量收益两个极端情况作出区分。如果报表收益是对企业过去、现在和将来经济价值创造能力的可信任和可靠的评价，那么这项收益就被认为是高质量的。相对而言，所谓低质量，是指企业财务报表上的收益对企业过去的、目前的经济成果以及将来的经济前景的描述具有误导性。对收益质量进行分析，可以从定量评价及定性评议两方面展开。

（一）定量分析

1. 现金流量分析

（1）经营现金净流量与净利润比率（净利润现金含量）

$$经营现金净流量与净利润比率 = \frac{经营现金净流量}{净利润} \times 100\%$$

经营现金净流量与净利润比率是指将经营活动产生的现金净流量与净利润进行比较，来判定企业的盈利质量。一般而言，没有现金净流量的利润，其盈利质量是不可靠的。如果一家公司的经营现金净流量与净利润比率等于 0 或为负值，说明其利润不是来自经营活动，而是来自其他渠道，其长期盈利能力没有可靠保证。因为经营活动现金净流量是从经营活动中产生的现金，与净利润相比，它能够更加确切地反映公司的经营业绩，充足稳定的现金流量是公司生存的基本保证和稳定、持久的盈利来源，而其他投资活动或筹资活动所获得的盈利一般都缺乏持久性和稳定性，不能作为公司长期盈利的保证。因此，该比率能够用以评价公司利润质量，且经营现金净流量与净利润比率越大，说明公司的利润质量越好。

（2）现金营运指数

$$现金营运指数 = \frac{经营现金净流量}{经营所得现金} \times 100\%$$

经营所得现金 = 经营净收益 + 非付现费用

经营所得现金是经营活动净收益与非付现费用之和。该指标反映经营所得现金中产生现金净流量的能力。小于1的营运指数，说明利润质量不够好。因为，如果营运指数小于1，说明经营现金净流量小于经营所得现金，它们的差额被投入到营运资金上，即应收账款增加、应付账款减少、存货增加等使实际得到的经营现金减少；同时说明一部分收益尚没有取得现金，停留在实物或债权形态，而实物或债权资产的风险大于现金，应收账款能否足额变现是有疑问的，存货也有贬值的风险，所以未收现的收益质量低于已收现的收益。另外，营运指数小于1，说明营运资金增加了，反映为取得同样的收益占用了更多的营运资金，取得收益的代价增加了，同样的收益代表着较差的业绩。

2. 资产质量分析

（1）流动资产周转率

$$流动资产周转率（次） = \frac{主营业务收入净额}{平均流动资产总额}$$

流动资产周转率是评价企业资产利用效率的一个主要指标。它反映了公司流动资产的周转速度，是从公司全部资产中流动性最强的流动资产角度对其资产的利用效率进行分析，以进一步揭示资产质量的主要因素。一般情况下，该指标数值越高，表明上市公司流动资产周转速度越快，流动资产会相对节约，其意义相当于流动资产投入的扩大，在某种程度上增强了上市公司的盈利能力，收益质量相对较高。而周转速度慢，则需补充流动资金参加周转，形成资金浪费，降低上市公司盈利能力。同时，在分析该指标时，还可以进一步分析应收账款周转率和存货周转率。

（2）不良资产比率

$$不良资产比率 = \frac{年末不良资产总额}{年末资产总额} \times 100\%$$

年末不良资产总额是指企业资产中存在问题、难以参加正常生产经营运转的部分资产，主要包括三年以上应收账款、积压商品物资和不良投资等。该指标从应收账款、积压商品物资和不良投资三个方面反映企业资产质量，揭示了企业资产管理和使用上存在的问题。由于企业资产是企业未来生产经营的前提，是企业可持续发展的重要基础，管理当局常常为了当期的收益水平而"贴现"未来收益，资产质量将在很大程度上影响企业的收益质量。该指标反映了企业利润不实的程度以及前些年的经营状况和历史包袱情况。该指标值越高，企业业绩失真，影响企业实际偿债能力与资金周转的可能性越大，企业利润水分越多，收益质量越低；反之，则越高。

3. 利润构成分析

（1）主营业务鲜明率

$$主营业务鲜明率 = \frac{主营业务利润}{利润总额} \times 100\%$$

主营业务鲜明率也即主营利润比重，是主营业务利润与税前利润总额的比率，它反映企业主营业务鲜明的程度，是评价企业经营效益稳定性、持久性的重要指标。利润的不同组成成分有不同的持久性，盈利的持久性是其组成成分的不同持久性的平均数。收益质量与其持久性呈显著的正相关关系，而主营业务利润鲜明率又在很大程度上决定了企业的收益质量和盈利能力。因此企业要能持续发展，只有扎根主业，锻造核心盈利能力，不断提高主营业务利润的比重，才能增加公司的价值。

（2）非经常性损益占净利润比例

$$非经常性损益占净利润比例 = \left(1 - \frac{扣除非经常性损益后的净利润}{净利润}\right) \times 100\%$$

$$非经常性损益 = 净利润 - 扣除非经常性损益后的净利润$$

非经常性损益占净利润比例是指非经常性损益与净利润的比率，它反映了公司非经常性损益对当期净利润的影响。由于经常性损益反映公司持久的盈利能力及可持续发展能力，而非经常性损益具有一次性、偶发性的特点，所以，非经常性损益占净利润的比例越低，则说明公司收益质量越高；非经常性损益占净利润的比例越高，则收益质量越低。通过对这一指标的分析，可以判断出企业当期盈利额增减的实际原因。

（二）定性分析

鉴于收益质量影响因素的复杂性，使得几乎没有用来衡量收益质量的绝对尺度。为了更准确把握企业的收益质量，在以上指标对企业收益质量进行定量判断的同时，还须进行必要的定性分析。定性评议指标是用于评价企业资产经营及管理状况等的多方面非计量因素，是对定量指标的综合补充。

1. 注册会计师出具的审计意见

根据《股票发行与交易管理暂行条例》及其实施细则以及中国证监会关于公开发行股票公司信息披露的内容与格式准则第二号——《年度报告的内容与格式》的有关规定，上市公司在年报中披露的财务报告必须经过具有证券从业资格的注册会计师审计并出具审计意见。根据注册会计师的审计结果及形成的六种类型的审计意见，大致可以对企业的收益质量进行一个简单的排列，即收益质量从高到低依次可能是无保留意见、无保留意见加说明段、保留意见、保留意见加说明段、否定意见和拒绝表示意见。

此外，在对注册会计师出具的审计报告进行分析时，必须关注与可能的收益质量有直接关系的一些审计报告异常。如审计报告异常的长；含有异常的措辞；提及重要的不确定性；审计报告公布的时间比正常的时间晚；或者指出审计人员发生了变更。这些异常有可能意味着对于以何种方式反映一项交易，注册会计师与企业管理当局的意见不一致。这些不一致通常是与那些对收益质量有重大影响的结果具有不确定性的交易或事项有关。此外，还必须关注公司更换注册会计师的情况，一般而言，审计人员不会轻易放弃客户。但管理当局企图降低收益质量，而注册会计师不予配合时，注册会计师可能将会被解雇。

2. 企业生产经营政策的变化

企业在生产经营过程中，一般会维持其正常的基础管理水平，基础管理水平是指公司按照国际规范做法和国家政策法规的规定，在生产经营过程中形成和运用维系公司正常运转及生存和发展的企业组织结构、内部经营管理模式、各项基础管理制度、激励与约束机制、信息系统等的现状及贯彻执行状况。在收益质量分析中，需要重视企业基础管理水平的变化，尤其是企业生产经营政策的变化。例如，企业管理成本中的广告费用总额或其与销售收入之间的相对数的下降应该予以警惕，因为为了使公司能够达到它的利润目标，这些费用经常被人为地调整。发生这种情况时，应该对公司长期利益是否受到威胁提出质疑；又如，应收账款的增长与过去的经验不一致。为了达到企业的收益目标，公司可能正在使用信贷措施来创造销售额。这些销售可能是提供给那些具有较高风险的客户的；再如企业毛利率的下降。价格竞争可能正在损害公司利益，公司成本可能失去了控制，或者公司产品组合可能正在发生变化。此外，在考虑企业经营政策变化对收益质量的影响时，对于公司过分依赖核心业务以外的收入来源，一次性偶发收入的增加等都需要谨慎分析，因为它们可能正在侵蚀公司的收益质量。

3. 企业会计政策的变化

在企业的持续经营过程中，企业的财务会计政策保持相对的稳定是必要的。对于企业财务会计政策的变更，我们需要关注其可能对收益质量产生的影响。警惕公司会计政策、会计估计或已经存在的会计政策在一个比较自由问题上的运用方式发生变化。这种变化可能是公司经济状况发生变化的一个信号，或者进行这种变化仅仅是为了创造更高的收益增长率。例如，企业无形资产非正常的上升，可能表明企业当期收入不足以吸收、消化应当归于当期的开销花费，而可能采取对费用进行资本化的行为。又如以后应归入税收费用的递延税款的增加，表明公司对于公开披露资料的会计处理更加自由，或者企业的应税所得正在下降。此外，企业当期非正常的大量举债，开展大规模的负债经营，可能说明企业依靠内部产生的资金已经难以满足目前的资金需要，必须借助于增加财务风险的负债方式。在进行该类分析时，对于那些曾经有使用会计政策达到收益预期行为历史的企业，尤其需要关注。

4. 其他非正常的事项

收益质量分析是一项高成本的分析性活动。把主要精力集中于经验表明最有可能发现收益质量下降的公司情形，关注那些异常的变动，将是一件事半功倍的事情。需要重点关注的异常事项主要有：

（1）公司已经取得了巨大的市场份额，并且增长幅度比同行业更大。因为份额越大，比行业增长得更大就越困难。

（2）公司业绩让人难以置信地好。销售收入、利润和现金余额都不约而同地上升。

这很有可能与企业的一些特定的销售安排或创造性的存货转移（并非实质意义上的销售）有关。

（3）企业增长迅速。在迅速增长期间，很难做到正确对待公司的内部控制，因此也就比较难发现具有欺诈性的会计实务。

（4）公司为了达到每股收益目标，以牺牲企业其他方面的明显利益为代价，如暂停管理当局既定的增长率。公司这样做的目的是为了达到收益目标，而不管使用的方法和对企业未来的可能损害。

总之，通过仔细阅读财务报表、财务报表补充资料、财务报表注释、公司财务情况说明书和审计报告等文件，并进行简单的分析，报表使用者应该可以看出大多数降低收益质量的来源。但是，另有所图的公司经理一定会千方百计采取避免财务报表反映公司实际处境的措施。因此，企业收益质量分析是一个复杂的过程。并且这个过程具有一定的主观性，目前使用的分析方法可能存在缺陷，因此，评价一家公司的收益是"高质量"、"可接受的质量"，还是"低质量"时，必须考虑报告公司的整体环境。而且，对于如何计量收益质量，没有一个统一的标准，每一个从事收益质量分析的人必须培养他自己对什么是高的收益质量、什么是低的收益质量，以及许多不高不低的收益质量的理解。对于具体某家公司而言，每个分析人都可能使用各自的标准去衡量它的收益质量水平。其实在证券市场上收益质量评价标准也不是一成不变的。有时候，证券市场能够容忍某一水平的收益质量，而在有的时候却对此并不领情。充分了解目前证券市场对企业收益质量的整体要求，有助于对企业收益质量以及收益质量与企业盈利能力和股票价格关系的深入理解。

本章思考题：

1. 对于投资者来说，企业盈利能力有什么意义？
2. 对一般企业来说，可以从哪几个方面进行盈利能力分析？
3. 影响净资产收益率的因素有哪些？它们是如何作用于净资产收益率的？
4. 简述进行市盈率分析时应注意的问题。
5. 什么是收益质量？
6. 收益质量的主要影响因素有哪些？
7. 如何进行收益质量的分析？

第六章 企业现金流量分析

本章导读

通过本章学习，学生应该掌握企业现金流量分析的基本原理和主要方法，能够比较准确地借助于现金流量，分析、判断企业的财务状况和经营业绩，为需要有关信息的报表使用者作出相应的决策提供高质量的决策依据。学习目标具体包括：准确把握现金流量的有关概念和分析原理，对现金流量信息对信息使用者的重要意义有科学的认识；掌握主要现金流量分析方法的基本内容和方法，并能够灵活运用于财务报表分析实践。

第一节 现金流量分析概述

在任何企业，现金都是最为重要的一项资产，企业开展各项业务活动的最终结果都会体现到现金流量是否达到了相关利益主体的预期。企业现金流量是伴随着企业的经营活动、筹资活动和投资活动产生的，而这些活动的背后是一系列业务交易行为。现金流量一定程度上反映了企业交易行为的合理性与有效性，并动态反映着企业业务、业绩的变化过程与企业财务状况的质量与经营成果的水平。

一、现金流量的含义与分析内容

（一）现金流量的含义

现金流量是一个有着丰富内涵的财务范畴，它有着不同的研究和分析视角，例如一般现金流量、自由现金流量、折现现金流量等。由于企业财务报表分析的主要载体是财务报告，故此处我们就财务报表分析中主要使用的企业现金流量，即一般现金流量进行讲解。一般现金流量是指企业在某一时期的现金流入、流出和净流量，例如企业销售商品、提供劳务、出售固定资产、从银行借款等取得现金，形成企业的现金流入；购买商品、接受劳务、购建固定资产、对外投资、偿还债务等支付现金，形成企业的现金流出；同一时期的现金流入量减去现金流出量则等于企业现金净流量。在财务报表分析中若未特别说明，现金流量指的是一般现金流量。

按照实质重于形式原则以及现金流量的形成来源和流向，现金流量可分为经营活动现金流量、筹资活动现金流量和投资活动现金流量三种。经营活动现金流量，是企业销售商品、提供劳务或购买商品、接受劳务等经营活动引发的现金流入或现金流出，对绝大多数企业而言，良好的经营活动现金流量是企业生存和发展的基础。投资活动现金流量是指企业长期资产的购建和处置活动所引发的现金流入或现金流出，如果企业因自身扩大营业或对外扩张而进行投资，可能会使用大量的现金，从而使该会计期间内投资活动现金净流量减少，甚至出现负数。筹资活动现金流量，是指企业进行资金筹集活动，如发行股票、债券，举借债务、偿还借款等活动引发的现金流入或现金流出，是伴随企业资本及债务规模变动而出现的现金流量。会计学的复式记账保证了在某一会计年度内上述三项现金流量之和等于资产负债表中现金的变化值，这成为现金流量表与资产负债表的一种重要勾稽关系。

（二）现金流量分析的内容

1. 创现能力分析

创现能力是指企业创造现金净流量的能力，它是从一个崭新的视角——现金流量角度来评价企业的产出效率。由于对企业获利能力高低的判断，往往取决于企业提供的利润信息，而利润信息由于受企业会计政策的主观选择、应收账款等资产的质量、利润的构成、利润的确认与计量等原因的影响，存在较为严重的质量问题，从而在很大程度上制约了利润信息和获利能力分析的真实性。由于现金流量相对于利润指标有一些明显的优势，它可以在一定程度上弥补利润固有的缺陷。例如，由于现金流量的计量很少涉及确认问题，根本不涉及对会计政策的选择，故具有较强的可比性。创现能力的分析能够帮助投资者、债权人预测企业未来股利分配的能力以及因清算而能够分得或偿还本金的数量；使得投资者、债权人能够准确估计企业的偿还能力与对外融资能力；帮助经营者正确认识企业资产的流动性和财务弹性的大小。

2. 企业收益质量分析

我们在上一章已经借助于现金流量对收益质量进行评价。利润和现金流量作为同一企业两种不同的业绩评价指标，它们都能够从某一层面反映企业的经营成果，而且基于它们之间存在必然的联系，利用它们之间的关系，能够很好地评价企业的收益质量。这是因为企业利润是以权责发生制为基础计算出来的会计指标，而现金流量是以收付实现制为基础计算出的财务指标。一般来说，净利润增加，现金净流量也将增加，净利润的减少，现金净流量也将减少。它们之间的协调程度越高，即现金净流量与净利润的伴随性越好，企业的净利润就有充足的现金净流量作保证，净利润的现金含量越高，企业的收益质量就越高。

3. 企业现金规模的合理性分析

现金是企业变现能力最强的资产，可以用来满足生产经营开支的各种需要，也是还本付息和履行纳税义务的保证。因此，拥有足够的现金对于降低企业的财务风险，增强资产的流动性和偿债能力具有重要意义。但是，现金属于非盈利性资产，由于其持有的机会成本很高，现金持有量过多，它所提供的流动性边际效益会随之降低，进而导致企业的收益水平下降。因此，企业必须合理确定现金持有量，使现金收支不仅在数量上而且在时间上相互衔接，以保证企业生产经营活动所需现金的同时，尽量减少企业闲置的现金数量，提高资金收益率。

4. 现金流量中流入流出结构的合理性分析

既然企业的现金流量是由企业经营活动、投资活动和筹资活动所引起的，而且每一类活动都会导致现金流入和现金流出，从而影响企业的现金流量，那么这三类活动对企业现金流入量和现金流出量的影响到底应保持何种程度，才能使企业处于稳健经营状态，这就需要进行现金流入和现金流出结构的分析。一般来说，在现金流入和流出总量中，经营活动和筹资活动所引发的现金流入和现金流出如果占较大比重，则表明企业现金流入流出结构是相对合理的。

二、现金流量分析的目的

企业的利益相关者，诸如企业投资者、债权人和管理当局都会对现金流量予以越来越多地关注，主要原因在于两个方面：其一，由于物价变动侵蚀货币购买力，而传统会计又是以稳定的货币作为计量单位和前提条件，企业账面很难准确地体现企业的真实财务状况，投资者如果仅以利润指标衡量企业业绩有可能导致投资决策失误；其二，由于传统财务会计广泛使用权责发生制原则、配比原则和实现原则，以资产负债表和利润表为基础建立的财务报表分析体系存在明显缺陷，而现金流量信息在反映企业的偿债能力、财务弹性、获利能力等方面有着修正作用。可以看出，现金流量体现了较强的实际意义。现金流量分析的目的可以表述为：从现金流量角度为企业信息使用者的有关决策提供依据。针对不同的信息使用者，具体表现为：

1. 企业管理当局

基于经营者在企业的受托责任，企业管理当局完成受托责任的前提是应关注企业的生存、发展这一企业目标。而从现金角度看，企业经营的一般原则是：销售商品与提供劳务所收到的现金应该超过为生产商品与接受劳务而支付的现金。在西方企业经营中，素有"现金至上"（Cash is King）的理念。因而，企业管理当局现金流量分析的目的是判断企业交易活动创造现金流量的能力，并通过分析企业账面净利润与经营活动现金净流量之间的差异和产生差异的原因来发现企业各项业务活动中存在的不足，并据以寻求改善和加强企业经营管理的对策和措施。

2. 企业投资者

企业投资者投资于企业的根本目的是追求最大化的投资回报及资本利得，而企业能够支付的股利水平在很大程度上取决于企业的现金流量状况。因而企业投资者现金流量分析的目的是判断企业创造有充足现金净流量保障的净利润的能力、企业可能的股利支付能力以及其潜在风险。一般而言，只要伴随利润增长并出现长期现金流量的改善才有助于企业股票价格上涨，这样，现金流量分析就有助于企业投资者作出是继续持有企业股票还是退出企业抑或是对企业以后的经营政策提出改进要求。

3. 企业债权人

企业债权人关注企业财务状况的目的是关心自身债权的安全保障程度，即企业具备的偿债能力；加之现金在企业偿债能力中的重要地位，企业债权人现金流量分析的目的是判断企业基于现金流量的偿债能力的高低以及企业的信誉。由于不同债权人的身份、债权差异，不同类型的债权人所关注的问题也有所差异。短期债权人侧重于企业的短期偿债能力，因而关注企业基于现金净流量数额的财务灵活性分析。而长期债权人关心企业的长期偿债能力，其分析会偏向于企业举债效率高低，即企业（或项目）负债的现金流量产出。

此外，现金流量还可以作为企业其他相关利益主体维护自身利益而进行的财务报表分析的重要内容，如供应商、销售商通过现金流量分析可以判断其与该企业发生经济业务关系的可行性。总之，企业现金流量分析连接了企业财务状况分析和经营成果分析，可以更加准确地预测未来企业价值变动的趋势。

三、影响现金流量的因素

1. 企业经营状况

企业为了生存，必须获得现金，以便支付各种商品和服务的开支。尽管企业可以通过外部筹资来获取资金，但主要的现金来源离不开企业的经营活动。根据净利润与经营活动现金净流量的关系，在正常情况下，企业实现的净利润越多，对应的经营活动现金净流量也就越多；相反，企业实现的净利润越少，对应的经营活动现金净流量也就越少。因此，影响企业赚取净利润的因素，同时也是影响企业现金流量的因素。

企业利润的形成具有层次性：第一层次，企业的利润是因各种业务活动而产生的，因而要分析它们对现金流量的影响；第二层次，企业各项业务活动又是由一系列因素构成的，如企业的主营业务就是由产品生产及销售商品或提供劳务两个最主要的环节构成，而这两个环节一个形成企业的现金流出，一个形成企业的现金流入；第三层次，企业的主营业务是由更加具体的交易或业务循环构成的，交易或业务循环同时伴随着现金循环的重叠出现，因而，这两种循环之间的协调性和匹配性就值得研究；第四层次，交易或业务循环是由多环节的相互关联的具体项目构成的，各项目的不同变化必然导致现金流量随之发生变化；第五层次，在企业的整个价值链的背后还有更深层次的影响因素，这些因素是导致企业价值链上每一个环节的具体项目变化的最基本原因，诸如企业规模、管理结构、地域范围、企业与其他供应商、客户的合同要求、企业与其产品代理商的协议等影响。可以说，经营活动的现金净流量创造是企业最具活力的主要标志之一。

2. 流动资金管理水平

此处的流动资金就是指企业维持日常经营所需的资金，它基本上等于企业存货加上应收账款减去应付账款的余额（可以理解为营运资本）。很明显，存货库存时间的延长、产品生产周期的延长、应收账款收账期的延长、应付账款付款期的缩短等都会导致流动资金的高额占用，进而导致较长的现金回收期，影响企业的现金流量状况。而通过高水平的营运资金管理，可以实现较短的现金回收期，提高企业现金流量状况。这样通过分析影响企业的存货周转期、应收账款的收账期及应付账款的付款期的各种因素，就能够找到影响企业不合理营运资本占用的根源。其一，存货周转期的相关分析。可以从原材料周转期、在产品的生产周期及产成品的周转期三个角度展开，深入下去就会涉及企业生产部门及销售部门等诸多职能部门的运作效率。其二，应收账款周转期的相关分析。可以从应收账款结构的变化原因、企业信用政策的变化原因、债权人的财务实力等展开分析。其三，应付账款周转期的相关分析。这主要是对企业货款支付过程进行的分析，因为在合理的范围内尽量延长货款支付时间应该是企业一项正常的信用政策。企业应该对付款程序的每一个环节予以仔细审查，尽可能缩短现金回收期。

3. 企业融资能力

确保满足企业预期经营规模的资金需求是企业融资活动的最主要功能。但一般而言，企业现金来源不能过度依赖企业融资取得，因为企业筹资的目标是既满足企业资金需要，又不至于导致企业财富的损失。因而企业融资活动应是一项极为谨慎的企业行为。当企业无论是发行股票吸收权益性投资，还是发行公司债券或票据、取得银行借款及其他长期、短期贷款等，都会使企业现金流量有较大幅度的增加；而当企业偿还到期的债券或银行借款、支付融资租赁租金中的本金部分及发行股票、公司债券或其他筹资形式而支付费用时，又会使企业现金流量大幅度减少。由于企业能否实现筹资目标要取决于企业外部及内部自身的诸多因素，为筹资而筹资是很危险的，在企业中筹资活动与投资活动一般要具有较强的匹配性，否则就会加大企业的财务风险。

4. 企业投资状况

企业投资活动是企业进行的以盈利为目的的资本性支出活动。企业投资既包括企业内部使用资金的过程，如购置固定资产、流动资产、无形资产等，也包括对外投放资金的活动，如购买其他企业的股票、债券等。企业的投资过程就是一个现金流出企业的过程。企业处于不同的生命周期的阶段，对投资的要求不同，资金需求量也就不同。比如对于处于成长期的企业来说，投资增长会耗费大量的资源，使得企业的现金流出量增加，减少企业的现金保有量。而对于专用性较强的投资，其变现期限较长，变现能力受到一定的限制，当企业的投资增长过快时，容易导致现金短缺。

第二节　现金流量表的一般分析

现金流量表是以收付实现制为编制基础，反映企业在一定时期内现金收入和现金支出情况的报表。对现金流量表的分析，既要掌握该表的结构及特点，分析其内部构成，又要结合其他财务报告信息进行综合分析，以求全面、客观地评价企业的财务状况和经营业绩。

企业的现金流量由经营活动产生的现金流量、投资活动产生的现金流量和筹资活动产生的现金流量三部分构成。这种分类对于现金流量的分析是十分重要的。深入分析现金流量及其结构，可以了解企业现金的来龙去脉和现金收支构成，评价企业经营状况、创现能力、筹资能力和资金实力。经营活动现金流量说明了企业因从事商品销售、劳务提供等经营活动而产生的现金流量的数额及构成情况，这部分现金流量是整个现金流量表分析的重点。因为贷款利息的支付、本金的偿还以及股利的分配等都需要动用现金，而经营活动产生的现金流量是满足这些需要最为根本的来源。尽管在某些情况下（如企业处于快速发展时期），经营活动的现金净流量为负值，此时，企业可能向外大量筹资来满足现金需求，但从长期来看，充足的经营活动现金流量对企业的生存和发展是至关重要的。

1. 经营活动现金流量分析

经营活动是企业维持生存发展的基本活动，在对现金流量信息进行分析时，经营活动现金流量应当是重点，原因是经营活动是公司一切活动的核心和重点。一般地，公司的投资活动和筹资活动要为经营活动服务，而且作为一个健康运转的企业，经营活动应当是现金流量的主要来源。在财务报表分析中，应该注意利润表中的净利润与现金流量表中的经营活动现金净流量的区别。净利润反映企业的经营成果，对其分析可判断企业的获利能力，而对经营活动现金流量分析可观察企业流动性、偿债能力和收益质量。在现金流量表分析中，首先应该关注经营活动现金流量，将销售商品、提供劳务收到的现金与购进商品、接受劳务付出的现金进行比较。在企业经营正常、购销平衡的情况下，二者比较是有意义的。前者相对于后者比率大，说明企业的销售利润大，销售回款良好，创现能力强。将销售商品、提供劳务收到的现金与经营活动流入的现金总额比较，可大致说明企业产品销售现款占经营活动流入的现金的比重有多大，比重大，说明企业主营业务突出，营销状况良好。将本期经营活动现金净流量与上期比较，增长率越高，说明企业成长性越好。

2. 投资活动产生的现金流量分析

投资活动现金流量反映了企业对外投资、购置固定资产等活动的现金流量。对投资活动现金流量的分析可以说明企业是缩小、维持现有经营规模，还是扩大将来的经营规模，并进而判断企业未来经营活动现金流量的变动趋势。当企业扩大规模或开发新的利润增长点时，需要大量的现金投入，投资活动产生的现金流入量补偿不了流出量，投资活动现金净流量为负数，但如果企业投资有效，将会在未来产生现金净流入用于偿还债务，创造收益，企业不会有偿债困难。因此，分析投资活动现金流量，应结合企业目前的投资项目进行，不能简单地以现金净流入还是净流出来论优劣。

3. 筹资活动产生的现金流量分析

筹资活动的现金流量提供了企业从外部获取资金的信息，也反映出企业的资本结构、股利的支付、债务的取得或偿还等情况。一般来说，筹资活动产生的现金净流量越大，企业面临的偿债压力也越大，但如果现金净流入量主要来自于企业吸收的权益性资本，则不仅不会面临偿债压力，资金实力反而增强。因此，在分析时，可将吸收权益性资本收到的现金与筹资活动现金总流入比较，所占比重大，说明企业资金实力增强，财务风险降低。

第三节　现金流量表的水平分析

尽管现金流量表提供了公司财务状况变动的动态信息，但现金流量表毕竟提供的只是历史信息，这只能代表公司的过去。现金流量表一般分析只说明了企业当期现金流量变动的原因，没能揭示当期现金流量变动与前期或预测现金流量变动的差异，很难预测企业未来现金流量的变动趋势。为解决这一问题，可采用现金流量表水平分析法对现金流量表进行分析，即开展现金流量表的水平（趋势）分析。运用水平分析法通常要计算反映变动趋势的指标，如增减率、增减额或趋势比率。现金流量表的水平分析主要应该关注两个方面：

（1）经营活动现金流量趋势。经营活动现金流量是企业最重要的现金来源，如果经营活动的现金流量长期处于紧张状态，往往说明企业经营存在较大的隐患，尤其是账面盈余而经营活动现金流量长期紧张的公司。分析经营活动现金流量的趋势，一是要与企业净利润的增长趋势相联系；二是要分别分析个别经营活动现金流入项目与现金流出项目的增长趋势，以找出经营活动现金净流量变动的主要原因。

（2）投资活动现金流量趋势。投资活动现金流量趋势分析的重点，一是考察企业投资活动的现金流向，比如，是主要用于企业内部生产能力的扩张还是用于对外投资扩张；二是要考察企业投资活动所需现金的主要来源。考察投资活动的资金来源时，同时要注意结合筹资活动现金流量趋势和经营活动现金流量趋势分析。

下面以海信为例，编制比较现金流量表（又称水平分析表）进行现金流量水平分析，见表6-1。

表6-1 　　　　　　　　　　海信现金流量水平分析表　　　　　　　　单位：元

项　　目	2012 年	2011 年	增减额
一、经营活动产生的现金流量：			
销售商品、提供劳务收到的现金	24 641 296 894.25	19 751 984 568.30	4 889 312 325.95
收到的税费返还	7 580 971.10	6 492 229.49	1 088 741.61
收到其他与经营活动有关的现金	428 535 274.13	348 693 021.03	79 842 253.10
经营活动现金流入小计	25 077 413 139.48	20 107 169 818.82	4 970 243 320.66
购买商品、接受劳务支付的现金	20 695 419 847.94	15 744 330 240.03	4 951 089 607.91
支付给职工以及为职工支付的现金	1 325 112 441.91	1 083 071 937.38	242 040 504.53
支付的各项税费	1 073 040 560.48	1 120 160 765.16	−47 120 204.68
支付其他与经营活动有关的现金	1 750 079 836.59	1 364 136 116.70	385 943 719.89
经营活动现金流出小计	24 843 652 686.92	19 311 699 059.27	5 531 953 627.65
经营活动产生的现金流量净额	233 760 452.56	795 470 759.55	−561 710 306.99
二、投资活动产生的现金流量：			
收回投资收到的现金	410 000 000.00		410 000 000.00
取得投资收益收到的现金	8 501 955.53	3 534 000.00	4 967 955.53
处置固定资产、无形资产和其他长期资产收回的现金净额	628 862.18	7 559 414.84	−6 930 552.66
处置子公司及其他营业单位收到的现金净额	338 604.14		338 604.14

表6-1（续）

项　目	2012 年	2011 年	增减额
投资活动现金流入小计	419 469 421.85	11 093 414.84	408 376 007.01
购建固定资产、无形资产和其他长期资产支付的现金	464 720 052.06	316 480 874.44	148 239 177.62
投资支付的现金	1 392 000 000.00		1 392 000 000.00
取得子公司及其他营业单位支付的现金净额	9 963 619.70		9 963 619.70
支付其他与投资活动有关的现金		102 730.73	-102 730.73
投资活动现金流出小计	1 866 683 671.76	316 583 605.17	1 550 100 066.59
投资活动产生的现金流量净额	-1 447 214 249.91	-305 490 190.33	-1 141 724 059.58
三、筹资活动产生的现金流量：			
吸收投资收到的现金	14 899 677.60	22 504 102.10	-7 604 424.50
其中：子公司吸收少数股东投资收到的现金	7 295 577.00	14 900 000.00	-7 604 423.00
筹资活动现金流入小计	14 899 677.60	22 504 102.10	-7 604 424.50
分配股利、利润或偿付利息支付的现金	10 235 577.00	175 780 343.00	-165 544 766.00
其中：子公司支付给少数股东的股利、利润	10 235 577.00		10 235 577.00
筹资活动现金流出小计	10 235 577.00	175 780 343.00	-165 544 766.00
筹资活动产生的现金流量净额	4 664 100.60	-153 276 240.90	157 940 341.50
四、汇率变动对现金及现金等价物的影响	-4 867 561.96	-7 390 846.08	2 523 284.12
五、现金及现金等价物净增加额	-1 213 657 258.71	329 313 482.24	-1 542 970 740.95
加：期初现金及现金等价物余额	2 766 219 940.16	2 436 906 457.92	329 313 482.24
六、期末现金及现金等价物余额	1 552 562 681.45	2 766 219 940.16	-1 213 657 258.71

从表 6-1 可以发现，2012 年公司现金净流量比上年减少约 15 亿元。其中 2012 年经营活动现金流量净额比上年减少了约 5.6 亿元，投资活动产生的现金流量净额比上年减少了 11 亿元，筹资活动产生的现金流量净额比上年增加了约 1.6 亿元。

经营活动现金净流量的减少，从经营活动现金流入与其现金流出的对比看，主要是经营活动现金流出的增加超过现金流入增加引起的，其中销售商品、提供劳务收到的现金较 2011 年增加约 48.9 亿元，但与此同时购买商品或劳务的支出比上年增加了 49.5 亿元。这说明公司 2012 年销售商品产生的现金流量为负，这对企业来说是很危险的。

投资活动现金净流量减少的主要原因是由于本年度投资现金流出量增加超过现金流入量增加所致。相对 2011 年，2012 年投资现金流出量比上年增加约 15.5 亿元，而投资活动现金流入比上年增加约 4 亿元，投资现金流入与投资现金流出相抵，使投资现金净流量减少 11 亿元。

筹资活动现金净流量的增加主要是由于本年度筹资活动现金流入量的减少小于现金流出量的减少。公司 2012 年吸收投资收到的现金较去年减少了 760 万元，分配股利、利润或偿付利息支付的现金较去年减少了约 1.7 亿元，筹资现金流入与筹资现金流出相抵后，使得公司筹资活动现金净流量有所增加。

经营活动现金流量状况是企业现金流量分析的重点，这不仅因为经营活动现金流量是企业现金流量的最重要组成部分，而是因为经营现金流量水平可以反映企业的经营水平和财务成果质量水平。因此，对现金流量表水平分析还需借助现金流量表补充资料进一步对经营活动现金流量进行分析。

表 6-2 是海信现金流量表补充资料的水平分析表。

表 6-2　　　　　　　海信现金流量表补充资料的水平分析表　　　　　单位：元

补充资料	本期金额	上期金额	增减额
1. 将净利润调节为经营活动现金流量：			
净利润	1 630 751 338.86	1 711 798 844.96	−81 047 506.10
加：资产减值准备	10 893 683.85	−560 746.17	11 454 430.02
固定资产折旧、油气资产折耗、生产性生物资产折旧	139 623 784.43	171 614 455.79	−31 990 671.36
无形资产摊销	8 290 922.00	6 392 036.61	1 898 885.39
长期待摊费用摊销	109 011 127.17	81 454 853.44	27 556 273.73
处置固定资产、无形资产和其他长期资产的损失（收益以"−"号填列）	454 967.79	−594 426.25	1 049 394.04
固定资产报废损失（收益以"−"号填列）			
公允价值变动损失（收益以"−"号填列）			
财务费用（收益以"−"号填列）	2 927 392.56	1 088 078.76	1 839 313.80
投资损失（收益以"−"号填列）	−30 763 705.76	−16 728 594.20	−14 035 111.56
递延所得税资产减少（增加以"−"号填列）	−1 989 083.56	−76 167 484.36	74 178 400.80
递延所得税负债增加（减少以"−"号填列）			
存货的减少（增加以"−"号填列）	−1 327 053 341.51	278 268 815.88	−1 605 322 157.39
经营性应收项目的减少（增加以"−"号填列）	−660 918 749.90	−3 395 234 042.21	2 734 315 292.31
经营性应付项目的增加（减少以"−"号填列）	352 532 116.63	2 034 138 967.30	−1 681 606 850.67
其他			

表6-2(续)

补充资料	本期金额	上期金额	增减额
经营活动产生的现金流量净额	233 760 452.56	795 470 759.55	−561 710 306.99
2. 不涉及现金收支的重大投资和筹资活动：			
债务转为资本			
一年内到期的可转换公司债券			
融资租入固定资产			
3. 现金及现金等价物净变动情况：			
现金的期末余额	1 552 562 681.45	2 766 219 940.16	−1 213 657 258.71
减：现金的期初余额	2 766 219 940.16	2 436 906 457.92	329 313 482.24
加：现金等价物的期末余额			
减：现金等价物的期初余额			
现金及现金等价物净增加额	−1 213 657 258.71	329 313 482.24	−1 542 970 740.95

从表6-2可以进一步分析企业经营活动现金净流量变动的原因：其一，公司2012年经营活动现金净流量减少了约5.6亿元，主要是因为经营性应付项目比去年减少了17亿元，而购买商品、接受劳务支付的现金比去年增加了近50亿元，说明企业没有充分利用应付项目融资。其二，本年公司经营现金流量比上年增加的另一个原因是公司的净利润比上年减少8亿元，盈利能力有所下降。其三，可以看出，2011年由于存货的增加使经营活动现金净流量减少了16亿元。如果企业存货没有积压，这种变化对企业是有利的；否则就应该警惕存货余额的合理性。其四，非现金支出费用（折旧等）的增加使现金流量比上年有所增加，这些是正常会计方法与政策所引起的。其五，财务费用增加虽然从现金流量表对比分析看使经营活动现金净流量发生变化，但实质上对企业经营活动现金流量的影响只是表面的，因为这种费用与利润是互为消长的。

第四节 现金流量表的结构分析

现金流量表结构分析，是指对现金流量表中各种现金流入量、各种现金流出量及现金净流量在企业总的现金流入量、总的现金流出量及总的现金净流量的比例关系进行的分析。在现金流量表结构分析中，可把现金流量结构分为现金流入结构、现金流出结构和现金净流量结构。

（1）现金流入结构。它反映企业全部现金流入量中，经营活动、投资活动和筹资活动分别所占的比例，以及在这三种活动中，不同渠道流入的现金在该类别现金流入量和总现金流入量中的比例。一般来说，经营活动现金流入占现金总流入比重大的企业，经营状况较好，财务风险较低，现金流入结构较为合理。但是对于经营风格差异较大的企业来说，这个比例会存在较大的不同，因而需要区别对待。

（2）现金流出结构。通过分别计算经营活动现金流出、投资活动现金流出和筹资活动现金流出占现金总流出的比重，它能具体反映企业的现金用于哪些方面。在一个企业的现金流出中，其经营活动的现金流出，如购买商品、接受劳务等活动支出的现金往往要占到较大的比重，投资活动、筹资活动的现金流出则因公司的财务政策不同而存在较大的差异。一般来说，在企业的正常经营活动中，其经营活动的现金流出具有一定的稳定性，各期变化幅度不会太大，但投资活动、筹资活动现金流出的稳定性较差，甚至具有偶发性，随着交付投资款、偿还到期债务、支付股利等活动的发生，当期该类活动的现金流出便会出现剧增。因此，分析企业现金流出的结构在不同企业、不同时期难以采用统一的标准，应当结合具体情况具体分析。

（3）现金净流量结构。该结构反映公司经营活动、投资活动和筹资活动的现金净流量分别占公司全部现金净流量的比重。也就是企业本年度创造的现金及现金等价物净增加额中，以上三类活动各自的贡献程度。通过分析，可以明确反映出本期的现金净流量主要因哪些活动而产生，以此说明公司现金净流量的形成原因是否合理。

同时，在分析现金流量的流入流出结构时，需要注意两个方面：一是对潜在的可及时变现的现金流入适当关注。其主要是指那些变现能力较强的有价证券，如股票、债券等。这些资产的变现能力很强，其中债券变现损失的风险又比较小。而一些安全性较高的应收账款也具有较好的流动性；二是不能忽视潜在的现金流出。或有事项中有许多情况可能会导致巨额现金流出，会严重地破坏正常的现金流量。如为别的企业借款进行担保、一些未决诉讼等。这些表明，企业财务报告中的附注说明也是对企业现金流量真实状况的很好注解。

第五节　企业现金流量质量分析

一、现金流量质量的一般分析

所谓的现金流量的质量，是指企业的现金流量能够按照企业的预期目标进行运转的质量。具有较好质量的现金流量应当具有如下特征：第一，企业现金流量的状态体现了企业发展战略的要求；第二，在稳定发展阶段，企业经营活动的现金流量应当与企业经营活动所对应的利润有一定的对应关系，并能为企业的扩张提供现金流量的支持。第三，筹资活动现金流量能够适应经营活动、投资活动对现金流量的需求，且无不当融资行为。

1. 经营活动产生的现金流量的质量分析

（1）经营活动产生的现金流量小于零

经营活动产生的现金流量小于零，意味着企业通过正常的商品购、产、销所带来的现金流量不足以支付因上述经营活动而引起的货币流出。企业正常经营活动所需的现金支付，则通过以下几种方式解决：①消耗企业现存的货币积累；②挤占本来可以用于投资活动的现金，推迟投资活动的进行；③在不能挤占本来可以用于投资活动的现金的条件下，进行额外贷款融资，以支持经营活动的现金需要；④在没有贷款融资渠道的条件下，只能用拖延债务支付或加大经营活动引起的负债规模来解决。

从企业的成长过程来分析，在企业开始从事经营活动的初期，由于其生产阶段的各个环节处于"磨合"状态，设备、人力资源的利用率相对较低，材料的消耗量相对较高，导致企业的成本消耗较高。同时，为了开拓市场，企业有可能投入较大资金，采用各种手段将自己的产品推向市场，从而有可能使企业在这一时期的经营活动现金流量表现为"入不敷出"的状态。

我们认为，如果是由于上述原因导致的经营活动现金流量小于零，应该认为这是企业在发展过程中不可避免的正常状态。但是，如果企业在正常生产经营期间仍然出现这种状态，我们应当认为企业经营活动现金流量质量不高。

（2）经营活动产生的现金流量等于零

经营活动产生的现金流量等于零，意味着企业通过正常的商品购、产、销所带来的现金流入量，恰恰能够支付因上述经营活动而引起的货币流出。在企业经营活动产生的现金流量等于零时，企业的经营活动现金流量处于"收支平衡"的状态。企业正常经营活动不需要额外补充流动资金，企业的经营活动也不能为企业的投资活动以外的筹资活动贡献现金。

但是，必须注意的是，在企业的成本消耗中，有相当一部分属于按照权责发生制原则的要求而确认的摊销成本和应计成本，下面我们把这两类成本统称为非现金消耗性成本。显然，在经营活动产生的现金流量等于零时，企业经营活动产生的现金流量不可能为这部分非现金消耗性成本的资源消耗提供货币补偿。

因此，从长期来看，经营活动产生的现金流量等于零的状态，根本不可能维持企业经营活动的货币"简单再生产"。因此，我们认为，如果企业在正常生产经营期间持续出现这种状态，企业经营活动现金流量的质量仍然不高。

（3）经营活动产生的现金流量大于零但不足以补偿当期的非现金消耗性成本

经营活动产生的现金流量大于零但不足以补偿当期的非现金消耗性成本，意味着企业通过正常的商品购、产、销所带来的现金流入量，不但能够支付因经营活动而引起的货币流出，而且还有余力补偿一部分当期的非现金消耗性成本。此时，企业虽然在现金流量的压力方面比前两种状态要小，但是如果这种状态持续，则企业经营活动产生的现金流量从长期来看，也不可能维持企业经营活动的货币"简单再生产"。

因此，我们认为，如果企业在正常生产经营期间持续出现这种状态，企业经营活动现金流量的质量仍然不能得到较高的评价。

（4）经营活动产生的现金流量大于零并恰能补偿当期的非现金消耗性成本

经营活动产生的现金流量大于零并恰能补偿当期的非现金消耗性成本，意味着企业通过正常的商品购、产、销所带来的现金流入量，不但能够支付因经营活动而引起的货币流出，而且还有余力补偿全部当期的非现金消耗性成本。在这种状态下，企业在经营活动方面的现金流量的压力已经解脱。如果这种状态持续，企业经营活动产生的现金流量在长期来看，虽然刚好能够维持企业经营活动的货币"简单再生产"的状态，但仍然不能为企业扩大投资等发展提供货币支持。企业的经营活动为企业扩大投资等发展提供货币支持，只能依赖于企业经营活动产生的现金流量的规模继续加大。

（5）经营活动产生的现金流量大于零并在补偿当期非现金消耗性成本后仍有剩余

经营活动产生的现金流量大于零并在补偿当期非现金消耗性成本后仍有剩余，意味着企业通过正常的商品购、产、销所带来的现金流入量，不但能够支持因经营活动而引起的货币流出、补偿全部当期的非现金消耗性成本，而且还有余力为企业的投资等活动提供现金流量的支持。如果这种状态持续，则企业经营活动产生的现金流量将对企业经营活动的稳定发展、企业投资规模扩大起到重要的促进作用。

从上面的分析可以看出，企业经营活动产生的现金流量仅仅大于零是不够的。企业经营活动产生的现金流量要想对企业作出较大的贡献，必须在上述第五种状态下运行。

2. 投资活动产生的现金流量的质量分析

（1）投资活动产生的现金流量小于零

投资活动产生的现金流量小于零，意味着企业在购建固定资产、无形资产和其他长期资产、权益性投资以及债权性投资等方面所支付的现金之和，大于企业因收回投资，分得股利或利润，取得债券利息收入，处置固定资产、无形资产和其他长期资产而收到的现金净额之和。企业上述投资活动的现金流量，处于"入不敷出"的状态。企业投资活动所需资金的"缺口"，可以通过以下几种方式解决：①消耗企业现存的货币积累；②挤占本来可以用于投资活动的现金，削减经营活动的现金消耗；③利用经营活动积累的现金进行补充；④在不能挤占本来可以用于经营活动的现金的条件下，进行额外贷款融资，以支持投资活动的现金需要；⑤在没有贷款融资渠道的条件下，只能用拖延债务支付或扩大投资活动引起的负债规模来解决。

从投资活动的目的分析，企业的投资活动，主要有三个目的：①为正常生产经营活动奠定基础，如购建固定资产、无形资产和其他长期资产等；②为企业对外扩张和其他发展性目的进行权益性投资和债权性投资；③利用企业暂时不用的闲置货币资金进行短期投资，以求获得较高的投资收益。在上述三个目的中，前两种投资一般都应与企业的长期规划和短期计划相一致。第三种，则在很多情况下，是企业的一种短期理财安排。因此，面对投资活动的现金流量小于零的企业，我们首先应当考虑的是：在企业的投资活动符合企业的长期规划和短期计划的条件下，这种现象表明了企业经营活动发展的和企业扩张的内在需要，也反映了企业在扩张方面的努力与尝试。

（2）投资活动产生的现金流量大于等于零

投资活动产生的现金流量大于等于零，意味着企业在投资活动方面的现金流入量大于流出量。这种情况的发生，或者是由于企业在本会计期间的投资回收活动的规模大于投资支出的规模，或者是由于企业在经营活动与筹资活动方面急需资金而不得不处理手中的长期资产以求变现等。因此，必须对企业投资活动的现金流量原因进行具体分析。

必须指出的是，企业投资活动的现金流出量，有的需要由经营活动的现金流入量来补偿。例如，企业的固定资产、无形资产购建支出，将由未来使用有关固定资产和无形资产会计期间的经营活动的现金流量来补偿。因此，即使在一定时期企业投资活动产生的现金流量小于零，我们也不能对企业投资活动产生的现金流量的质量简单地作出否定的评价。

3. 筹资活动产生的现金流量的质量分析

（1）筹资活动产生的现金流量大于零

筹资活动产生的现金流量小于零，意味着企业在吸收权益性投资、发行债券以及借款等方面所收到的现金之和大于企业在偿还债务、支付筹资费用、分配股利或利润、偿付利息、融资租赁以及减少注册资本等方面所支付的现金之和。在企业处于发展的起步阶段、投资需要大量资金、企业经营活动的现金流量小于零的条件下，企业的现金流量的需求，主要通过筹资活动来解决。因此，分析企业筹资活动产生的现金流量大于零是否正常，关键要看企业的筹资活动是否已经纳入企业的发展规划，是企业管理层以扩大投资和经营活动为目标的主动行为还是企业因投资活动和经营活动的现金流出失控不得已而为之的被动行为。

（2）筹资活动产生的现金流量小于零

筹资活动产生的现金流量小于零，意味着企业在吸收权益性投资、发行债券以及借款等方面所收到的现金之和小于企业在偿还债务、支付筹资费用、分配股利或利润、偿付利息、融资租赁以及减少注册资本等方面所支付的现金之和。这种情况的出现，或者是由于企业在本会计期间集中发生偿还债务、支付筹资费用、分配股利或利润、偿付利息、融资租赁等业务，或者是因为企业经营活动与投资活动在现金流量方面运转较好，有能力完成上述各项支付。但是，企业筹资活动产生的现金流量小于零，也可能是企业在投资和企业扩张方面没有更多作为的一种表现。

综上所述，处于正常生产经营期间的企业，经营活动对企业现金流量的贡献应占较大比重，这是因为，处于正常生产经营期间的企业，其购、产、销等活动均应协调发展，良性循环。其购、产、销活动应为其引起现金流量的主要原因，而投资活动与筹资活动，属于企业的理财活动。在任何期间，企业均有可能因为这些方面的活动而引起现金流量的变化。不过处于开创期的企业，其理财活动引起的现金流量变化比较大，占企业现金流量变化的比重比较大。另一方面，理财活动也意味着企业存在相应的财务风险，例如，企业对外发行债券，就必须承担定期支付利息、到期还本的责任。如果企业不能履行偿债责任，有关方面就会对企业采取法律措施。又如，企业购买股票，就可能存在着股票跌价损失的风险等。因此，企业的理财活动越大，财务风险也可能越大。

二、生命周期理论与现金流量分析

如同自然人一样，一个行业、企业和一种产品都要经历"出生—成长—成熟—衰亡"的生命周期。生命周期理论是分析现金流量的重要工具。生命周期理论是基于这样的假设，即一个企业从创立到衰亡通常要经历四大发展阶段：创业阶段、成长阶段、成熟阶段和衰退阶段。

在这些不同的生命周期阶段，企业经营活动、投资活动和筹资活动产生的现金流量均呈现不同的特征，具体如下。

（一）创业企业及其现金流量分析

在创业阶段，企业患有现金饥渴症，它们需要资金支付员工工资、购买设备和原材料，加快生产产品和开拓市场。由于市场尚未打开，产品质量和品牌知名度不高，资金周转困难，企业面临的经营风险和财务风险都很高。对于这种类型企业的财务报表，很难用传统的报表分析方法进行分析。在公开资本市场发行证券并将经营状况报告给投资者前，这样的企业通常由私人拥有，或者接受风险投资。风险资本家是一种专业的投资者，他们有特殊的专长对创业阶段的企业进行评估，他们看中的是未来收入和现金流量的前景。

在创业阶段，企业的财务特征主要表现为：①没有销售收入或只是少量的销售收入；②经营亏损或勉强盈利；③经营活动产生的现金流量入不敷出；④投资活动产生的现金流出金额巨大；⑤筹资活动产生的现金流量是维系企业正常运转的首要资金来源。

（二）成长企业及其现金流量分析

企业的成长阶段可以分为两个时期，前一时期是新兴成长期，这是生存下来的创业企业发展进程的转折点。在这一时期，企业产品或服务得到市场的认可，产品市场高速成长，但由于需要大量的资本支出，且产品的规模经济还不是很明显，达到盈亏平衡点还需要艰辛的努力。造成亏损的原因很大一部分来自非现金支出的费用，主要是固定资产的折旧和其他长期资产的摊销等。销售收入的增加和回笼以及应付账款的增加，使经营活动产生的现金流量大为改观。这一阶段的资本支出很大，持续的固定资产购建活动需要大量的外部融资，如长期负债和股票融资。

第二时期是高速成长期，此时，企业的产品得到市场的广泛接受，市场占有率迅速扩大，企业的投资回报率丰厚，经营风险微不足道。在这一阶段，企业的财务特征主要表现为：①销售收入快速增长；②经营利润大幅提升；③经营活动产生的现金流量增长迅速，但并不宽裕，因为面对众多的投资机会和诱人的投资回报，企业会毫不犹疑地将经营活动产生的现金流量用于扩大经营规模；④投资活动产生的现金流出呈减缓趋势；⑤对筹资活动产生的现金流量的依赖性大为降低，给股东的回报有所增加。

（三）成熟企业及其现金流量分析

进入成熟期后，市场容量日趋饱和，企业面临的市场竞争日益白热化。此时，企业的市场占有率不断被蚕食，经营风险加大，投资回报下降。在这一阶段，企业的财务特征主要表现为：①销售收入增长缓慢或急剧减少；②经营利润停滞不前；③经营活动产生的现金流量十分充裕，因为面对日益险恶的市场环境，企业只好让经营活动产生的现金流量大量沉淀，或用于偿还负债；④投资活动产生的现金流量大幅增加，因为此时的固定资产折旧和其他资产的摊销往往大于资本性支出；⑤筹资活动产生的现金流量快速下降，因为企业此时除了加快偿还银行借款外，通常还会通过回购库存股份或提高派现比例，将剩余的资金回馈给股东。

（四）衰退企业及其现金流量分析

处于衰退时期的企业，竞争空前惨烈，产品面临被淘汰或被新产品替代的局面，经营风险和投资风险居高不下。在这一阶段，企业的财务特征主要表现为：①销售收入极度萎缩；②经营巨额亏损；③经营活动产生的现金流量急剧下降，甚至可能出现入不敷出的局面；④投资活动产生的现金流量因企业的战略撤退而持续下降；⑤筹资活动产生的现金流量因企业经营规模的裁减等原因而日益枯竭。

第六节　现金流量的指标分析

由于现金代表企业综合购买力，这种购买力能够非常容易地实现转让，同时，现金是收益分配的最好形式，现金流量的计量十分明确，不涉及或很少涉及会计政策的主观选择等问题，所以，现金流量信息是信息使用者制定有关决策的重要依据。要充分反映企业的财务状况和经营成果，满足不同信息使用者对现金流量信息的不同需求，开展现金流量的指标分析，构建一个内容科学、结构合理的现金流量分析指标体系就显得十分重要。

现金流量信息揭示了企业一定时期内有关现金流入、流出以及净流量等信息，它能够直观反映企业现金流量的特点，体现现金流量的途径及现金的净增加情况。通过现金流量的指标分析至少应达到三个目的：①投资者、债权人分析后能够预测企业未来利润分配或股利支付的情况以及因清算而能分得或偿还本金的数额；②投资者、债权人能够较准确地估计企业的偿债能力，以及企业可能产生的各种风险的概率；③管理当局能够准确认识企业资产的流动性及资本支出能力，从而为生产经营、投资及筹资活动积累相应的决策依据。一般而言，要达到上述目的，开展对企业的创现能力、偿债能力、股利支付能力及资本支出能力的分析是非常重要的。因此在现金流量的指标分析中，指标分析可以从创现能力、偿债能力、股利支付能力及资本支出能力等四个方面构建分析指标体系，开展现金流量指标分析。

一、创现能力分析

创现能力是指企业创造现金净流量的能力，它是从另外一个视角——现金流量的角度来评价企业的产出效率。事实上，利润指标是反映企业财务成果的重要指标，但现金流量是衡量企业价值最主要的指标。众所周知，利润是收入减去费用的差额，而收入、费用的确认与计量是以权责发生制为基础，广泛地运用收入实现原则、费用配比原则、划分资本性支出和收益性支出原则等来进行的，其中包括了太多的会计估计。尽管会计人员在进行估计时要遵循会计准则，并有一定的客观依据，但不可避免地要运用主观判断。而且，由于收入与费用是按其归属来确认的，而不管是否实际收到或付出了现金，以此计算的利润常常使一个企业的盈利水平与其真实的财务状况不符。有的企业账面利润很大，看似业绩可观，而现金却入不敷出，举步艰难；而有的企业虽然巨额亏损，却现金充足，周转自如。因而，会计收益仅表现为企业账面上的利润，尽管有利润而没有现金流量并不一定就必然存在风险，但如果企业较长时间不创造现金流量，则企业的现金压力必将加大，这对企业的财务状况十分不利。

就上市公司而言，如果公司每股收益较高，但经营活动现金净流量比较低，则说明企业赚取的利润并未形成相应的现金流入，出现了包括应收账款账龄老化大量挂账、资金被不合理占有（如被母公司挪用）以及经营活动现金流出恶性膨胀等财务状况恶化的迹象。正常情况下，企业经营活动的现金流入应该能够满足正常的经营现金流出，并有适当的节余用于投资活动或是偿还债务。理论上讲，高利润同时又能创造大量现金流量的企业是值得信赖的。

由于创现能力直接体现了企业创造现金净流量的丰寡，因此它应当成为企业现金流量分析的重点。较高的创现能力对提高企业其他财务能力十分有益。创现能力分析的主要指标有：

（一）现金净流量

现金净流量即现金及现金等价物净增加额。该指标具体体现了企业的创现能力。如果现金净流量为正数，说明了企业现金净额增加；如果为负数，则反映现金净减少数。其数值直接取自于现金流量表。由于现金流量表由经营活动、投资活动和筹资活动三部分的现金净流量组成，因此有必要对各类现金净流量的数额作出具体分析。一般来说，投资活动和筹资活动作为企业理财活动其根本目的是为经营活动服务的，企业赖以生存和发展的应是持续的经营活动。从这一角度看，经营活动现金净流量应是全部现金净流量的主体。现金净流量和经营活动现金净流量作为企业创现能力的分析指标能够真实直观地反映企业创造的全部现金净流量和通过自身经营活动创造现金净流量的能力。但是，现金净流量指标为绝对数分析指标，而企业有大小、资金有多少，仅仅依靠它对企业创现能力进行分析是不够的，还必须更多地进行以下相对数指标的分析。

（二）经营现金净流量与净利润比率（净利润现金含量）

$$经营现金净流量与净利润比率 = \frac{经营现金净流量}{净利润} \times 100\%$$

经营现金净流量与净利润比率是指将经营活动产生的现金净流量与净利润进行比较，反映企业当期实现净利润中创造的现金净流量。一般而言，企业创造净利润，应该创造相应的现金净流量，其盈利的质量和财务状况才能够得到保障。如果一家公司的经营现金净流量与净利润比率等于 0 或为负值，说明其利润不是来自经营活动，而是来自其他渠道，其自身通过经营活动创造现金净流量的能力就明显不足。因为经营活动现金净流量是从经营活动中产生的现金，与净利润相比，它能够更加确切地反映公司的经营业绩。充足稳定的现金流量是公司生存的基本保证和稳定、持久的盈利来源。

由于资本支出等项目对净利润与现金流量的不同影响，该指标应以等于或大于 1 为宜，即企业每实现 1 元的账面利润中，应该有超过 1 元的现金支撑。企业只有这样，才能说明企业经营活动创造的现金净流量使得当期净利润有足够的资金保障。为了与经营活动现金净流量计算口径一致，在财务报表分析时，净利润指标最好剔除投资收益和筹资费用的影响。

（三）主营业务收入现金净流量

$$主营业务收入现金流量 = \frac{销售商品、提供劳务收到的现金}{主营业务收入} \times 100\%$$

该指标通过销售商品、提供劳务收到的现金与主营业务收入的比较，反映了企业在收付实现制下当期主营业务收入的资金收现情况，可以大致说明企业销售回收现金的情况及企业销售的质量。如公司本期销售商品、提供劳务收到的现金与主营业务收入基本一致，说明公司的销售没有形成挂账，周转良好；若本期收回的销售现金大于主营业务收入，说明销售收入实现后所增加的资产转换现金速度快、质量高，公司不仅当期的收入全部收现，而且还收回前期的部分应收账款；若本期销售商品、提供劳务收到的现金小于当期主营业务收入，说明账面收入高，现金收入低，挂账较多，企业主营业务没有创造相应的现金流入，此时应该更加关注企业债权资产的质量。

（四）总资产现金流量创造率

$$总资产现金流量创造率 = \frac{经营活动现金净流量}{总资产平均余额} \times 100\%$$

总资产代表企业占有的全部经济资源，包括股东和债权人占有的资源，它是企业进行生产经营活动的物质基础。企业所拥有和控制的这些经济资源能否得到合理有效的利用，其中重要一点就在于它为企业创造现金净流量的多少。总资产现金流量创造率指标表示企业包括净资产和负债在内的全部资产的总体创现能力，是评价企业资产营运效率的重要指标。该指标越高，说明企业1元资产所能创造的现金流量越多，总资产创造现金净流量的能力越强，资产的利用效率越好。

（五）投资活动创现率

$$投资活动创现率 = \frac{投资活动现金净流量}{投资收益} \times 100\%$$

投资活动是企业除经营活动之外，企业通过自身营运创造现金流量的最主要手段。该指标反映企业实现投资收益中所带来的现金净流量水平，一方面体现了企业投资活动的创现能力，另一方面可大致反映企业账面投资收益的质量。该指标越高，说明公司实际获得现金的投资收益越高。分析该指标时应该注意以下两种情况：一是若企业投资活动现金净流量为负值，则不必计算该指标值，这是因为该企业的投资活动不仅没有带来相应的投资收益，反而造成了一定的投资本金的损失；二是根据企业投资活动明细项目来判断收回投资取得的现金是由哪一类具体投资活动带来的，也就是说要区分投资活动的明细项目展开分析。从企业投资总体状况而言，该指标越大，说明投资水平越高。

通过以上方面的分析，可以较好把握企业的创现能力。在评价企业创现能力时，还存在一些通用的特点，也就是通过一些财务现象推断企业的创现能力。例如出现以下情况时，我们可以对企业创现能力作出乐观的估计：①企业应收账款余额增长幅度与主营业务收入的增长幅度有正常的比例关系；②企业产品生产周期及存货库存时间接近或超过同行业先进水平；③企业应付账款余额呈现一定的增长幅度并能够为供应商所接受。当然这样做实际上是将现金短缺的难题转嫁给了供应商，当企业出现这些财务迹象时，表明企业账面上反映的销售收入能够迅速转换为现金资产，企业具有较强的创现能力。

企业创现能力分析表明了企业从现金流量角度得出的产出效率，同时也表明了企业利润的风险程度。如果一个企业没有创造足够的现金流量，利润没有充足的现金流量作保证，企业的财务状况就有出现恶化的可能，财务风险也将为之增加。但是，值得强调的是，我们在认同创现能力重要地位的同时，并不能简单排斥利润和获利能力指标。由于获利能力本身与我国现行财务会计制度相符，加之它在评价企业经营成果中曾经起过并仍然起着重要作用。因此，在开展创现能力分析时，必须结合获利能力在内的一些其他财务指标进行全面分析，才能进一步提高分析结论及相应财务决策的准确性，以避免不必要的决策失误。过于追求创现能力，会在一定程度上妨碍企业的销售增长和正常获利，也违背了权责发生制的内涵。

二、偿债能力分析

偿债能力是指企业偿付各项随时可能到期债务的能力以及保证未来债务及时偿付的可靠程度。由于"现金至上"（Cash is King）的观念已经融入现代理财的思想，现金被喻为企业的"血液"。事实上，企业只要能够保持足够的现金流量，效益再不好的企业也可以暂时维持；而再优秀的企业如果缺乏基本的现金支持，也难以逃脱倒闭乃至破产的命运。从企业债务的清偿而言，现金占有明显的优势。而传统的流动比率是流动资产与流动负债之比，而流动资产体现的是能在一年内或一个营业周期内变现的资产，包括了许多流动性不强的项目，如呆滞的存货，有可能收不回的应收账款，以及本质上属于费用的待摊费用，待处理流动资产损失和预付账款等。它们虽然具有资产的性质，但事实上却不能再转变为现金，不再具有偿付债务的能力。而且，不同企业的流动资产结构差异较大，资产质量各不相同，因此，仅用流动比率等指标来分析企业的偿债能力，往往有失偏颇。由于现金净流量是企业偿还债务的最基本资金来源，现金是衡量企业资产质量的基准资产，利用现金流量指标对偿债能力进行分析，将有效弥补流动比率、速动比率等传统偿债能力分析指标的缺陷，使得偿债能力的分析更具意义。利用现金流量指标进行企业偿债能力分析可以从以下几个方面展开：

（一）经营活动现金净流量与流动负债比率

$$经营活动现金净流量与流动负债比率=\frac{经营活动现金净流量}{流动负债}\times100\%$$

该指标旨在反映本期经营活动所产生的现金净流量足以支付流动负债的可能性，可以反映企业经营活动获得现金偿还短期债务的能力，表明了企业短期债务的安全程度。该比率越大，企业资产的流动性越好，说明企业偿债能力越强。与流动比率和速动比率相比，该指标避免了对非现金资产变现能力的考虑，使其所揭示的资产流动性更具客观性。但是，由于流动负债中的应付账款、应付工资、应交税金等项目在经营活动现金净流量的计算中已经被剔除，故在计算经营活动现金净流量与流动负债比率时，分母一般用到期的长期债务与应付票据之和。需要说明的是，由于经营活动现金净流量是企业过去一年的经营成果，而流动负债是未来一年内必须偿付的短期债务，因此，该指标是基于通过过去一年的现金流量对未来一年现金流量进行估计，来评估其偿债能力的，这一点在分析时，需要注意。

（二）债务偿付期

$$债务偿付期 = \frac{负债总额}{经营活动现金净流量}$$

该指标反映按当期经营活动中可获得的现金净流量偿还全部债务所需的时间，体现企业用经营活动中所获现金偿还全部债务的能力，是评价企业总体偿债能力的指标。一般而言，债务偿付期越短，企业经营活动现金净流量对当期债务的保证程度越高，企业债务偿付压力越小，企业总体偿债能力越强。

（三）现金利息保障倍数

$$现金利息保障倍数 = \frac{经营活动现金净流量}{现金利息支出}$$

由于利息支出是企业日常最主要的债务压力，而且实践证明，一个长期能够正常偿付利息的企业，其出现债务逾期支付的可能性较小，故根据利息保障倍数设计得出本指标。该指标表明从经营活动中流入的现金净流量为因支付利息所引起的现金流出的倍数，反映企业的总体偿债能力。一般而言，该指标越高，说明企业经营活动创造的现金净流量足以支付企业的债务利息，企业的偿债能力较强，财务风险较小。

（四）现金净流量与流动资产净增加额比率

$$现金净流量与流动资产净增加额比率 = \frac{现金净流量}{流动资产净增加额} \times 100\%$$

该指标反映企业流动资产净增加额中现金增加的程度。当该比率的计算结果等于或接近于 1 时，说明企业流动资产增加基本上是增加现金所致，若不考虑短期投资因素，企业流动资产中的存货、应收账款等短期资产质量提高，至少没有形成新的挂账或存货积压；当该指标值大于 1 时，表明企业现金增加的幅度大于流动资产增加的幅度，为企业偿债能力的提高奠定了基础；但当该比率超过 2 时，则表明企业现金可能有闲置；当比率值小于 1 时，说明企业现金增加幅度小于流动资产增加幅度，如果短期投资没有太大变化，则一定是存货或应收账款增加过快，此时，应进一步分析企业存货和应收账款的周转情况。

（五）现金净流量与流动负债净增加额比率

$$现金净流量与流动负债净增加额比率 = \frac{现金净流量}{流动负债净增加额} \times 100\%$$

这一指标反映企业现金净流量增加是否与流动负债增加同步。该指标的计算结果等于或大于 1 时，表明企业现金增加幅度与流动负债增加幅度同步甚至更快；该比率小于 1 时，要准确判断企业偿债能力，还需结合流动比率与速动比率进行。同现金净流量与流动资产净增加额比率相同的是，如果企业现金净流量与流动负债净增加额不是同方向变动，该比率的计算结果为负值，则该比率不适合用来评价企业现金流量对偿债能力大小的保障程度。

在企业偿债能力分析中，在原有偿债能力分析指标的基础上，结合现金流量指标分析后，发现由于现金流量指标对原有指标的改进，企业的偿债能力分析将更具直观性。但是，一个企业的偿债能力除资产的规模、质量、流动性等硬性指标外，还受企业一些无形因素的影响，如企业的信用、与银行及其他金融机构的关系以及企业潜在的融资能力等。一个企业偶然的短期财务运作失误并不会必然导致企业破产，如果一个企业因偶然缺乏现金而破产，至少从一个侧面说明企业信用和潜在融资能力的丧失。因而，正确的认识是，现金流量是衡量企业偿债能力和运行状况的重要指标，但绝不是全部。

三、股利支付能力分析

着眼于对自身回报的关注，投资者十分关心企业股利支付能力的问题。对于企业管理当局，他们也希望了解自身的股利支付能力，以科学制定股利政策、作出合理的股利决策，同时估量企业在投资者心目中的地位，提高企业的市场竞争力。由于现金净流量是企业分配现金股利的资金来源，因此借助于现金流量开展股利支付能力分析对于科学评估企业股利支付能力具有重要作用。用于股利支付能力分析的现金流量指标主要有：

（一）每股现金净流量

$$每股现金净流量 = \frac{经营活动现金净流量 - 优先股股利}{普通股流通在外平均股数}$$

每股现金净流量反映某一会计年度内发行在外的普通股加权平均每股所获得的经营活动现金净流量，它从一个新的视角，即现金流量角度来反映每一普通股股份的产出效率和分配水平。由于企业股利的支付主要还是取决于企业经营活动创造的现金净流量，一般而言，源自于企业内部经营活动的现金净流量越充分，每股现金净流量越大，企业财务弹性和股利支付能力越强。

每股现金净流量隐含了公司在维持期初现金存量情况下，有能力发放给股东的最高现金股利金额，与每股收益不一定代表公司支付股利能力相比，每股现金净流量显然更有实际意义，更直接。美国财务会计准则委员会（FASB）认为，该国现金流量的计算并未采纳资本维持的观点，其数值包含了投资利润与资本退回两项，因而没有采用资本维持观的每股收益那么严谨。每股现金净流量通常要高于每股收益，为了避免误导信息使用者，FASB 禁止公司披露每股现金净流量信息。尽管如此，每股现金净流量仍是财务报表分析师们最常用的现金流量分析比率，足以表明其强大的生命力。

（二）现金股利保障倍数

$$现金股利保障倍数 = \frac{经营活动现金净流量}{现金股利}$$

该指标提供了企业用正常的经营活动现金净流量来满足支付现行股利能力的证明，是评价企业股利支付能力的主要指标，并在一定程度上体现了企业的股利政策。从理论上讲，该指标应该大于 1，因为只有这样才说明企业当期创造的经营活动现金净流量足以支付当期的现金股利，否则企业就需要通过筹资来派发现金股利，这只能说明企业支付股利的能力不足。

另外，企业股利支付能力也表现出一些普遍的特点，可以通过这些情况推断企业的股利支付能力。例如，企业每股收益与每股现金净流量不存在差异或差异很小，每股现金净流量表明了企业在维持期初现金存量的情况下，有能力发放给股东的最高现金股利金额；又如，对于连续派现与高送股两类上市公司，实践证明，无论是经营活动、投资活动与筹资活动，"连续派现"公司的现金流量状况均比"高送股"公司好得多。

四、资本支出能力分析

资本支出能力是指企业维持或扩大其资本资产规模的能力。它往往体现了企业财务弹性及成长性的优劣。一般说来，信息使用者除分析企业创造的现金净流量履行各项义务的能力，还应当关注企业的资本支出能力，以更好把握企业的财务弹性和未来发展趋势。企业资本支出能力的分析指标主要有：

（一）再投资比率

$$再投资比率 = \frac{经营活动现金净流量}{资本支出} \times 100\%$$

再投资比率又称资本性购置比率。该指标反映了企业自身积累现金的能力与资本性支出之间的关系，用于揭示企业经营活动现金净流量是否足以支付各项资本性支出。如果该指标的计算结果等于 1 或是接近于 1 时，表明企业经营活动产生的现金净流量可以满足企业进行资本性投资的现金需要；当该指标的计算结果大于 1 时，表明企业经营活动产生的现金净流量在补偿了资本性投资所需现金后仍然有剩余，可以用来偿还债务或支付股利；当该指标的计算结果小于 1 时，表明企业经营活动产生的现金净流量不能满足资本性投资所需现金，企业必须通过举债来满足资本性投资对现金的需求。

需要说明的，由于资本性支出经常受到各种异常因素的影响，年与年之间可能有较大变动，会影响到预测分析的正确性。因此，该指标的资本性支出如果使用几年来的平均数与经营活动现金净流量的平均数来计算，则可以较好地消除单一年度异常因素的影响。

（二）投资活动筹资比率

$$投资活动筹资比率 = \frac{投资活动现金净流量}{经营活动与筹资活动现金净流量} \times 100\%$$

该指标反映了企业投资活动现金净流量与经营活动、筹资活动现金净流量的关系。由于企业投资活动现金净流量通常为负值，故该指标也反映了企业投资现金支出的资金来源。从企业资本支出能力角度而言，该指标原则上应该小于1。如果大于1，表明企业投资活动的现金流出不仅耗尽了同期产生的经营活动和筹资活动的现金净流量，更是动用了期初现金余额，企业的流动性必然受到影响，企业未来的资本支出能力也将大打折扣。

案例6-1：政和公司现金流量表分析

政和公司有关现金流量表资料详见表6-3、表6-4。请根据资料思考如下问题：

1. 比较政和公司2008、2009年的经营活动现金净流量和净利润。它们之间发生差异的主要原因是什么？

2. 政和公司的现金流量表提供了哪些重要信息？公司现金流量表的补充资料提供了哪些信息？两者之间的区别是什么？你认为哪一种信息对于信息使用者更加重要？公司同时披露按照直接法和间接法编制的现金流量表有什么意义？

3. 编制政和公司现金流量表的水平分析表。通过对其水平分析表的分析，你认为能够获得哪些重要信息？公司2009年获取现金净流量的主要途径有哪些？与上年相比有哪些重要变化？变化的大致原因是什么？

表6-3   2009年度现金流量表

编制单位：政和公司   单位：万元

项　目	2009年	2008年
一、经营活动产生的现金流量：		
销售商品、提供劳务收到的现金	44 768	37 255
收到的税费返还	6 718	1 986
收到其他与经营活动有关的现金	335	12 904
经营活动现金流入小计	51 821	52 145
购买商品、接受劳务支付的现金	24 492	21 317
支付给职工以及为职工支付的现金	4 252	3 886
支付的各项税费	6 950	5 699
支付其他与经营活动有关的现金	4 268	14 218
经营活动现金流出小计	39 962	45 120
经营活动产生的现金流量净额	11 859	7 025

表6-3(续)

项　目	2009 年	2008 年
二、投资活动产生的现金流量：		
收回投资收到的现金		500
取得投资收益收到的现金		102
处置固定资产、无形资产和其他长期资产收回的现金净额		30
处置子公司及其他营业单位收到的现金净额		
收到其他与投资活动有关的现金		779
投资活动现金流入小计		1 411
购建固定资产、无形资产和其他长期资产支付的现金	10 797	10 884
投资支付的现金	1 408	6 390
取得子公司及其他营业单位支付的现金净额		
支付其他与投资活动有关的现金		
投资活动现金流出小计	12 205	17 274
投资活动产生的现金流量净额	-12 205	-15 864
三、筹资活动产生的现金流量：		
吸收投资收到的现金	9 981	200
取得借款收到的现金	18 137	51 227
收到其他与筹资活动有关的现金		39
筹资活动现金流入小计	28 118	51 466
偿还债务支付的现金	20 049	28 767
分配股利、利润或偿付利息支付的现金	1 486	1 556
支付其他与筹资活动有关的现金	296	
筹资活动现金流出小计	21 831	30 323
筹资活动产生的现金流量净额	6 287	21 123
四、汇率变动对现金及现金等价物的影响	-68	10
五、现金及现金等价物净增加额	5 873	12 294
加：期初现金及现金等价物余额	2 806	8 679
六、期末现金及现金等价物余额	8 679	20 973

表 6-4　　2009 年度现金流量表补充资料　　单位：万元

1. 将净利润调节为经营活动现金流量：		
净利润	9 867	8 370
加：资产减值准备		215

表6-4(续)

固定资产折旧、油气资产折耗、生产性生物资产折旧	2 361	2 337
无形资产摊销	175	69
长期待摊费用摊销		−519
处置固定资产、无形资产和其他长期资产的损失（收益以"−"号填列）		
固定资产报废损失（收益以"−"号填列）	1 596	5
公允价值变动损失（收益以"−"号填列）		
财务费用（收益以"−"号填列）	993	1 400
投资损失（收益以"−"号填列）	−2 096	−1 450
递延所得税资产减少（增加以"−"号填列）		
递延所得税负债增加（减少以"−"号填列）		
存货的减少（增加以"−"号填列）	−474	−2 933
经营性应收项目的减少（增加以"−"号填列）	1 363	−6 451
经营性应付项目的增加（减少以"−"号填列）	−1 606	5 490
其他	−320	490
经营活动产生的现金流量净额	11 858	7 023
2. 不涉及现金收支的重大投资和筹资活动：		
债务转为资本		
一年内到期的可转换公司债券		
融资租入固定资产		
3. 现金及现金等价物净变动情况：		
现金的期末余额	8 679	20 973
减：现金的期初余额	2 806	8 679
加：现金等价物的期末余额		
减：现金等价物的期初余额		
现金及现金等价物净增加额	5 873	12 294

案例6-2：银广夏事件与两种财务报表分析体系的对比

银广夏事件：

宁夏回族自治区银川市中级人民法院2003年9月16日对银广夏刑事案作出一审判决，原天津广夏董事长兼财务总监董博因提供虚假财会报告罪被判处有期徒刑三年，并处罚金人民币10万元。同时，法院以提供虚假财会报告罪分别判处原银川广夏董事局副主席兼总裁李有强、原银川广夏董事兼财务总监兼总会计师丁功民、原天津广夏副董事长兼总经理阎金岱有期徒刑二年零六个月，并处罚金3万元至8万元；以出具证明文件重大失实罪分别判处被告人深圳中天勤会计师事务所合伙人刘加荣、徐林文有期徒刑二年零六个月、二年零三个月，并各处罚金3万元。此案的判决再度唤起广大投资人和社会对银广夏的关注。

银广夏公司自 1999 年以来一直闻名退迩，银广夏 2001 年的市值高居深沪两市第三名。银广夏的问题没有曝光前，无论是在公众眼里还是在媒体上，银广夏都是一只前景看好的股票。其股票在 1993 年上市以来成绩明显，尤其是 2000 年其业绩出现突飞猛进的增长，利润增长 200% 多，股价增长 400% 多，抛开主流传媒当时来对银广夏的宣传报道不谈，中证·亚商依据 1999 年度报告将该公司遴选为"第二届中国最具发展潜力上市公司 50 强"第 38 位，香港《亚洲周刊》也将其评为"2000 年中国大陆一百大上市企业排行榜"第 8 名。在《新财富》2001 年 7 月号推出的"100 最有成长性上市公司"银广夏位居第三。2001 年 5 月中国证券报社和清华大学企业研究中心根据上市公司绩效评价模型，联合推出了 2000 年中国上市公司盈利能力排行榜，银广夏雄踞中国上市公司十强第五。

然而，这一切都随着一篇文章的面市而灰飞烟灭。2001 年 8 月《财经》刊发的《银广夏陷阱》撩开了银广夏神秘的面纱。根据中国证监会查明情况：银广夏通过各种手段，虚构主营业务收入，虚构巨额利润 7.45 亿元。其中，1999 年 1.78 亿元；2000 年 5.67 亿元。这就意味着如果对银广夏相关年报进行差错调整，在去除虚构利润部分后粗略估算，该公司 1999 年调整后的净利润为 -5100 万元，每股收益 -0.20 元；2000 年调整后净利润为 -1.5 亿元，每股收益 -0.29 元。也就是说，连同 2001 年中期的亏损，银广夏实际上已经连亏两年半。

以利润为基础的公司业绩评价：

1. 净利润和每股收益指标。1999 年度银广夏净利润总额 1.27 亿元，每股盈利 0.51 元，并实行公司历史上首次 10 转赠 10 的分红方案。2001 年 3 月，银广夏公布了 2000 年年报，净利润达到 4.18 亿元，比上年增长 226.56%，在总股本扩张 1 倍的基础上，每股收益增长超过 60%，达到每股 0.827 元，盈利能力之强可见一斑。

2. 净资产收益率。1998 年公司净资产收益率为 15.35%，1999 年为 13.56%，2000 年达到 34.56%。每年的净资产收益率都大大超过了 10% 的配股线，而且大大高于上市公司的同期平均水平。

3. 主营业务收入增长率。公司主营业务收入增长率 1998 年为 87.9%，1999 年为 -13.7%，2000 年为 72.8%，三年平均收入增长率为 49%，体现了很好的成长性。

4. 总资产报酬率。公司总资产报酬率 1998 年为 18.4%，1999 年为 9%，2000 年为 17.7%，超过了一般公司的净资产收益率的平均值。

5. 主营业务利润率。公司 1998 年主营业务利润率为 14.6%，1999 年为 24.3%，2000 年为 46%，可谓一年上一个台阶。

6. 总资产周转率。1998 年公司总资产周转率达到 46.1%，1999 年为 26.1%，2000 年为 32.6%，均显示出企业良好的资产营运能力。

7. 资产负债率和利息保障倍数。银广夏 1998 年资产负债率为 53.8%，1999 年度为 53.7%，2000 年度为 57.1%。应当说，从静态分析，资产负债结构较为合理。而从动态分析，银广夏的已获利息倍数 1998 年为 3.3，1999 年为 3.22，2000 年度为 7.00，这说明银广夏每年的息税前利润足以支付当期的利息支出。由以上两项指标分析，该公司具有良好的偿债能力。

8. 资本积累率。银广夏 1998 年资本积累率为 18.1%，1999 年为 62.3%，2000 年资本积累率为 28.2%。

9. 市盈率和市场反应。银广夏自 1999 年以来，市场反应良好。其股价在 1999 年 12 月 30 日至 2000 年 4 月 19 日的不到半年间里，从 13.97 元涨至 35.83 元，于 2000 年 12 月 29 日完全填权并创下 37.99 元新高，折合为除权前的价格 75.98 元，较一年前启动时的价位上涨 440%。

以现金流量为基础的公司业绩评价：

（一）收益质量评估

1. 经营活动现金净流量/净利润，即净利润现金含量。该指标反映净利润中现金的含量，一般而言，该指标应当大于 1（当利润大于 0 时）。银广夏公司 1998 年经营现金流量与净利润比率为 -23.3%，1999 年为 -4.4%，2000 年为 29.7%。这说明企业的经营活动所创造的利润提供的现金贡献很小。一般情况下，不可能存在连续几期经营现金流量远远小于净收益的情形发生。

2. 经营现金流量/营业利润。由于经营现金流量和营业利润都对应于公司正常经营活动，因此有较强的配比性。该比率一般应大于 1。然而 1998 年，银广夏的这一比率为 -12.3%；1999 年为 -4.8%；2000 年为 27.8%。与标准相距甚远。通过以上分析，基本可以判定该公司的收益质量是低劣的，存在着管理当局虚增利润的可能。

（二）现金流量偿债能力分析

1. 经营活动现金净流量/负债总额指标。该指标即债务偿付期的倒数。这是一个预测公司财务危机极为有用的指标。指标越大，则偿债能力越强。银广夏公司 1998 年该指标值为 -2.4%，1999 年为 -0.4%，2000 年为 6.9%。这表明，企业的经营活动对负债的偿还不具有保障作用。也就是说，企业需要偿还到期负债的资金来源必须是投资活动和筹资活动的现金流量。如果投资活动不产生效益、筹资出现困难，则企业很可能面临不能偿还到期债务的情形。

2. 现金利息保障倍数。这一指标类似于利息保障倍数，但是账面利润并不能用来支付利息，只有实实在在的现金收入才可以满足利息支出的需要。因而这一指标较利息保障倍数指标更具有合理性。银广夏公司 1998 年现金利息保障倍数为 0.715，1999 年为 0.935，2000 年为 2.794。也就是说连续两年，公司的息税前经营现金流量连利息支付都无法保障，更别说债务本金了。

3. 经营活动现金净流量/流动负债。该指标能有效地反映公司经营活动产生的现金流量对到期债务的保障程度。其意义在于如果公司的经营活动产生的现金流量能够满足支付到期债务，则企业就可以拥有较大的财务弹性，财务风险也相应减小。银广夏公司 1998 年经营现金流量/流动负债值为 -2.8%，1999 年值为 -0.7%，2000 年值为 8.5%。很明显，公司的经营现金流量并不能对流动负债起任何保障作用。

（三）现金流量创现能力分析

1. 经营现金流量与主营业务收入比率。该指标是主营业务收入现金净流量比率的一种形式，反映企业通过主营业务产生现金流量的能力。银广夏公司 1998 年该比率为

−3.4%，1999 年为 −1.1%，2000 年为 13.7%。银广夏持续高额利润居然不能产生正的经营现金流量，它需要依靠筹资活动来维持企业的正常生产经营，这种反常现象理应引起投资者的高度警觉。

2. 总资产现金流量创造率，即经营活动现金净流量与资产总额比率。该指标反映企业运用全部资产产生现金流量的能力。银广夏 1998 年该比率为 −1.3%，1999 年为 −0.2%，2000 年为 3.9%。说明公司运用全部资产产生经营现金流量的能力极其有限。

3. 现金流量构成。通过分析企业本年度现金净流量的构成，可以了解公司现金流量的真实来源，从而恰当地评价公司产生现金流量的能力。如在 1998 年公司经营现金净流量为 −20 792 479 元，投资现金净流量为 −123 443 350 元，筹资活动现金净流量为 121 283 838 元，现金净流量为 −22 951 990 元。公司的经营活动没有给企业创造现金流入，这样企业购置设备等投资活动需要的大量资金都必须通过新增筹资渠道来解决。我们可以看到，尽管公司想方设法筹集了 3.5 亿元现金（发行债券 3000 万元，借款 3.2 亿元）仍然不能满足企业现金支出的需要。到 1999 年更是变本加厉，其经营现金净流量 −5 575 052 元，投资活动现金净流量 −372 170 188 元，筹资活动现金净流量 655 814 690 元，公司经营活动仍然不能产生现金流量，巨额投资所需的资金仍然是通过外部筹资。从报表上可以看到，当期筹资现金净流量达到了 6.5 亿元。深入分析就可以发现 1999 年该公司实际融资额达到了 9.5 亿元（其中吸收权益性投资 3 亿元，债券发行 8000 万元，借款 5.7 亿元），公司该年用于还债和支付利息的现金就达到了 2.9 亿元。

问题：

1. 根据以上银广夏公司分别基于盈利和现金流量的财务报表分析模式，试想你会对该公司的财务状况和经营成果作出何种判断？

2. 试分别分析基于盈利和现金流量的两种财务报表分析模式各有什么优缺点。如果需要对公司的财务状况和经营成果作出科学判断，应该如何合理运用两种不同的分析模式？

本章思考题：

1. 现金流量分析的目的是什么？
2. 影响企业现金流量的因素有哪些？
3. 试分析经营活动现金流量能够为信息使用者提供哪些有用信息。
4. 经营活动现金净流量与净利润有何关系？它们不相等的原因是什么？
5. 现金流量分析如何修正企业传统的收益分析？

第七章 企业成长性分析

本章导读

　　企业的目标是实现企业价值最大化，归根结底是为了保证企业的生存和发展。企业成长性分析是对偿债能力、营运能力、盈利能力等静态分析的融合，是对企业投资、筹资、营运、利润分配等重要策略执行效果的综合体现。通过对本章内容的学习，使学生理解企业成长性的涵义，熟练掌握成长性指标分析和企业的可持续成长分析两种分析方法，掌握各分析指标的内涵，并进一步巩固对各指标间相互关系的理解，能够完成基本的企业成长性分析，并作出合理评价。

第一节 企业成长性分析概述

一、企业成长性的涵义

　　对于一个企业来说，财务管理的根本目标是实现企业价值最大化。这一目标要求企业应当全面考虑各方利益相关者的要求，平衡风险和收益，实现企业总价值的不断提升。这种价值提升的过程就是企业的成长。

　　但什么是成长型的企业呢，是指销售的成长还是收益的成长或是资产的成长，概念并不明确，但可以肯定的是成长是产生价值的能力。有学者认为，企业的成长性就是指企业依靠自身经营积累的资金进行再投资而获得的潜在的发展能力。这种说法强调企业成长的内生性，但却对外延增长关注不够。随着市场逐渐成熟，当今企业越来越重视外部筹资在企业经营管理活动中的重要作用，使得外延增长成为企业成长的重要组成部分。基于这样的观点，本书认为，企业的成长性，又称企业的发展能力或增长能力，是企业从起步期开始，逐渐发展壮大的一个动态过程，在这个过程中，企业可以综合运用内部积累和外部融资两种方式，充分考虑各利益相关者的要求，合理制定发展战略，实现企业价值的不断提升。

（一）动态性

　　企业的成长具有动态性，这是市场竞争的必然结果。企业能否在竞争中生存的关键在于核心业务是否适销对路。短期看来，受企业内外环境共同的影响和制约，业绩难免会出现小幅波动，此时企业可以通过改进生产工艺流程，不断挖掘企业潜力等方式实现企业成长。长期看来，由于业务自身存在生命周期的规律，企业的不断发展必须建立在对核心业务不断革新和超越的基础上。整体来看，一个具有良好成长性的企业，应当遵循一条"曲折"并"发展"的成长路线。

（二）双重增长模式

　　具有良好成长态势的企业应当是"内部积累"与"外部融资"双管齐下。内部积累是企业发展的原动力，是企业平稳成长的根本保证，也是评价一个企业经营管理水平的重要指标之一。外部融资则是企业发展的助推器，它可以充分借助外部融资的筹资优势加速企业成长。这里需要强调的是，由于外部融资模式存在一定风险，企业在考虑采用这一增长模式实现企业成长时，必须慎之又慎。

（三）符合外部要求

　　企业作为社会的一员，需要与不同身份类型的组织或个人发生经济关系，企业的成长性成为众多利益相关者关注的焦点之一。企业成长性，可以向投资者传递目前乃至可预期的未来企业的投资回报能力、生存发展能力及企业的投资价值等信息；可以向债权人传递债务保全和履约能力、持续经营能力等信息；可以向消费者传递品牌影响力、消费信誉度等信息；可以向政府传递国民经济发展趋势，便于宏观调控政策的制定；等等。企业成长性信息不仅符合利益相关者需要，而且有利于协调利益相关者之间的关系。

（四）满足管理需要

　　在企业的生命周期的各个阶段，无论是风险还是资本结构都表现出各自不同的特点，对企业的战略制定提出的要求也各不相同。在起步期，企业的风险通常突出表现为经营风险，资本结构主要来源于权益融资，通常不分配股利，企业战略集中于业务或市场开发。随着企业逐渐成长和成熟，业务趋于稳定，经营风险降低，由于企业逐渐增加债务融资致使财务风险增加，同时为了满足股东要求，股利分配率逐渐提高，此时企业战略集中表现为巩固市场、多元化或一体化。总的来说，企业的成长必须符合所处阶段的结构特点和战略要求。

（五）增值性

　　企业成长性表现为企业价值的增加，它是一个价值循环积累、不断提升的过程。海尔能够自 2002 年起连续八年蝉联中国最有价值品牌榜首，不仅在于自身极高的品牌价值积累，更是因为长期以来成功的成长策略为企业创造了持续增值的空间。只有引起价值增加或能够在未来为企业带来价值增加的成长才是真正有意义的成长。盲目的扩张不仅不能促进企业的成长，反而可能成为企业成长的障碍。

　　企业成长性分析融合了偿债能力、营运能力、盈利能力等重要的前期分析，是对企业投资、筹资、营运、利润分配等重要策略执行效果的综合体现。通过进行企业成长性分析，有利于企业了解自身所处的成长阶段，结合各成长阶段企业的特点，明确分析的重点；有利于企业结合内外部环境，剖析企业成长的推动因素、阻碍因素以及各因素间的相互关系，尽早发现管理上的薄弱环节并加以控制和改进；有利于企业做好计划和预测，合理进行资源配置，调整财务策略和经营策略，实现企业总价值的不断提升。

二、企业成长性分析框架

企业成长性分析主要采用两种分析框架，其中一种分析框架是成长性指标分析。这种分析方法以形成企业成长力的价值变动因素为切入点，通过对众多财务指标进行分类分项的对比，描绘企业的成长速度和发展趋势，将财务指标分为销售、资产、收益、资本扩张四大类，具体分析指标包括销售收入增长率、资产增长率、净资产增长率、净利润增长率、资本积累率、股利分配率等。

另一种分析框架是企业可持续成长分析。这种分析方法引入可持续增长率这一重要概念，以各价值变动因素的综合作用对留存收益的影响作为分析的切入点，全面分析企业的经营策略和财务策略，具体要素包括销售利润率、资产周转率、权益乘数、股利支付率。有时为了反映企业收益的留存情况，也会用留存收益率代替股利支付率进行评价，股利支付率与留存收益率的关系为：留存收益率=1-股利支付率。

关于如何运用这两种分析框架进行企业成长性分析，本章后面两节将详细介绍。

这里需要说明的是，虽然将企业成长性分析分成两类框架，但这并不表示两种分析思路是相互独立的，在实际分析当中不仅要采用这两种分析框架进行分别分析，还应当关注两种分析思路获得的分析结果之间的联系，以求更加全面地展现企业成长的实际情况。

第二节　成长性指标分析

一、销售增长分析指标

销售收入是企业得以成长的最重要的收入来源。销售收入高，说明企业的产品或服务符合当时市场的要求，这是企业生存和发展的根本保障。实践证明，在经济不断发展的今天，只有那些积极探索和开发新产品新技术的企业，才能够博得顾客的信任，才有机会不断拓展市场，获得更高的销售增长。

销售增长分析，又称营业增长分析，主要包括对企业整体销售收入、某产品或服务销售收入和三年平均销售收入三类指标的增长率水平进行的分析。需要指出的是，这里所使用的销售收入指标是指列示于损益表中的"主营业务收入"一项，不包括折扣、折让、其他业务收入等影响因素。

（一）销售收入增长率

销售收入增长率，即与基期相比，本期主营业务收入的相对增长水平，通常以百分数形式表示。其计算公式为：

销售收入增长率=本期主营业务收入增长额/基期主营业务收入

=（本期主营业务收入-基期主营业务收入）/基期主营业务收入

若以 0 表示基期，以 1 表示本期，则销售收入增长率用符号可以表示为：

销售收入增长率 $= \triangle S / S_0 = (S_1 - S_0) / S_0$

这种分析方式的优点在于，采用相对数指标进行销售收入分析，可以避免由于企业规模不同造成的不可比问题，便于在同行业不同企业之间进行对比分析。

【例7-1】海信电器2012年营业收入为252.52亿元，其中主营业务收入为232.14亿元，该公司2011年营业收入为235.24亿元，其中主营业务收入为217.54亿元。试计算海信电器2012年的销售收入增长率。

海信电器2012年销售收入增长率 $= (232.14 - 217.54) / 217.54 \approx 6.71\%$

本题不仅考查了如何计算销售收入增长率，并且考查了计算该比率应该选用的数据指标。显然，计算企业销售收入增长率应当选择主营业务收入。

（二）销售收入增长率拓展分析

销售收入增长率的拓展分析模式不仅可以衡量企业整体年度的销售收入增长情况，也可以分析企业具体某一期或几期的增长情况，如半年度、季度、月度、60天等，还可以分析企业具体某一业务或某一类业务的销售收入增长情况，以此使企业的销售增长分析更具有针对性。具体分析时只需将前述销售收入指标更换成相应的分析指标即可。其计算公式为：

某期销售收入增长率 = 本期收入增长额/上期同期收入

$\qquad$ = （本期收入－上期同期收入）/上期同期主营业务收入

某业务销售收入增长率 = 该业务本期收入增长额/该业务基期收入

$\qquad$ = （该业务本期收入－该业务基期收入）/该业务基期收入

为什么此处分析采用的不是"基期"而是"上期同期"呢？这是考虑到某些企业的业务可能具有季节性销售特点。例如，羽绒服制造企业的销售旺季是秋冬季节，所以秋冬季节的销售额一定比春夏季节的销售额高，如果对比第四季度销售收入增长水平，将比与全年平均销售收入增长对比的结果更具说服力。即便企业不具有季节性销售特征，通过分期的销售增长对比分析也可以揭示出企业销售业绩在不同期间的浮动情况。

（三）三年销售收入平均增长率

受行业外部环境的影响，企业的销售水平可能会在短期内存在波动。如果不考虑这种影响因素的作用，可能会导致销售增长分析偏离既定目标。解决这一问题的办法就是将连续几年的增长水平进行平均。在实务中，通常计算三年的销售收入平均增长率，同样以百分数表示。其计算公式为：

三年销售收入平均增长率 $= \sqrt[3]{\dfrac{\text{第三年末主营业务收入}}{\text{第一年末主营业务收入}}} - 1$

跳出三年的限制，可以得到 N 年销售收入平均增长率的一般形式。以 0 表示基期，以 i 表示第 i 期（i = 1…N），则 N 年销售收入平均增长率用符号可以表示为：

N 年销售收入平均增长率 $= \sqrt[N]{S_N / S_0} - 1$

通过观察不难发现，在这个式子中，只涉及第一年和最后一年的销售收入及期间年份跨度三个变量，而与期间任何年份的数据都无直接关系。这样就排除了中间年份非常规波动对销售增长分析的影响。

【例7-2】仍沿用例7-1的资料，又知海信电器2010年主营业务收入为192.81亿元，2009年主营业务收入为170.88亿元，试计算该公司三年销售收入平均增长率。

海信电器三年销售收入平均增长率＝（232.14/170.88）$^{-3}$ -1 ≈ 10.75%

这表示，海信电器2010—2012年的主营业务收入平均以每年10.75%的速度在增长，结合例7-1的结果，2012年销售收入增长率为6.71%，较平均速度有所降低，这表示海信电器2011年至2012年销售增长水平低于2010至2011年度，2012年海信电器销售规模有所降低。通过海信电器2012年的报表显示，2012年的存货大量增加，远高于成本增长率，说明海信电器的销售成长性确有下降。

在进行销售增长分析的过程中，应当注意以下几个问题：

第一，销售增长分析的各项指标是企业销售水平及发展趋势的集中表现，增长率越高，说明企业销售业绩越好。通常来说，各项销售增长率应当为正，并呈现递增的趋势，表明企业在销售方面正处于健康成长的阶段。如果分析发现增长率呈现递减趋势，说明企业的市场份额可能正在萎缩，应结合内外环境分析问题症结所在；如果分析发现增长率出现了负的情况，极可能因为销售出现重大问题，目前的主营业务无法为企业带来现金流入，应立即对现有业务进行革新或果断终止现有业务并开发新业务。

第二，企业的销售增长与其主营业务所处行业的生命周期阶段密切相关，在分析时不能简单就指标来下结论。如果行业正处于高速成长期间，正的销售成长就要和行业成长进行对比，如果高于行业成长说明企业市场份额扩大，否则企业实际处于下降阶段，需要根据具体情况制定相关策略；如果处于低成长率的成熟行业，企业的销售成长则容易受到行业成长率和行业市场既定形势的影响，这时较难出现高成长率，企业需要进行进一步市场细分，来准确定位或创新来刺激自身成长；如果处于低成长率甚至负成长率的行业，企业的销售仍能维持较高成长，则说明企业对现有市场进行了分析并实行了有效的策略，但仍需注意该策略的未来发展。

第三，销售增长分析的各项指标均属于相对数指标，剔除了企业规模对销售对比的影响。但在实际对比分析时，仍应关注基数对分析结果的影响。例如，甲企业与乙企业的销售收入增长率均为5%，但甲企业去年的主营业务收入为100万元，而乙企业去年的主营业务收入为10万元，那么，今年同去年相比，甲企业销售收入增加了5万元，而乙企业销售收入仅增加了5000元。在实际分析中，规模不同的企业的市场份额、企业战略、核心业务特点、适用的营销策略都各不相同，因此在分析时必须考虑企业规模这一因素的影响。

第四，销售增长分析只能说明企业主营业务对企业成长的影响，不能反映其他指标的作用，也无法显示企业增长的内因。因此，在进行具体分析时，不仅要结合内外部环境的变化信息，还要将销售增长分析同其他成长性分析指标相结合，深究导致销售增长的内因是营销策略发挥了作用，还是市场需求增加，或者是企业生产规模扩大。同时还要结合销售收入增长率与三年销售收入平均增长率详细分析企业真实的成长趋势，保证企业销售增长分析和未来趋势预测的准确性。

二、资产增长及使用效率分析指标

企业的成立需要注册资金，企业经营的正常运转需要流动资金，企业的经营需要土地和厂房，企业的生产离不开机器设备，企业在市场中获得成功需要专利技术提供竞争优势，企业的发展壮大离不开其拥有的人才资源，等等。这些与企业的生存和发展息息相关的要素构成了企业的资产。资产是企业得以开展生产经营活动的基础，是企业获得成长的根本保证。因此，在进行企业的成长性指标分析时，资产增长水平是一个必须考虑的因素。

分析资产增长水平时，可以分析绝对增量和相对增量。由于在分析相对增量时需要计算绝对增量，因此，这一部分重点介绍相对增量的分析。资产相对增量的主要分析指标是资产增长率，此外还包括固定资产成新率。

（一）资产增长率

总资产的规模关系着企业获得收入和利润的能力和潜力。总资产增长率从企业资产总量的扩张方面分析企业的成长性，能够显示企业现有资产规模和增长趋势，并揭示企业的成长实力。由于采用相对数指标，这种分析同样可以避免由于不同企业间资产规模不同造成的不可比问题。

1. 总资产增长率

总资产增长率，即企业资产总额的期末数相对于期初数的增长百分比，以百分数形式表示。其计算公式为：

总资产增长率＝本期总资产增长额/期初资产总额

＝（期末资产总额−期初资产总额）/期初资产总额

如果以 0 表示期初，以 1 表示期末，则总资产增长率用符号可以表示为：

总资产增长率＝$\triangle A/A_0$＝$(A_1-A_0)/A_0$

2. 三年平均总资产增长率

与销售增长分析类似，企业资产增长水平也会受行业外部环境的影响，在短期内出现非常规波动。为了保证分析结论符合实际情况，在进行资产增长分析时引入了三年平均总资产增长率这一概念。在实务中，通常计算三年的总资产平均增长率，同样以百分数表示。其计算公式为：

$$三年平均总资产增长率=\sqrt[3]{\frac{第三年末资产总额}{第一年末资产总额}}-1$$

同样，我们也可以得到 N 年平均总资产增长率的一般形式。以 0 表示基期，以 i 表示第 i 期（i＝1…N），则 N 年平均总资产增长率用符号可以表示为：

$$N 年平均总资产增长率=\sqrt[N]{A_N/A_0}-1$$

【例7-3】已知海信电器总资产账面价值 2012 年为 182.51 亿元，2011 年为 161.45 亿元，2010 年为 124.94 亿元，2009 年为 103.43 亿元，试计算海信电器 2011 年总资产增长率及三年平均总资产增长率。

海信电器 2012 年总资产增长率 = （182.51-161.45）／161.45≈13.04%

海信电器三年平均总资产增长率 = （182.51/103.43）$^{-3}$-1≈20.84%

该公司 2012 年总资产总体增加，再结合三年平均总资产增长率的结果，可以发现海信电器 2012 年的资产规模扩张速度减小。但相比较而言，可以发现总资产的成长性高于销售成长，很有可能是筹资因素导致总资产增加。而从海信电器 2012 年的报表中我们可以看到，海信电器于 2012 年 9 月实行新股上市，对其资产组成产生了影响。

（二）资产增长率拓展分析

总资产增长率的这种分析模式同样可以进行推广。企业可以根据需要有针对性地进行分期分阶段考核，也可以根据组成企业资产的具体项目进行分类分析。对于分类考核，资产增长水平分析主要集中于流动资产、无形资产、固定资产几类。具体分析方法可以参照销售增长的拓展分析及资产增长的相关分析，此处不再赘述。

1. 流动资产增长率

流动资产是企业重要的资产组成部分，它关系着企业经营活动能否正常进行，关系着企业的偿债能力。特别是当企业进入成长期以后，为了配合生产规模扩大和市场占有量扩张的需要，流动资产的规模必须不断增长以保证企业战略的顺利实施。企业流动资产的增加也可能因为企业注重对资产使用效率的管理，例如对赊销客户的管理或限制大额赊销业务的发生，这将大大增加企业流动资金的持有量，或减少不必要的资金占用。

2. 无形资产增长率

在如今的经济环境下，知识和技术占有绝对竞争优势。企业是否拥有能够带来绝对竞争优势的专利技术，是否拥有先进的研发能力，甚至是否具备先进的管理理念，是否能够留住高水平的专业人才，不仅决定了企业能否成长壮大，甚至还关系到企业能否在竞争中生存。在这样的背景下，企业无形资产的拥有量及增长水平能够直观反映企业的竞争实力和发展趋势，为企业成长战略的制定提供重要的参照依据。

3. 固定资产增长率

固定资产也是企业资产的重要组成部分，是企业能够进行生产经营活动必要的基础条件。先进的生产技术必须有可以使这种技术的优势得以发挥的生产工具相配合，适宜的地理位置也会促进企业业务的发展，对企业的顺利成长起到辅助作用。但是，固定资产的增长并非越大越好。由于固定资产会占用大量的企业资金，且变现能力差，稍有不慎便可能导致资金周转不灵，甚至造成企业破产。日本企业伊藤洋华堂跳出开商场必须拥有自有房屋的经验束缚，采用房屋租赁的方式取得经营场所的使用权，大大减少了固定资产对企业资金的占用，提高了企业资金的使用效率。

在进行资产增长分析时，需要注意这样几个问题：

第一，资产增长指标越大，企业资产规模扩张程度越大；该指标变动趋势越持久，越能预示出企业资产规模未来的发展方向。在实务中，由于不同企业的经营管理战略不同，或是因为所处的生命周期阶段特征不同，对资产的需求量和需求类型也不尽相同。在特别的决策下，企业的资产增长率可能出现负的情况，这时不能轻易下结论，应结合报表附注及相关资料了解企业资产规模缩小集中于哪一部分，原因是什么，这样才能得出正确的分析结论。

第二，企业资产由负债和所有者权益两部分构成，因此，在进行资产增长分析时，应当进一步对负债和所有者权益的增长情况进行分析，确定导致企业资产规模扩大的因素是因为企业近期的大量举债，还是源于经营管理水平的提高或在销售市场上良好的表现使得企业自有资金不断充实。显然，所有者权益增长率的提高要优于负债增长率的提高，但这也不是绝对的。如果负债的水平过低，可能是因为企业的财务政策存在问题，没有充分发挥财务杠杆的优势作用。

第三，在进行企业资产增长分析时，不仅要关心资产增长水平，还应当考虑这种增长速度是否符合收入、利润的增长要求。如果资产增长速度过慢，可能导致收入增长受阻；如果资产增长速度过快，则会导致流动资金不必要的占用，影响资金使用效率。将资产、收入、利润联合比较有利于避免企业盲目扩张，也有利于及时纠正企业成长中存在的问题。

第四，由于资产增长分析采用的是账面价值，属于历史成本，与现在的市场价值存在脱节，由此得出的结论可能会脱离实际。因此，企业在进行具体分析的后期，有必要参照公允价值标准对现有资产账面价值进行调整。同时，考虑到会计核算方法对企业资产的反映不够全面，对于账面没有列示的一些项目，如人力、信息系统的引入和评价等，企业可以根据需要采用适当的方法进行估价分析。

（三）固定资产成新率

固定资产成新率，即固定资产平均净值占平均原值的比重，通常以百分数形式表示。平均固定资产净值是指资产负债表中列示的"固定资产净值"一项的期末数与期初数的算术平均数，它是固定资产入账价值扣除使用期间计提的折旧后的剩余价值。固定资产原值同样列示于资产负债表中，其平均值也是该项的期末数与期初数的算术平均数，它是固定资产取得时的历史价值。企业也可以根据自身需要对生产用固定资产和非生产用固定资产进行区分，这样可以更好地反映固定资产的哪部分更新速度较快，使分析具有针对性。其计算公式为：

固定资产成新率＝平均固定资产净值/平均固定资产原值

＝[（期初净值+期末净值）/2]/[（期初原值+期末原值）/2]

如其字面含义，固定资产成新率这一指标衡量的是企业固定资产的新旧程度，也可以揭示出企业固定资产的更新速度变化情况。该指标值越大，企业固定资产的更新水平越高，如果企业处于加速成长阶段，较高的成新率可以为企业扩大生产提供较好的支持；该指标越小，则反映企业固定资产越老化。

【例7-4】海信电器2012年初固定资产原值为17.01亿元，当年末固定资产原值为20.91亿元，当年固定资产净值期初额为10.27亿元，期末额为13.07亿元。试计算该公司2012年固定资产成新率。

海信电器平均固定资产净值＝（10.27+13.07）/2＝11.67（亿元）

海信电器平均固定资产原值＝（17.01+20.91）/2＝18.96（亿元）

海信电器固定资产成新率＝11.67/18.96≈61.55%

计算结果表明，海信电器的资产状况良好。固定资产原值的期末值大于期初值可能证明了公司2012年投入了部分资金用于购置或更新部分设备，但对该公司固定资产增长水平进行分析得到的海信电器2012年固定资产增长率为（20.91－17.01）/17.01＝22.93%，这个增长速度大于当年销售收入和总资产的增长速度，尤其该指标与2012年销售收入增长率6.71%差距相当大。可以粗略判断海信电器2012年固定资产增长相对于销售收入，是总资产增长的更加重要的驱动因素。

在实际分析时，应注意这样几个问题：

第一，固定资产净值扣除了折旧，折旧是否按规定计提完毕直接关系到固定资产净值的金额大小。企业在计算成新率指标前，应仔细确认折旧是否存在应提未提的情况，在确认无误后方可进行分析，否则会导致分析结果与事实不符。

第二，折旧的多少直接关系到净值的大小。因此，企业采用的固定资产折旧方法会影响到固定资产成新率的分析。采用加速折旧法下的固定资产成新率指标值将低于采用直线法计提折旧时的指标值；同样净残值的前提下，固定资产使用年限少必然会减少固定资产成新率。基于同样的原因，企业在同其他企业进行对比分析时，也需要考虑折旧方法不同造成分析结果上的差异，以及当企业变更折旧方法时需要考虑其深层次原因。

第三，企业的固定资产规模和新旧程度同企业及其所经营业务的生命周期密切相关，不同生命周期阶段对固定资产指标具有不同的要求。如果企业或其业务已经进入成长期，而固定资产成新率增长仍没有"提速"，会直接关系到企业能否顺利成长。

三、收益增长率分析指标

分析企业价值增长中最具说服力的指标之一就是收益的增长。企业的收益有很多种表现形式，如主营业务利润、营业利润、利润总额、净利润等。在进行实务分析时最常用的是主营业务利润和净利润两个指标。

一个发展较为完善的企业，通常会同时经营多种业务。当企业由成长期进入成熟期后，在战略上大多会朝着多元化或一体化方向发展。在这个过程中，企业逐渐将精力重点放在少数几个发展比较理想的业务上，形成企业的主营业务。主营业务的增长反映的是企业重点业务的市场发展状况，增长率越高，可能预示着该业务的市场占有率正在逐步增加。这一指标便于企业对其重点业务的发展状况和前景进行初判。

而从企业整体角度分析的净利润增长水平则是对企业竞争综合实力的表现。净利润增长水平越高，越能说明企业各项业务正在蓬勃发展，这可能源于企业成功的营销策略，或较高的市场声誉，企业前景十分看好。净利润的增长也是企业资本得以不断积累的重要来源。

分析收益增长情况同样可以分为绝对数分析和相对数分析两类，这里集中介绍相对数分析方法。

（一）主营业务利润增长率

主营业务利润增长率，即与基期相比，本期主营业务利润的相对增长水平，通常以百分数形式表示。其计算公式为：

主营业务利润增长率＝本期主营业务利润增长额/基期主营业务利润

＝（本期主营业务利润－基期主营业务利润）/基期主营业务利润

同样以 0 表示基期，以 1 表示本期，则主营业务利润增长率用符号可以表示为：

主营业务利润增长率＝$\triangle p/p_0 = (p_1 - p_0)/p_0$

【例7-5】沿用例7-1资料，又知海信电器2012年主营业务成本为187.60亿元，2011年主营业务成本为169.25亿元，试计算海信电器2012年主营业务利润增长率。

2012年海信电器主营业务利润＝232.14－187.60＝44.54（亿元）

2011年海信电器主营业务利润＝217.54－169.25＝48.29（亿元）

2012年海信电器主营业务利润增长率＝（44.54－48.29）/48.29≈－7.77%

将所得结果与该公司2012年销售收入增长率进行对比可以发现，主营业务利润增长幅度低于主营业务收入增长幅度，并且该指标值本身为负，说明海信电器的利润率有所下降，可以推测，海信电器的获利能力可能出现了问题。

季节性销售特点会影响企业的销售收入，进而影响到企业的销售利润。对于具有此类特征的企业来说，在进行主营业务利润增长分析时，同样可以采用比较有针对性的期间变动分析。并且，如果企业需要对具体某项业务的盈利情况进行分析，也可以采用这种分析方法。分析项目可因企业具体分析需要而定，方法相同。其计算公式为：

某期利润增长率＝本期利润增长额/上期同期利润

＝（本期利润－上期同期利润）/上期同期利润

某业务利润增长率＝该业务本期利润增长额/该业务基期利润

＝（该业务本期利润－该业务基期利润）/该业务基期利润

(二) 净利润增长率

净利润增长率，即与基期相比，本期净利润的相对增长水平，同样采用百分数形式表示。其计算公式为：

净利润增长率＝本期净利润增长额/基期净利润

＝（本期净利润－基期净利润）/基期净利润

同样以 0 表示基期，以 1 表示本期，则净利润增长率用符号可以表示为：

净利润增长率＝$\triangle P/P_0 = (P_1 - P_0)/P_0$

该指标仍为相对指标，因此在进行比较分析时仍需考虑由于不同企业利润基数不同而对比较结果产生的影响，充分理解分析结果的真实含义。净利润增长分析同样可以针对具体某期或某一阶段进行分析，分析方法相同，此处不再详述。

(三) 三年平均利润增长率

三年平均利润增长率是指对企业连续三年净利润总额的增长水平进行平均，计算企业平均的增长率。它的引入目的也是为了消除外部环境变化引起的短期非正常波动对收益增长分析结果的影响。在实务中，这一指标并不局限于净利润分析，它也可以进行局部有针对性的分析。该指标仍以百分数表示。其计算公式为：

$$三年平均利润增长率 = \sqrt[3]{\dfrac{第三年末净利润总额}{第一年末净利润总额}} - 1$$

这一指标同样具有一般形式。以 0 表示基期，以 i 表示第 i 期（i=1…N），则 N 年平均利润增长率用符号可以表示为：

$$N 年平均利润增长率 = \sqrt[N]{P_N / P_0} - 1$$

这个表达式中只涉及第一年和最后一年的净利润总额及其间年份跨度三个变量，得出的是连续 N 年利润增长的一个平均情况。

【例7-6】海信电器净利润值 2012 年为 16.31 亿元，2011 年为 17.12 亿元，2010 年为 8.35 亿元，2009 年为 4.98 亿元，试计算该公司 2012 年净利润增长率及三年平均利润增长率。

2012 年海信电器净利润增长率 =（16.31-17.12）/ 17.12 ≈ -4.73%

海信电器三年平均利润增长率 =（16.31/4.98）$^{-3}$-1 ≈ 48.51%

显然，海信电器 2012 年净利润增长率为负，在数值上明显低于同期销售收入增长率，但高于主营业务利润增长率，与三年平均利润增长率相比，该指标值相差甚远，这可能与该公司控制成本有关。再结合销售收入和主营业务利润在 2012 年的增长，可以看出销售收入的正增长抵消了部分主营业务利润率的负增长，最终导致该公司 2012 年末净利润水平的下降。

在进行收益增长分析时，应注意这样几个问题：

第一，收益增长率指标或多或少受到会计政策、会计估计及资本结构的影响，这主要是由于收益率增长指标一般使用利润作为衡量标准。会计政策如坏账准备、折旧年限等可以影响到利润的大小，但实际并不影响到价值的变化，从而使指标衡量出现偏差；资本结构的变化如债转股将会使费用变为收益，也会影响到一些利润型指标的分析。所以在实际分析时，需要注意收益率的变化原因，可以参照股权变动和报表附注来进行分析。

第二，在进行企业收益增长分析时，必须充分结合企业当期销售收入、资产规模、成本费用等与利润的增长密切相关的指标，这样做的目的是深入剖析利润增长的原因所在，更好地展示企业的成长是否存在资源规模和发展速度不匹配的问题。对于利润增长相对滞后的情况，可以考虑是否因为成本费用上升过快，加以适当调整；如果利润增长速度快于收入或资产，则可能是由于销售活动近期比较活跃，企业可以酌情考虑贷款、发放债券或公开募股，以扩大生产规模。

第三，长期持续的利润增长很可能意味着企业进入了新的生命周期阶段。具有良好成长态势的企业，通常能够保持一个比较平稳的成长速度，如果企业连续几年的数据显示企业正以高于行业利润水平的速度实现利润增长，那么就要考虑企业是否需要根据不同阶段的特点调整企业战略。过快的增长有可能引起管理者过于乐观的预期，盲目扩张，很可能造成企业资金短缺，周转不灵，一旦发生经营困难就会很难抽身。

第四，企业三年平均利润增长率的分析通过对三年利润增长水平求平均值，消除了期间短期的异常波动。然而，有学者认为，这样做的结果恰恰削弱了这一指标在不同企业间的可比性。由于这一指标只与第一年和最后一年的利润水平有关，如果甲企业与乙企业具有相同的"端点利润"，两家企业的三年平均指标将完全相同，但期间短期的微小变动可能对企业的成长分析和战略制定具有重要的指导和借鉴作用，却不能在分析结果中显示出来，因此有必要对这一变动给予足够关注。

四、资本扩张分析指标

一个企业的资本充足水平标志着该企业所具有的成长潜力，能够更好地反映企业的经营实力。资本较充足的企业，通常具有更加宽松的战略决策权，可以更好地应对风险，甚至在采购和销售时都会拥有更强的议价能力。企业资本增长快，表明企业经营效率很高，业绩通常较好，未来成长趋势显著，更容易被市场看好。

在企业资本扩展分析的部分，主要考察资本积累、剩余收益、股利分配三类指标，从不同的角度对企业的成长进行综合分析。

(一) 资本积累率

资本的不断积累是企业成长的重要标志之一。能够形成资本积累的途径主要有两种，其一是股东追加的资本投入，其二是企业历年经营成果的不断积累，后者称为企业的利润留存。虽然这两种途径都可以形成企业资本总量的增长，但它们在企业的经营管理中具有不同的意义，这种意义可以形象地理解为"输血"与"造血"。

股东对企业追加的资本金相当于外部向企业内输入的新鲜血液，它可以缓解企业资金紧张状况，形成企业成长的动力。有了这些"新鲜血液"，企业的其他职能才能得以发挥，经营活动才能正常进行，但如果没有从根本上解决经营管理中存在的问题，这些"新鲜血液"终有一天会被耗尽，企业将再次陷入危机。

与股东增资不同，净利润留存对企业资本的不断积累则是决定企业能否健康成长的重要因素。净利润的产生是对企业当期经营管理策略的肯定，净利润留存量的不断增长预示着企业拥有更强的经济实力，具有更强的"造血"功能。实现这一目标是企业经营管理工作努力的方向，是企业得以健康成长的强大支持力量。

1. 资本积累率

资本积累率，又称股东权益增长率，是指同上期相比，本期所有者权益的变动水平，同样以百分数表示。其计算公式为：

资本积累率＝本期所有者权益增长额/基期所有者权益

＝（本期所有者权益−基期所有者权益）/基期所有者权益

若以 0 表示基期，以 1 表示本期，则资本积累率用符号可以表示为：

资本积累率＝$\triangle C/C_0$＝（$C_1 - C_0$）/C_0

资本积累率是对股东已投入企业的资金能否实现保值增值的重要评价指标。该指标为正，表明企业经营状况良好，能够实现投入资本的保值，该指标越大，说明投入企业资本的增值能力越强，越能为股东带来收益；如果该指标为负，则意味着企业经营不善，盈利能力可能存在重大问题，损害了企业股东的利益。此外，资本积累率还揭示了企业的债务保全能力，是企业进行债务筹资的重要优势依据。

2. 三年平均资本积累率

由于资本积累率是一个静态财务指标，只能反映企业当期的所有者权益增长水平，为了便于对比，以探究企业的成长趋势，同时也为了消除外部环境变动对分析结果的影响，此处同样引入了"三年平均资本积累率"这一指标，并以百分数形式表示。其计算公式为：

$$三年平均资本积累率 = \sqrt[3]{\frac{第三年末所有者权益总额}{第一年末所有者权益总额}} - 1$$

同样，我们也可以得到 N 年平均资本积累率的一般形式。以 0 表示基期，以 i 表示第 i 期（i=1…N），则 N 年平均资本积累率用符号可以表示为：

$$N 年平均资本积累率 = \sqrt[N]{C_N / C_0} - 1$$

利用这一公式，就可以灵活地对企业连续几期的资本积累情况进行分析，消除非正常因素的干扰。但是对分析期间的干扰因素仍有必要进行进一步分析检验。

【例 7-7】海信电器所有者权益账面价值 2012 年末为 89.82 亿元，2011 年末为 73.20 亿元，2010 年末为 58.02 亿元，2009 年末为 50.31 亿元。试计算海信电器 2012 年资本积累率及其三年平均资本积累率。

2012 年海信电器资本积累率 = （89.82-73.20）/ 73.20 ≈ 22.70%

海信电器三年平均资本积累率 = （89.82/50.31）$^{-3}$ - 1 ≈ 21.31%

分析可知，海信电器 2012 年所有者权益大幅增加，超过了三年平均资本积累率，其中很重要的原因是 2012 年海信电器发行的新股，直接增加了所有者权益，虽然年报显示 2012 年海信电器发放了股利，但其增长幅度仍旧大于总资产增加的速度，这个现象结合利润增长率等指标可以得到解释。如果本题计算结果表明资本积累率增长不及总资产增长快其原因可能是存在债务契约等，而一般来讲发放大量现金股利也可能会导致这种情况；而如果计算结果表明资本积累率增加但总资产规模减小，则需要考虑是否因为企业减少了债务比重，或改变了股利分配政策，并结合企业总体战略进一步分析企业的财务策略。

（二）股利增长率

股利是企业对股东投入资金的一种回报形式，企业根据当期经营成果向股东分红。一个企业股利的高低和股利政策通常关系到企业的股票价值。由于企业的股利政策会影响企业的资本积累，在进行资本扩张分析时，有必要对股利的增长情况进行分析。

对企业股利进行分析的主要指标是股利增长率，是指本期每股股利相对于上期的变动水平，同样以百分数形式表示，其计算公式为：

股利增长率 = 本期每股股利增长额/基期每股股利
　　　　　= （本期每股股利-基期每股股利）/基期每股股利

若以 0 表示基期，以 1 表示本期，则股利增长率用符号可以表示为：

股利增长率 = $\triangle D / D_0$ = （$D_1 - D_0$）/ D_0

【例 7-8】海信电器 2012 年年报列示以股本 1 306 645 222 股，向全体股东每 10 股派发现金 3.7 元（含税），共计 4.83 亿元（含税），2011 年年报列示，暂不分配股利，

2010 年年报列示，以总股本 866 651 715 股计，向全体股东每 10 股派发现金 2 元（含税），共计 1.73 亿元（含税），而 2009 年以总股本 577 767 810 股计，向全体股东每 10 股派发现金 1.5 元（含税），共计 0.87 亿元。试计算该公司 2011 及 2010 年股利增长率。

海信电器 2011 年股利增长率＝（0−0.2）/0.2＝−100%

海信电器 2010 年股利增长率＝（0.2−0.15）/0.15＝33.33%

结果表示，海信电器除了 2011 年没有分派股利，近几年的股利分配数额持续增长，而从市场来看海信电器成长良好，市场占有率较稳定，面对经济市场的大环境，2011 年海信电器暂不分派股利的政策会为企业积累资金，很可能说明企业选择在主营行业电视机产业革新以及自身稳定发展的情况下扩大规模或研发新品以谋求新一轮的快速增长。虽然说净利润增长率表现不高，但 2012 年海信电器在再次增发股票后宣告发放更大数额的股利仍然会进一步刺激投资者信心。通常处于成长期的企业会努力扩大生产规模以求占领市场，为了配合战略需要，企业分配股利水平都比较低，而进入成熟期后股利分配通常较高，可以结合企业所处的生命周期阶段进行进一步分析。

股利的增长通常意味着企业具有良好的成长状态，能够向股东发放现金股利的企业通常会得到投资者的青睐。研究证明，能够保持较高股利增长水平的企业，它的股票通常也具有较高的价值，用来描述这种关系的模型就是证券股价模型中的戈登股利增长模型。该模型描述了预期股利（DPS）、股东要求的收益率（r）及预期股利增长率（g）三者之间的关系，这种关系可以表述为：

股票价值＝DPS/（r−g）

观察这个关系式可以发现，股利增长率同企业的股票价值存在正比例关系：股利增长率越高，企业股票价值越高。

（三）剩余收益分析

1. 剩余收益

净资产，即权益账面价值是可以衡量股东对公司的投资，对净资产的经营为股东实现了资本的增值。对企业资本积累增长的分析，实际上就是对所有者权益增长的分析，也称为净资产增长分析。该指标是对股东享有的权益的账面价值进行成长性分析，它扣除了企业因举债产生的债务利息成本。但净资产增长并没有将企业的权益资本成本列入考虑范围内，这与股东投资增值的实际值不相匹配。为了解决这个问题，我们引入一个新的变量指标——剩余收益。

剩余收益在原有基础上，扣除了权益资本成本对企业资本积累增长的影响，其计算公式可以表示为：

剩余收益＝资本收益−资本成本

　　　　＝净利润−权益资本成本

　　　　＝（净资产收益率−权益资本成本）×净资产

权益资本成本的计量涉及对企业未来成长的预期和股东根据对未来风险的预判确定的风险溢价，由于涉及主观判断，获取这一数据并不容易。在实务中，通常会利用已有指标和模型进行估计，这些指标和模型有：①均值类，包括企业自身长期历史平均值、市场长期历史平均值；②必要收益率类，包括股票的必要收益率、市场的必要收益率；③模型类，包括风险溢价模型、资本资产定价模型、套利定价模型。

【例 7-9】沿用例 7-6、例 7-7 资料，假设海信电器权益资本成本为 10%。试计算该公司 2012 年末的剩余收益。

海信电器净资产收益率 = 净利润/所有者权益 = 16.31/89.82 ≈ 18.16%

海信电器剩余权益 = （18.16% - 10%）× 16.31 ≈ 1.33（亿元）

实际上，海信电器的权益资本成本根据历史资料是可以计算得到的，这里为了计算方便，对权益资本成本进行了假设。

2. 超常收益增长

股东投资是建立在公司成长的基础上来获利，所以公司成长是与股东预期一致的，因而如果权益资本成本即股东得到的回报的成长等于收益的成长，股东将不对此收益付费，只有当总收益大于投资要求的回报率时资产的价值才大于它可资本化的收益的价值，股东才会为增加价值的增长投资。为此，引入了另外一个概念——超常收益增长。

超常收益增长指的是附有股息的收益与前一年收益按要求增长率增长的收益之间的差额。

超常收益增长$_1$ = ［净利润$_1$ + 权益回报率 × 股息$_0$］ - 要求增长率 × 净利润$_0$

股东要求的权益回报率一般可以用企业的权益资本成本来表示，同剩余收益一样，在实务中可以用一些现有的指标替代或模型来估计。

对于剩余收益分析所使用的两个指标，从另一个角度上，避免了在成长性分析中使用利润增长这一指标的缺陷。利润的影响因素主要是收入和费用，但在现有的准则规定和实务工作中，收入和费用经常出现不匹配的情况，譬如研发费用的区分处理，坏账准备，折旧方式，重组支出等。一些收益增长是源于并不带来增值的投资和会计计量方法的变更，这是由于利润的增长并不能准确评估企业的成长性。而剩余收益和超常收益增长通过相对应的方式避免了计算口径的不一致，剩余收益对应股东权益净成长，超常收益增长对应股东权益超出要求的净增长。

同时，对比两个指标的关系，可以发现，超常收益增长衡量的就是剩余收益的变化值，一个企业的剩余收益有所增长，它的超常收益增长必定不为零，同样的，如果企业的超常收益增长为零，则它的剩余收益一定没有增长。

在进行资本扩张分析时，还应注意以下问题：

第一，资本的积累有两个来源，对于这个问题前文已详细介绍。这里想要强调的是，在进行实务分析时，除了解上述几个指标的情况以外，还应进一步分析这类资本增长是出于股东追加的资本，还是源于企业净利润的留存。即便出现负增长，也应明确是否因为股东撤资，或是其他外因导致。企业应根据分析结果及时采取应对措施，发现潜在问题，第一时间避免问题的扩大。

第二，在进行股利增长分析时，不要只关注股利增长的程度。经验表明，企业的股利政策同企业所处的生命周期阶段有密切关系。在起步期，由于企业经营风险高，自有资金积累不足，通常会把实现的收益全部留存，不分配股利；在成长期，为了配合生产规模的扩大和市场的开发，企业必须把实现的大部分净利润留存，为下期规模扩张提供资金，股利分配率较低；进入成熟期以后，企业的经营趋于稳定，此时的利润多用于回报股东，股利分配率明显提高；衰退期以后，企业甚至可能拿出全部资金发放股利，以减少股东的损失。因此，对股利增长进行分析必须结合企业生命周期阶段特征。

五、成长性指标分析四类指标的关系

前面已介绍了企业成长性指标分析的内容，具体包括销售、资产、收益、资本扩张四大类。不难发现，这四大类指标在具体分析时其实是密切联系的。因此，在进行成长性指标分析时，绝对不能脱离这个关系链孤立地看问题。

企业资产规模的扩大有助于扩大生产规模，实现销售收入的增长；销售的增长提高了企业的获利能力，从而促进净利润的增长，实现收益；收益的增长又带来企业资本的不断积累，实现资本扩张；资本的扩张充实了企业资本规模，从而成为企业资产扩充的坚实后盾。这一循环过程如图7-1所示。

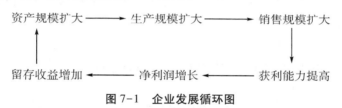

图7-1　企业发展循环图

在这个关系链中，四个要素始终一环套一环地密切联系着，任何一部分的变动都会影响到整个关系链的稳定，而任何一部分增长的滞后，都将使关系链整体瘫痪。在进行企业成长性的实际分析时，可以对当前至关重要的部分予以重点关注，但仍需兼顾各个环节，对任何一个环节的轻视都可能影响企业的成长。

第三节　企业的可持续成长

在企业的经营中，发展速度与发展潜力共同决定了企业的成长能力水平，企业发展速度较快可以表明企业目前的经营状况良好，而企业具有发展潜力则表明企业可以将这种良好的状态延续下去。因此，对企业成长的可持续性进行分析就显得尤为重要。

一、可持续成长的来源及分析模型

企业的很多指标都可以用来分析和评价企业的成长水平，如股东权益的成长、每股收益的增长、净资产收益率的增加、销售的增长、市场份额的增加、资产规模的扩大、生产能力的提高、净利润的增加等众多方面。这些因素分别从数量和质量两个方面描述了企业的成长情况。在进行企业可持续成长分析时主要有两个途径：每股收益

和净资产收益率。

(一) 每股收益

每股收益是指扣减优先股股数以后,全部发行在外的普通股每股平均享有的当期收益,也可以说它是净利润平均分摊给企业发行的普通股后,每一股普通股可以享有的水平,用符号 EPS 表示。如果企业发行在外的普通股规模不发生变化,或者变化十分微小可以忽略不计,那么,企业每股收益的增长也可以作为反映企业可持续成长能力的衡量指标。

如果假定企业的资本结构和利润留存率不发生变化,并以本期的每股收益预测下一期的每股收益,那么下一期的每股收益应当是本期每股收益加上因本期留存收益增加而获得的每股收益的增加部分,再加上由于企业本期举债扩充资本规模而获得的每股收益的增加部分。如果以 0 表示第一期,以 1 表示第二期,以 b 表示收益留存率,以 r 表示增量资本税后收益率,以 i 表示税后利息率,以 R 表示负债与股东权益的比率,则:

$$EPS_1 = EPS_0 + EPS_0 \cdot b \cdot r + EPS_0 \cdot b \cdot R \cdot (r-i) \qquad ①$$

如果用每股收益来衡量可持续增长率,那么可持续增长率 g 就可以表示为:

$$g = \triangle EPS/EPS_0$$
$$= (EPS_1 - EPS_0)/EPS_0 \qquad ②$$

将①式代入②式可以得到以上述变量表示的企业可持续增长率的形式:

$$g = b \cdot r + b \cdot R \cdot (r-i)$$

这一计算方法将企业凭借自身实现的留存收益增量与外部举债筹资实现的留存收益增量的两个增量指标通过一个公式联系起来,揭示出了企业可持续成长的来源。

【例 7-11】2012 年海信电器净利润为 16.31 亿元,普通股股数 130 414.49 万股,股利为每 10 股派发现金 3.7 元(含税),所有者权益账面价值 2012 年末为 89.82 亿元,年初为 73.20 亿元,2012 年总资产为 182.51 亿元,已知海信电器发行在外股票全部为普通股,所得税税率为 25%,假设利息率维持在 3% 不变,试计算该企业 2012 年可持续增长率。

每股盈余 = 净利润/普通股股数 = 16.31 亿元/130 414.49 万股 = 1.25(元)

股利支付率 = 每股股利/每股盈余 = 0.37/1.25 = 29.60%

收益留存率 = 1-股利支付率 = 70.40%

增量资本收益率 = 净利润/权益变动额 = 16.31/(89.82-73.20) ≈ 98.13%

增量资本税后收益率 = 增量资本收益率 × (1-所得税税率) = 98.13% × 75% ≈ 73.60%

负债与股东权益比率 = (总资产-股东权益)/股东权益 = (182.51-89.82)/89.82 ≈ 1.03

税后利息率 = 税前利息率 × (1-所得税税率) = 3% × (1-25%) = 2.25%

可持续增长率 = 70.40% × 73.60% + 70.40% × 1.03 × (73.60%-2.25%) ≈ 103.55%

我们可以初步判断,在 2012 年海信电器经营状况一般,发展潜力不高,但仍需结合其他财务指标来分析期增长能力。

（二）净资产收益率

企业可持续成长分析不仅可以利用每股收益，还可以借助净资产收益率这一指标进行分析。净资产，即企业的所有者权益，是衡量企业资本规模的重要指标。对净资产的收益率进行分析，实际上就是考核企业现有资本的使用效率和盈利能力。

利用净资产收益率对企业可持续成长进行分析，是以净资产增长率取代可持续增长率，并对净资产增长率进行进一步分解得到的。

可持续增长率=净资产增长率

　　　　　　=留存收益/所有者权益

　　　　　　=（净收益/所有者权益）×（留存收益/净收益）

　　　　　　=净资产收益率×收益留存率

　　　　　　=净资产收益率×（1-股利支付率）

其中，股利支付率=（年普通股股利+年优先股股利）/年净收益

这一计算方法将企业的两大财务报表——资产负债表和损益表，紧密融合于一个公式之中，结合对静态和动态两类会计要素的分析，揭示出企业实际的可持续成长水平。

（三）净收益增长的影响因素

企业的可持续成长分析是围绕净收益这一指标展开的。企业净收益作为企业重要的财务指标之一，可以用于衡量企业的可持续成长能力。关于净收益增长的分析，在企业成长性指标分析中已详细介绍，这里想要补充说明的是，导致净收益增长的因素众多，在进行可持续成长能力评价时，必须对这些因素予以高度重视。

导致净收益增长的因素大致包括：营利性经营活动、资本结构的变动、偶然发生的事项、经济环境因素、会计政策变化、税率的变化等。营利性经营活动能够创造收益，这些活动涉及市场份额、产品成本、产品组合、新业务开发等诸多方面，并导致净收益增加。资本结构变动涉及企业债务资本与权益资本的比例关系，由于债务资本需要强制性支付利息费用，会影响企业收益水平，如果企业减少债务资本比例，就可以间接增加企业的净收益。偶然发生的事项因其具有不确定性，是企业计划外的事项，偶然发生并引起现金流入的事项会导致企业净收益的增加。经济环境可以通过通货膨胀、通货紧缩、汇率变动、行业周期等方面影响企业获利水平，当发生通胀时，企业的净收益可能表现出增长的趋势。会计核算必须遵循会计政策，当会计原则、计价方法等会计政策发生变更时会影响企业对利润的核算结果，如折旧年限延长或由加速折旧法变更为直线法，会减少当期折旧摊销额，增加企业净收益。税金是企业按规定税率从取得的收益中扣除并上缴的那部分资金，缴税会减少企业的利润留存，当税率下降时，企业可以有更多的净收益。

（四）实际成长率与计划成长率

在实际情况中，企业的实际成长率往往和计划成长率不相符，一个很重要的原因

是企业的实际收益留存率或者股利支付率与计划时所用的不同，这很明显会导致实际的成长率与可持续成长率不同。

第二个重要原因是由于公司没有在行业成长中找到自己的最佳定位，不能实施最佳策略。譬如错误的估计行业发展情况，对行业发展速度高估，同时没有有效地扩大自己的市场份额，实际成长率必然要低于预期。

第三，可持续成长是基于企业权益资本，全部来自留存收益，如果企业当年存在发行新股的行为，那么企业收益同时来源于留存收益和新股融资，可能使得当年的实际成长率高于计划成长率。

二、可持续成长指标因素分析

企业的可持续增长率是净资产收益率与收益留存率两指标的乘积，这个关系式是以净资产增长率为出发点进行的可持续成长分析。不过这个分析并没有就此结束。如果对这个式子进行等价变化，可以得到影响企业可持续成长的四个重要因素。具体步骤如下：

可持续增长率=（净收益/所有者权益）×（留存收益/净收益）

　　　　　　=（净利润/销售收入）×（销售收入/平均总资产）×（平均总资产/平均所有者权益）×（留存收益/净收益）

　　　　　　=销售利润率×资产周转率×权益乘数×收益留存率

　　　　　　=销售利润率×资产周转率×权益乘数×（1-股利支付率）

至此，企业的四个可持续成长的影响因素就呈现出来了。它们分别是：销售利润率、资产周转率、权益乘数和股利支付率。

销售利润率反映了企业商品生产经营的盈利能力，销售净利率越高，产品盈利能力越强；销售净利率越低，说明产品的盈利能力越差。资产周转率是反映企业资本营运能力的财务指标，该指标有助于企业了解资产的使用效率，资产周转率越高，企业对资产的使用效率越高，越能够节省资金，而资产周转率越低，表明企业营运能力越差，对资金的占用越突出。权益乘数能够表明权益占企业总资产的比重，间接揭示了企业负债的比例，是显示企业资本结构的指标，该指标越大，说明企业负债程度越高，表明企业充分利用负债的低成本特征，但同时也表明企业的经营隐藏着巨大风险。股利支付率反映企业的股利分配政策和支付股利的能力，该指标越大，企业对留存收益的分配越多。

通过这四个指标，可以全面揭示企业整体的经营状况，便于为企业可持续成长能力打分，也有利于企业发现经营中的薄弱环节，并予以加强。

三、企业可持续成长策略分析

企业的可持续成长策略分析仍然围绕销售利润率、资产周转率、权益乘数、股利支付率四个重要指标进行，其策略分析包括经营策略、财务策略和对现金的调整策略三类。经营策略分析的核心要素包括销售利润率和资产周转率，反映企业的经营策略执行效果。财务策略分析的核心要素包括权益乘数和股利支付率，反映企业的融资政策和股利政策，间接反映了企业的资本结构和留存收益水平。现金调整策略分析则是从企业全局角度出发，以现金流为核心，分别考虑现金不足和现金剩余两种情况下企业应当采取的措施。

（一）经营策略

　　企业的经营策略分析是围绕销售利润率和资产周转率两个指标展开的。销售利润率反映了企业每单位销售收入能为企业带来多少净利润，体现的是企业能够从销售中获利的能力。资产周转率可以理解为企业投入的单位资产能够创造的销售收入量，体现的是企业对资产的使用效率，称为企业的资产营运能力。显然，在其他条件不变的情况下，无论是提高销售利润率还是资产周转率都可以实现企业可持续增长率的提高。

　　在分析销售利润率时，应当关注企业生产规模、成本水平、企业所处的市场状况以及企业在市场中所处的位置。生产规模大的企业通常可以减少单位成本支出，实现规模效益递增，而成本的减少使收入扣减成本后的收益增加，可以提高销售利润率。企业如果处于垄断行业，通常可以通过对垄断价格的制定使自身具有较高的获利能力，而主要依靠价格优势增加销售量的企业往往具有较低的销售利润率。在进行分析时，不仅要结合企业自身情况具体分析，还应注重分析结果同行业平均指标值的对比。

　　分析资产周转率时，应当关注企业各部分资产对资金的占用水平，分析企业对资金的使用效率。由于企业在某一时期资产总量是有限的，在这样的情况下，资金的周转速度的提升就显得更为重要。较高的周转速度可以在资产总规模不变的前提下增加企业资金的使用次数，相当于扩大了自有资金规模。在进行具体分析时，可以针对流动资产、存货、应收账款等流动性比较强的资产类型进行周转率分析，在实务中，通常采用期初数与期末数的平均值作为计算依据。在进行分析时，仍需结合企业自身特点，对于业务类型要求资产密度较高的企业，其周转率可能会偏低于其他企业。

（二）财务策略

　　企业的财务策略分析是围绕企业的权益乘数和股利支付率两个指标展开的。权益乘数反映了企业的资本结构，即权益资本与债务资本的比例关系，它可以揭示出当前企业资本的主要来源以及企业财务风险水平。股利支付率是对企业股利政策的直观反映，可以衡量企业对股东投资的回报程度。从理论上分析，在其他条件不变的情况下，提高权益乘数或降低股利支付率都可以实现企业可持续增长率的提高，但在实际决策时并不这么简单。

　　提高权益乘数实际上就是要将企业资本中债务资本的比重增加，通俗地说就是利用贷款为企业补充资本金。然而，这种方式存在上限。随着债务资本的比重不断攀升，企业面临的偿债压力不断加大，财务风险不断增加，银行或其他能够提供融资的中介机构会越来越不愿意为企业提供贷款支持。由此看来，长期利用负债资本提升企业可持续增长率并不可行。

　　如果借助权益资本增加企业资本总量，结果又会怎样呢？假如存在一个完善的资本市场，能够为企业提供充足的权益资本来源，那么同举债相比，财务风险明显降低了，但实际上，这种假设可能并不成立。在不存在发达资本市场的情况下，大量的权益筹资几乎不可能，即便存在这样的资本市场，对于规模较小或成立不久的企业来说，权益资本融资绝非易事。同时，考虑到权益资本所要求的报酬水平高于债务资本，长期依靠权益融资将使企业的资本成本激增。股票发行过多也会稀释每股收益，产生控制权问题。

降低股利支付率也未必是长久之计，这种方式存在下限，即不分配股利。短期看来，这种方式可以充分降低外部融资产生的成本支出，且不会增加企业偿债风险，如果股东认为这是必要的，则通常在短期内不会出现大问题。然而，作为企业的投资者，他们要求的就是能够从企业的经营中分得收益，如果长期不分红，必然不符合股东的要求，很可能导致企业股票价格下跌，甚至引发企业变革。前文提到的戈登股利增长模型清楚地揭示了这一关系。

事实上，企业在财务策略的制定上并非无从下手，对企业的可持续成长来说，它是一把"双刃剑"。在进行实务分析时，仍应围绕企业战略要求和自身特点进行决策，但在决策分析过程中必须充分考虑到各指标间的相互关系，防止顾此失彼。

（三）现金调整策略

企业的成长速度对企业现金的需求和使用效率存在密切的关系：成长速度过快，企业容易出现资金不足的状况，迫使企业要么减缓成长速度，要么想方设法从各种途径获取新资本的注入；成长速度过慢，企业闲置的现金就会过多，因为本可以进行投资获得增值却没有使用，大大增加了这部分闲置资金的机会成本。需要指出的是，这里所指的"现金"是广义的现金，包括现金、银行存款、有价证券等容易变现的各类流动资产。

由此看来，企业的成长速度过快过慢都不理想。然而在实务中，企业实际的可持续成长水平往往同预定的理想成长水平不一致。企业应当如何处理这个问题呢？最关键的是分析企业长期的战略目标要求。如果企业的长期战略目标要求企业必须保持较高的成长水平，那么高于可持续成长水平的成长速度是可以接受的，企业应当将注意力集中在如何妥善解决资金不足的问题。如果企业目前的成长速度低于要求的速度，则应采取各种有效措施提高企业的成长能力，提高企业的可持续增长率。

1. 成长过快

企业成长过快，可能导致现金短缺。在进行具体决策时，企业必须详细分析企业各项业务的现金流状况，区分能够创造价值的业务和可能在未来发生亏损的业务。对于能够创造价值的业务，应当判断这种增值能力能否持久：如果这种增值不具有长期性，可以采用外部融资救急；如果具有长期增值能力，则应从企业整体战略角度予以解决。通常，首先考虑的是提高企业的可持续增长率，这可以通过调整经营策略和财务策略来实现。如果提高了可持续增长率之后仍存在资金短缺现象，企业可以根据需要通过增发股份或兼并其他成熟企业增加权益资本规模。

对于预计亏损的业务，企业首选的是将这部分业务从企业中剥离出去，将其出售，以避免该业务对企业现金的进一步侵蚀，减少可能造成的损失。此外，如果亏损可能同企业内部因素有关，那么有必要进行进一步的具体分析，酌情考虑对业务进行彻底重组，不过这种决策也是存在巨大风险的，企业在决策时必须高度谨慎。

2. 成长过慢

企业成长过慢，可能导致现金剩余。这可能是因为业务增长缓慢，使得大量现金无用武之地。在进行具体决策时，企业同样需要对业务质量进行评价，将业务区分为能够创造价值的业务和可能在未来发生亏损的业务。对于那些能够创造价值的业务，首选的策略是将这部分闲置资金再投资，用于扩大生产规模或改善销售网络，也可以考虑收购相关业务，直接扩大企业规模。不过经验表明，收购的最佳目标并不是那些表现优秀、业绩良好的业务，而是那些具有潜力却没有被市场发现的业务。如果企业对闲置资金进行再投资后仍有大量资金剩余，可以考虑增加股利支付水平，这也向市场传递了一个企业成长状况良好的信号，促进企业股价的提升。此外，还可以选择对股份进行回购。

对于可能导致亏损的业务，原因可能是企业的盈利能力不理想。此时绝不可再进行简单的成长"提速"。此时企业应当将注意力集中到寻求解决如何提高净利率和资产周转速度的办法上来，努力提高企业的资本回报率。同时，企业还应审查目前的资本结构是否合理，是否存在资本成本过多的情况，并加以适度调整，减少企业平均的资本成本。如果这些都不奏效，企业应当考虑是否需要将其对外出售以减少可能的亏损。

案例 7-1：ABC 公司成长性分析

ABC 公司 2010 年至 2012 年三年间的主要财务数据已列示如表 7-1 所示，且已知：

1. 2012 年固定资产原值期初数为 400 万，期末数为 500 万，固定资产净值期初数为 300 万，期末数为 360 万。

2. 该公司发行在外普通股为 30 万股，2008 年公司宣布每 10 股派送现金 0.5 元（含税），2009 年宣布每 10 股派送现金 1.2 元（含税）。

3. 公司财务报表及附注中未列示存在优先股事项。

表 7-1　　　　　　　ABC 公司 2010—2012 年主要财务数据表　　　　　　单位：万元

项　　目	2012 年	2011 年	2010 年
营业收入	5010.00	3380.00	3210.00
主营业务收入	4940.00	3300.00	3000.00
主营业务成本	3850.00	2980.50	2800.00
净利润	247.50	165.00	150.00
总资产	1930.00	1287.00	1170.00
流动资产	1000.00	650.00	500.00
无形资产	110.00	95.50	90.00
固定资产	360.00	300.00	280.00
股东权益	1237.50	1089.00	990.00

请利用本章所学知识根据表 7-1 所示数据完成以下各问题：

1. 利用成长性指标分析法对 ABC 公司 2009 年的销售收入、资产、收益、资本扩张成长性水平等项目进行分析。

2. 利用企业可持续成长分析法对 ABC 公司 2012 年的可持续成长水平进行分析。

3. 试结合前两问的结果，判断企业所处的生命周期阶段，并为该企业制定适合的经营策略和财务策略。

本章思考题：

1. 企业价值最大化是否等同于企业成长率最大化？

2. 为什么在进行企业静态财务状况分析后还应进行关于企业成长性的动态分析？

3. 销售收入相关分析为何要剔除折扣、折让、其他业务收入的影响？

4. 企业成长性指标分析中的各类指标在企业生命周期的各阶段具有什么特征？

5. 可持续成长能力水平对企业决策具有什么重要意义？

6. 企业的财务策略与企业可持续成长之间存在怎样的相互关系？

7. 企业的成长速度对现金流和企业决策有何影响？

第八章　企业财务综合分析与业绩评价

本章导读

　　企业的财务状况是整个经营活动的综合反映，各项经营指标是企业经营成果的最终体现。要对企业的财务状况进行全面的分析与评价，只有将企业的财务活动及其经营成果结合起来进行综合的计算分析，才能对企业的整体经营及财务状况作出准确评价。本章介绍了企业财务综合分析及评价的内涵、目的和原则，并介绍了几种常用的财务综合分析与评价方法，包括杜邦财务分析法、沃尔评分法、综合指数法和我国国有资本金绩效评价体系等。

第一节　企业财务综合分析与业绩评价概述

一、企业财务综合分析与业绩评价的内涵

　　前面章节从偿债能力、资产营运能力、盈利能力、成长性等角度对企业的财务活动进行了深入、细致的分析。这种分析使财务信息使用者，如企业投资人、债权人、政府、经营者及其他企业利益相关者可以了解企业某一方面的财务状况，判断企业某一方面的财务成果。但企业的经营活动是一个有机整体，各环节之间紧密相连，因此，为了全面地分析与评价企业的财务状况和经营效果，应当在对企业各种财务能力进行单项分析的基础上，将有关指标按其内在联系结合起来进行综合分析。

　　企业财务综合分析是在单项财务报表分析的基础上，运用财务综合分析方法将反映企业营运能力、偿债能力、盈利能力和成长性等各方面的财务指标纳入一个有机的整体之中，全面地反映和揭示企业的财务状况和经营成果。财务综合评价是指在财务综合分析的基础上，运用财务综合评价方法对财务活动过程和财务效果得出的综合评判。财务评价以财务报表分析为前提，财务报表分析以财务评价为结论，只有在综合分析的基础上进行综合评价，才能从整体上系统全面地评价企业的财务状况和经营成果。

二、企业财务综合分析与业绩评价的目的

　　企业的业绩关系到政府、投资者、债权人及其他利益相关者的利益。因此，只有对企业的业绩进行科学、全面、有效地评价，才能有助于利益相关者评价企业的经营

业绩和管理效率，对企业从事的生产经营活动实施有效监控。同时，正确有效地评价企业的业绩，能促使企业改善经营管理、提高效率，并且对进一步探索企业持续发展的能力具有十分深远的意义和作用。进行财务综合分析与业绩评价的目的，具体表现在以下几个方面：

1. 为投资人进行投资决策提供科学依据

在所有权和经营权高度分离的现代公司体制中，投资者已无法对经营的全过程进行控制，也无法得到经营过程的全部信息，但他们又承担着投放资本的经营风险，需要作出投资决策。科学、全面、有效的财务综合分析和业绩评价对投资者的意义在于：帮助其了解企业的市场生存能力、竞争能力、发展能力以及投资回收状况、资本收益状况，以决定是否更换经营者、是否向企业投入更多的资金来扩大规模、是否转让或收回投资。

2. 为债权人提供关于企业信誉和偿债能力的信息

企业的债权人通常包括向企业提供贷款的银行或其他金融机构以及与企业有业务往来的其他企业等。一方面，企业由于承担偿还责任，有向对方披露自身资金运转情况和本息偿还能力的义务；另一方面，债权人自身地位又决定了他们必然要对债务人的财务和经营状况给予极大关注。科学、全面、有效的财务综合分析和业绩评价对债权人的意义在于：使他们在偿债能力单项分析基础上，更加全面地了解企业负债性资金的使用方向、进度和效率，了解企业债权性投资的成果和发展前景，以决定是否收回贷款，或是否继续提供贷款。

3. 为政府及社会监管机构提供有力的信息支持

政府和社会监管机构承担着监督和评价企业的经营活动、保护社会公众利益不受侵害的义务，需要监督企业经营成果的真实性和经营活动的合法性，科学规范的财务综合分析和业绩评价体系为监管提供了有力的信息支持。此外，在机构改革后，政府主要履行宏观调控职能，对企业实行间接管理，不再干预企业具体经营，业绩评价为建立这种新型的政企关系提供了一种现实选择。

4. 有利于完善激励机制和优化管理者队伍建设

激励机制是现代企业经营机制的重要组成部分。激励机制包括所有者对经营者的激励机制、高层经营者对部门经营者的激励机制以及经营者对职工的激励机制等。激励机制的基础在于评价。通过企业财务综合分析与评价可以明确经营者的业绩水平，为组织人事部门进行经营者的业绩考核、选择、奖惩和任免提供充分的依据，有利于经营管理层的优胜劣汰，同时促使经营者的工作服务于企业的财务目标。

5. 为企业财务决策提供有用信息

财务决策是财务管理和企业管理的关键环节，财务综合分析为企业投资决策、融资决策、营运资金决策、财务重组决策等各项财务决策提供有用信息，财务评价为财务决策提供依据。如在投资决策中，通过财务综合评价可确定被投资企业在同行业中的水平和地位，明确投资潜力和投资风险，从而作出最优决策。

6. 有助于明确企业"瓶颈"，促进企业改革，提高竞争实力

通过全面、系统、有效的财务综合分析和业绩评价，有助于明确企业偿债能力、

营运能力、盈利能力和成长能力等各单项财务能力之间的相互关系，找到制约企业发展的主要问题和关键因素，以使企业采取有效措施，改善企业经营效率，提高竞争实力。

三、企业财务综合分析与业绩评价的原则

1. 目的性原则

财务综合分析与评价工作的目的是促进企业提高经营绩效。因此，分析时应从企业整体效益的最大化出发，在确立总体结构中各项指标主辅地位时，把反映和影响企业经济效益的财务指标摆在突出位置，重点分析。

2. 完整性原则

财务综合分析和业绩评价指标的设置应做到完整，即能够涵盖对企业营运能力、偿债能力、盈利能力和成长能力等各方面总体考核的要求，反映企业的全部经营状况和财务状况，同时还应当考虑各指标功能的匹配。

3. 客观性原则

财务综合分析所涉及的财务数据和经济数据应当真实准确，同时，分析与评价过程应当保持客观公正，不能带有个人主观臆断。因此，在构建指标体系时应注意指标的可验证性，尽量消除主观判断的影响。

4. 可比性原则

进行分析对比的各项经济内容、计算手法、计算期间和客观环境等方面应具有可比的同等基础，防止不可比因素造成的假象和偏差。

5. 长远性原则

企业的经营是一个长期的过程，因此财务综合分析与评价体系应设置考虑企业持续发展的指标，避免企业为追求眼前利益而牺牲长远利益的短期行为。

第二节 企业财务综合分析

一、企业财务综合分析的特点

所谓综合分析，就是将各项财务指标作为一个整体，系统、全面、整合地对企业财务状况和经营情况进行剖析、揭示和评价，说明企业整体财务状况和效益的好坏。这是财务分析的最终目的。显然，要达到这样的分析目的，只测算几个简单的、孤立的财务比率，或者将一些孤立的财务分析指标堆垒在一起，彼此毫无联系地进行考察，是不可能得出合理、正确的综合性结论的，有时甚至会得出错误的结论。因此只有将企业偿债能力、营运能力、盈利能力及发展趋势等各项分析指标有机地联系起来，相互配合使用，才能对企业的财务状况作出系统的综合评价。

综合分析与前述的单项分析相比，具有以下特点：

（1）分析问题的方法不同，单项分析是把企业财务活动的总体分解为每个具体部

分，逐一加以分析考察，而综合分析是通过归纳综合，在分析的基础上从总体上把握企业的财务状况。

（2）单项分析具有实务性和实证性，能够真切地认识每一具体的财务现象，而综合分析具有高度的抽象性和概括性，着重从整体上概括财务状况的本质特征。

（3）单项分析的重点和比较基准是财务计划，财务理论标准；而财务综合分析的重点和比较基准是企业的整体发展趋势，两者考察的角度是有区别的。

（4）单项分析把每个分析的指标视为同等重要的角色来处理，它不太考虑各种指标之间的相互关系；而综合分析的各种指标有主辅之分，要抓住主要指标，在对主要指标分析的基础上，再对其他辅助指标进行分析，才能分析透彻，把握准确、详尽。

二、企业财务综合分析的内容

从不同角度出发，企业财务综合分析有着不同的分析内容与分析思路。为实现上述财务综合分析的目的，财务综合分析通常可以从以下几个方面进行：

（一）筹资活动与投资活动适应情况综合分析

企业筹资活动与投资活动是紧密相连的，筹资的目的在于投资。由于企业筹资渠道不同，筹资成本、筹资风险、筹资期限及回收期都可能不同，因此，筹资结构与投资结构是否适应就成为财务报表分析的重要内容。通过二者的适应性分析，可判断企业筹资结构与投资结构类型，分析筹资成本、筹资风险、筹资弹性与投资报酬之间的关系，进一步分析不同融、投资模式与企业经营周期状况的适应性。企业筹资结构与投资结构的适应形式通常有以下几种类型：

（1）保守型结构。企业全部资产的资金来源都是长期资本，即所有者权益和长期负债。其最大优点是企业风险低，但由于全部资本都是长期资本，其资本成本较高。这种结构类型实际上只是一种理论界定，实践中很少采用。

（2）稳健型结构。企业的资产可分为永久性资产和临时性资产两部分，永久性资产包括企业的非流动资产和存货，应有稳定和长期的资本来源，临时性资产则与短期负债相对应。这种结构下，企业风险较小，负债成本也低于保守型结构，故而被大部分企业接受或采用。

（3）平衡型结构。企业的非流动资产应以长期资本来满足，流动资产则由流动负债来满足。这就要求企业的流动资产内部结构与流动负债内部结构相互适应。当二者适应时，企业不仅不会产生很大风险，而且资本成本也较低；而当二者不相适应时，如流动资产变现时间和数量与偿债时间和数量不一致，就会使企业资金周转困难，并有可能陷入财务危机。因此，平衡型结构只适用于经营状况良好，流动资产与流动负债内部结构相适应的企业。

（4）风险型结构。企业的流动负债不仅用于满足流动资产的资金需要，而且还用于满足部分长期资产的资金需要。由于流动负债多于流动资产，这必然使企业财务风险较高，但相对于其他几种结构来说，其资本成本最低。因此，风险型结构只适用于企业资产流动性很好且经营现金流量较充足的情况，但从长远看，企业不宜采用。

（二）现金流量与利润综合分析

现代财务理论认为，现金流量能反映比利润更广泛、更可靠的信息，因此，对企业现金流量来源及应用的分析成为当代财务报表分析的重要内容。同时，企业的现金流量，特别是经营现金净流量与利润关系密切，因而通过对经营现金净流量与利润的综合分析，一方面揭示现金净流量变动的原因，另一方面揭示企业利润的质量，有助于促使企业重视利润质量，着眼于企业的长远利益和持续发展。

（三）增长能力、盈利能力、营运能力、偿债能力综合分析

企业的财务目标是企业价值最大化，企业价值最大化离不开企业的持续增长，而持续增长必须以盈利能力为基础，盈利能力又受到营运能力和财务杠杆等的影响。因此，把企业的成长能力、盈利能力、营运能力和偿债能力进行综合分析十分必要。它可以相互联系地揭示企业各项能力，找出某方面存在的问题，杜邦财务分析便是一种进行此类分析的基本方法。

三、三大财务报表的分析及联系

（一）资产负债表及其分析

资产负债表是反映会计主体在某一特定时点上的财务状况的报表。它是根据资产、负债和所有者权益之间的相互关系，按照一定的分类标准和顺序，把企业在特定日期的资产、负债和所有者权益项目予以适当排列，并对日常工作中形成的大量数据进行高度浓缩、整理后编制而成的。

通过资产负债表，可以反映企业某一日期资产的总额，表明企业拥有或控制的经济资源及其分布情况，是分析企业生产经营能力的重要资料；可以反映企业某一日期的负债总额及其结构，表明企业未来需要多少资产或劳务来清偿债务；可以反映企业某一日期的所有者权益总额，表明投资者在企业总资本中所占的份额，了解权益的结构状况，而有关企业资本状况的信息，对于评价企业利润和提供投资收益的能力是至关重要的。因而，资产负债表能够提供财务分析的基本资料，通过资产负债表可以计算流动比率、速动比率等财务指标，了解企业偿债能力等基本财务状况，从而对企业某一时点上的静态财务状况的合理性、有效性作出分析判断。

企业的资产负债表并不是对企业价值的揭示，而是与其他财务报表和资料一起为需要自己判断价值的外部使用者提供有用的信息，即企业的资产负债表可以帮助外部使用者对企业的资产流动性、资金灵活性和经营能力进行评价。

（二）利润表及其分析

利润表是总括反映会计主体在一定时期（一般是月份、年度）内的经营成果的会计报表，它由企业收入、费用和利润三大会计要素构成，是动态反映企业资金运动的会计报表。

通过利润表，可以了解企业在正常经营状况下的收支情况以判断企业的盈利能力。在市场经济体制下，企业作为独立经济实体，其主要目的是为了最大限度地获取利润。

企业只有在净资产或所有者权益得到保全和维护的前提下，才能得到真实收益。通过将真实收益和其他有关项目进行对比而形成的指标，如销售利润率、普通股每股收益率等，可以用来评估企业的盈利能力。

利润表按照企业利润的形成过程，对营业利润、投资净收益和营业外收支进行分项反应，不仅反映了企业利润的形成过程和结果，还反映了企业利润的构成情况，为进行企业利润结构和盈利能力的分析提供了第一手资料。同时，通过分别对前后期营业利润、投资净收益和营业外收支的对比分析，还可以分析和测定企业利润的发展变化趋势，以预测企业未来的盈利能力。

企业盈利能力是许多决策如投资决策、信贷决策等的重要依据。投资者（包括现在投资者和潜在投资者）对企业利润尤为关心。通过对利润表的分析，可以评估投资的价值和报酬，以确定该项投资是否有利以及是否要进行投资。

利润既是企业经营业绩的综合体现，又是进行利润分配的主要依据，本期净收益转入作为利润表附表的利润分配表中，成为连接利润表及其附表的纽带；净利润分配后所剩的未分配利润则列于资产负债表的股东权益部分，将资产负债表与利润表连接起来。将资产负债表与利润表结合起来可以反映企业的偿债能力及各有关项目的周转效率；将利润表与利润分配表结合起来可以综合反映利润的实现和分配情况，以及年末未分配利润的结存情况等。

（三）现金流量表及其分析

现金流量表以收付实现制为编制基础，详细地说明企业在某一特定时期内的现金流入与流出情况，可以让使用者了解、评价和预测企业目前和未来获取现金的能力、偿债能力和支付能力，评估、判断企业所获得利润的质量。

现金流量表能够弥补权责发生制的不足，反映净收益的质量，其主要表现在：一方面，当前的会计核算是以权责发生制为基础的，按照这种原则编制的资产负债表和利润表均体现权责发生制，由此而生成的信息既有其合理公正的一面，也有其含有较多主观因素的一面。而编制现金流量表则完全依据现金流量的事实，反映现金收入和现金费用并不遵循实现原则和配比原则等，所以，现金流量表、资产负债表与利润表结合在一起，可以从不同侧面反映企业的财务状况和经营成果，形成一个相辅相成、功能完整的报表体系，使会计信息能公正、合理、真实和全面地反映企业的财务状况和经营成果。财务报表使用者在掌握资产负债表和利润表信息的同时，在阅读不受会计准则左右的现金流量表，可以完整地把握企业的财务状况和经营成果，更准确地对企业的经营业绩进行评判。另一方面，现金流量表提供了一定时期企业经营活动所得现金的资料，揭示了经营活动的所得现金和企业净收益的关系，从而有利于领导人员和会计人员正确评价企业受益的质量。

（四）各财务报表的内部勾稽关系

资产负债表、利润表和现金流量表三者间的关系可以大致的表示为如图 8-1 所示：

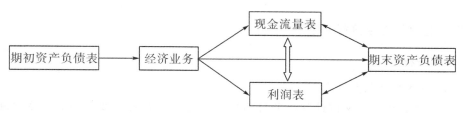

图 8-1　资产负债表、利润表和现金流量表关系图

其中，期初资产负债表列示了企业在会计初期的资产、负债和所有者权益状况；利润表和现金流量表揭示了企业管理人员在本期内使用、保持及增加资本等经营活动的结果。这将对企业的资产、负债、所有者权益带来不同程度的影响；而期末资产负债表则报告了会计期末的变动结果，反映了企业在经过一个时期的经营后的财务状况。各财务报表之间的这种内部联系，如图 8-2 所示。

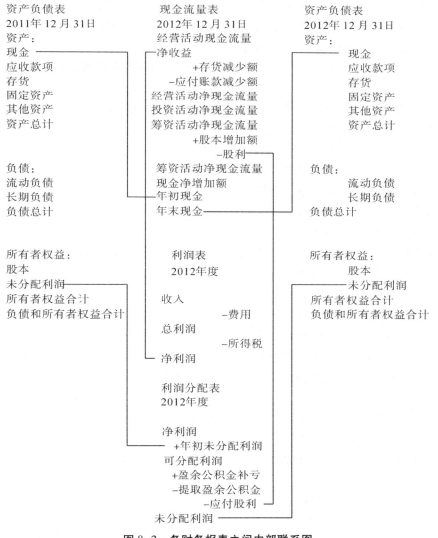

图 8-2　各财务报表之间内部联系图

四、常用的财务综合分析方法

（一）杜邦分析法

1. 杜邦财务分析法的基本原理

杜邦财务分析法，又称杜邦财务分析体系，是利用几种主要的财务比率之间的内在联系来综合分析企业财务状况的一种方法。这种方法由美国杜邦公司最先提出，因而称为杜邦财务分析法。它以净资产收益率为核心指标，将偿债能力、资产营运能力、盈利能力有机地结合起来，层层分解，逐步深入，构成了一个完整的分析系统，全面、系统、直观地反映了企业的财务状况。杜邦分析法的关键不在于指标的计算，而在于对指标的理解和应用，其作用是解释指标变动的原因和变动的趋势，为采取改进措施指明方向。

杜邦财务分析体系主要包含以下几种主要的财务比率关系：

（1）净资产收益率与总资产净利率、权益乘数之间的关系

净资产收益率＝净利润/所有者权益

     ＝（净利润/资产总额）×（资产总额/所有者权益）

     ＝总资产净利率×权益乘数

（2）总资产净利率与销售净利率、总资产周转率之间的关系

总资产净利率＝净利润/资产总额

     ＝（净利润/销售收入）×（销售收入/资产总额）

     ＝销售净利率×总资产周转率

（3）销售净利率与净利润、销售收入之间的关系

销售净利率＝净利润/销售收入

净利润＝销售收入－成本费用总和

成本费用总和＝销售成本+销售费用+管理费用+财务费用+税金+其他支出

（4）总资产周转率与销售收入、资产总额之间的关系

总资产周转率＝销售收入/资产总额

资产总额＝流动资产+非流动资产

（5）权益乘数与资产结构的关系

权益乘数＝资产总额/所有者权益

    ＝（所有者权益+负债总额）/所有者权益

    ＝1+产权比率

    ＝资产总额/（资产总额－负债总额）

    ＝1/（1－资产负债率）

（6）根据以上财务比率之间的关系可以将净资产收益率分解为：

$$净资产收益率 = \frac{净利润}{所有者权益}$$

$$= \frac{净利润}{销售收入} \times \frac{销售收入}{资产总额} \times \frac{资产总额}{所有者权益}$$

=销售净利率×总资产周转率×权益乘数

通过以上财务指标的层层分解，就可以全面、系统地反映出企业的财务状况和系统内部各个因素之间的内部关系。为了更直观地表达杜邦分析法的本质，通常绘制"杜邦财务分析法图解"，将有关指标按内在联系排列，便于理解和分析，如图8-3所示。

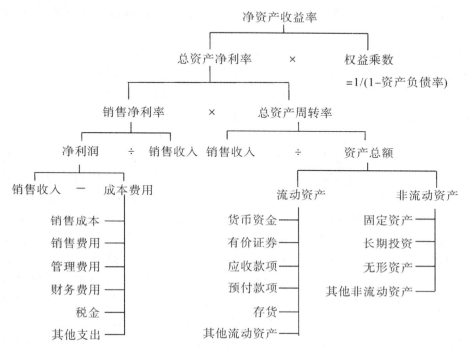

图8-3　杜邦财务分析法图解

从图8-3中可以看出，杜邦分析法图解中的各个指标间层次分明、结构清晰。不同层次下的财务指标所反映的内容的综合程度是不同的：上层次的指标综合性强，下层次的指标综合性弱，也可以认为下层指标是原因，上层指标是结果。正是利用这种因果关系，我们可以把某指标的变动和企业总目标指标的变动联系在一起，进而分析他们之间的数量关系，用下层指标解释上层指标。从图中也可以明显看出，杜邦财务分析体系有三大分支：一是从销售净利率开始，一直往下层去，这条分支反映企业在盈利能力方面的相关财务指标；二是从总资产周转率往下，这条分支反映企业在营运能力（资产利用能力）方面的相关财务指标；三是从权益乘数往下，这条分支反映企业的偿债能力，同时也反映资本结构方面的相关财务指标。也就是说，净资产收益率与企业的销售规模、成本水平、资产营运、资本结构都有着密切的联系，这些因素构成一个相互依存的系统，只有把这个系统内各个因素的关系协调好，才能使净资产收益率达到最大，才能实现股东财富最大化的目标。

2. 杜邦财务分析法的应用

杜邦分析是对企业财务状况的综合分析。如果一个企业的净资产收益率这一综合性指标发生变动，我们便可以通过杜邦财务分析体系，理清脉络，找到发生变动的根本原因。分析时应明确以下几点：

（1）净资产收益率（所有者权益报酬率、权益净利率、股东权益报酬率）是杜邦财务分析系统的核心和起点，是综合性、代表性最强的财务指标，提高净资产收益率，增强股东投入资金的获利能力，体现了股东权益最大化的企业理财目标。通过杜邦分析可以看出，净资产收益率高低的决定因素主要有三个，即销售净利率、总资产周转率和权益乘数，反映了企业生产运营、筹资投资、资本结构等多种因素作用的综合结果。

（2）总资产净利率揭示了企业一定期间的资产利用效率，是反映企业获利能力的一个重要的综合性财务指标。总资产净利率等于销售净利率和总资产周转率的乘积，企业的销售成果和资产管理情况都对其有直接影响。因此，提高总资产报酬率也应当从两方面入手：一方面增强企业的销售获利能力，增加收入，降低成本费用；另一方面加强资产管理，降低资金占用。

（3）销售净利率揭示了企业净利润与销售收入之间的关系，是反映销售收入获利水平的财务指标。它的高低取决于销售收入与成本费用的高低，因而要想提高销售利润率，一方面应当提高销售收入，另一方面应当降低成本费用，使净利润的增长高于销售收入的增长。提高销售收入可以从扩大市场占有率入手，企业应当深入调查研究市场情况，了解市场需求并积极开发出适应市场的新产品，同时保证产品和服务的质量，采用有效的市场营销手段，以扩大销量，增加销售收入。降低成本费用需要企业加强成本控制，通过对各项成本费用进行分析，可以发现企业在成本费用管理方面存在的问题，从而对症下药，改善管理，降低耗费，但同时应当注意，降低成本费用必须以保证产品质量为前提，只有这样才能保证利润增加的可持续性。

（4）总资产周转率反映了企业运用资产产生销售收入的能力，是揭示资产结构及其运用效率的财务指标。总资产周转率是销售收入占资产总额的百分比。企业的资产总额分为流动资产和非流动资产。一般来说，流动资产体现企业的偿债能力与变现能力，非流动资产体现企业的经营规模与发展潜力，资产结构和各资产组成部分的使用效率都直接影响着总资产周转率的高低，因而在资产管理方面，应从这两个方面来分析原因。

在资产结构方面，首先分析流动资产与非流动资产的比例是否合理，再进一步分析流动资产和非流动资产内部结构是否合理。一般来说，流动资产流动性强，盈利能力较弱，非流动资产盈利能力较强，但周转速度较慢。当某一项资产占用比例过大，就应深入分析其原因，如固定资产是否得到充分利用，存货是否有积压等。

在资产使用效率方面，可以首先从总资产周转率出发，分别进行流动资产周转率和非流动资产周转率分析，然后再从流动资产周转率出发，进一步对存货周转率、应收账款周转率、现金及现金等价物周转率进行分析，从而找出问题所在。

（5）权益乘数既反映了企业的偿债能力，又反映了企业的资本结构，它主要受企业资产负债率的影响。在资产总额一定的情况下，资产负债率越高，企业的负债程度越高，权益乘数就越大，提高净资产收益率的同时也给企业带来了较多的财务杠杆效应。在财务杠杆的作用下，企业的收益和风险都相应提高。因此，在安排企业资本结构时，既要充分利用财务杠杆效应，又要合理规避风险，确定适合企业的资产负债率，从而达到提高净资产收益率的目的。

杜邦财务分析方法的作用在于揭示指标变动的原因和变动趋势，从而便于管理人员采取针对性的措施。杜邦财务分析方法主要可以应用于两方面的分析：一是分析企业内部的财务状况，在分析时应当采用至少两年的资料，计算出相同的比率进行比较，进而分析产生差异和变动的原因；二是分析同行业或同类企业的财务状况变动趋势，通过对行业平均指标进行比较，可以预测行业前景。

3. 杜邦财务分析法应用举例

【例 8-1】海信电器 2011 年与 2012 年的有关财务指标见表 8-1，要求运用杜邦财务分析法进行财务综合分析。

表 8-1　　　　　　　海信电器 2012 年及 2011 年部分财务指标

项　　　目	2012 年	2011 年	2010 年
资产负债率（%）	50.79	54.66	53.56
总资产净利率（%）	9.48	11.80	7.35
销售净利率（%）	6.45	7.18	3.93
总资产周转率（次）	1.47	1.64	1.86
应收账款周转率（次）	22.10	25.25	29.22
存货周转率（次）	7.04	7.72	7.12
权益乘数	2.04	2.21	2.15

分析过程如下：

净资产收益率＝总资产净利率×权益乘数

2011 年净资产收益率＝26.08%＝11.80%×2.21

2012 年净资产收益率＝19.34%＝9.48%×2.04

通过分解可以看出，该公司 2012 年净资产收益率相对上年有所降低，原因在于总资产净利率的下降，下面可对总资产净利率作进一步分解：

总资产净利率＝销售净利率×总资产周转率

2011 年总资产净利率＝11.78%＝7.18%×1.64

2012 年总资产净利率＝9.48%＝6.45%×1.47

通过分解可以看出，总资产净利率的变动主要是由于销售净利率的下降，下面进一步分析销售利润率变动的原因：

销售净利率＝净利润/销售收入

2011 年销售净利率＝7.28%＝1 711 798 844.96/23 523 723 550.20

2012 年销售净利率＝6.45%＝1 630 751 338.86/25 251 980 431.00

可以看出，净利润的下降是销售净利率下降的主要原因，而净利润是收入与成本费用配比后的结果，接下来对成本费用进行分析：

成本费用＝销售成本+销售费用+管理费用+财务费用+税金+其他支出

2011 年成本费用 = 21 811 924 705. 24 = 18 614 493 179. 63+2 484 786 746. 45+471 411 626. 69-43 693 207. 9+359 439 214. 84+ (-74 512 854. 47)

2012 年成本费用 = 23 621 229 092. 14 = 20 702 079 214. 39+2 122 622 457. 21+564 601 542. 43-54 353 339. 85+347 694 597. 35 + (-61 415 379. 39)

由上述计算可以看到，2012 年的成本费用大于 2011 年，利润减少由成本上涨导致，且 2012 年的销售收入增长没有弥补成本费用的增长，两者匹配后，2012 年的净利润便低于 2011 年。

以 2012 年有关指标为基础，编制海信电器 2012 年杜邦分析图（见图 8-4）。

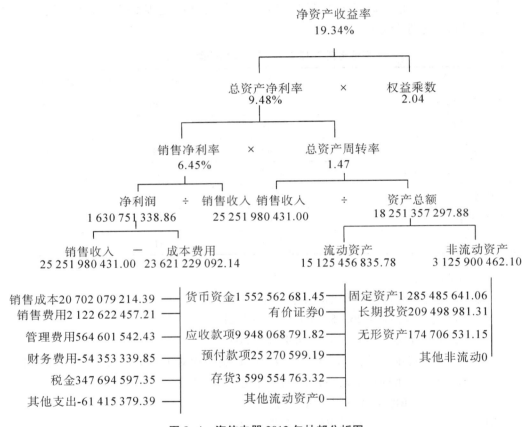

图 8-4 海信电器 2012 年杜邦分析图

（二）杜邦财务分析体系的发展——帕利普财务分析体系

杜邦财务分析体系自产生以来，在实践中得到了广泛应用与好评。随着经济与环境的发展、变化和人们对企业目标的进一步升华，许多人对杜邦财务分析体系进行了变形和补充，使其不断发展与完善。美国哈佛大学教授帕利普等在其所著的《企业分析与评价》一书中，将财务报表分析体系界定为以下几种关系式：

可持续增长比率 = 净资产收益率 × (1-支付现金股利/净利润)

$$净资产收益率 = \frac{净利润}{所有者权益} = \frac{净利润}{销售收入} \times \frac{销售收入}{资产总额} \times \frac{资产总额}{所有者权益}$$

与销售利润率相关的指标有销售收入成本率、销售毛利率、销售收入期间费用率、销售收入研发费用率、销售净利率、销售收入非营业损失率、销售息税前利润率、销售税费率等。

与总资产周转率相关的指标有流动资产周转率、营运资金周转率、固定资产周转率、应收账款周转率、应付账款周转率、存货周转率等。

与财务杠杆作用相关的指标有流动比率、速动比率、现金比率、负债对权益比率、负债与资本比率、负债与资产比率、以收入为基础的利息保证倍数、以现金流量为基础的利息保证倍数。

帕普利财务分析体系见图 8-5：

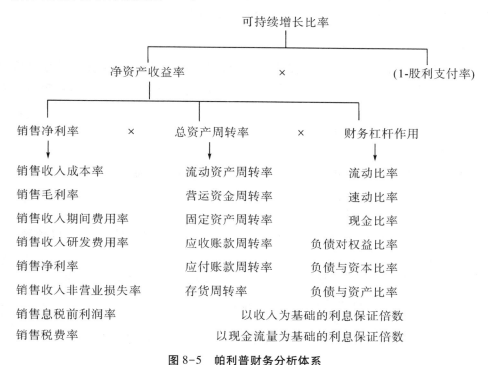

图 8-5 帕利普财务分析体系

第三节 企业业绩综合评价

一、企业业绩综合评价的内容与方法

企业业绩综合评价的内容根据评价对象与评价目的的不同而有所不同。它可以是对筹资活动、投资活动、经营活动和分配活动的综合评价，也可以是对盈利能力、营运能力、偿债能力和成长能力的综合评价。从指标体系看，我国企业经济效益评价是对盈利能力、偿债能力和社会贡献能力三个方面进行的综合评价，而国有资本金绩效评价则是对财务效益状况、资产营运状况、偿债能力状况和发展能力状况四个方面进行的评价。

业绩综合评价的方法有很多,目前,我国企业经济效益综合评价使用的是综合指数法,企业经营业绩综合评价使用的是功效系数法,也称综合评分法。本章将主要介绍沃尔评分法、综合指数法以及我国国有资本金绩效评价体系的具体方法和应用。

二、综合指数法

综合指数法在本质上类似于沃尔评分法,基本原理仍然是构建指标评分体系,可以说是沃尔评分法思想在现代的应用。其一般程序包括:选择业绩评价指标、确定各项指标的标准值、计算指标单项指数、确定各项指标的权数、计算综合经济指数、评价综合经济指数。下面将具体介绍综合指数法的应用。

(一)选择业绩评价指标

进行经营业绩评价的首要步骤是正确选择评价指标,指标的选择要根据分析的目的和要求,注意指标体系的全面性、代表性。企业经济效益评价指标体系包括三方面共十项指标。

1. 反映盈利能力和资本保值增值的指标

(1) 销售利润率

销售利润率反映企业销售收入的获利水平,其计算公式为:

$$销售利润率 = \frac{利润总额}{产品销售净收入} \times 100\%$$

其中,产品销售净收入指扣除销售折让、销售折扣和销售退回后的销售净额。

(2) 总资产报酬率

总资产报酬率用于衡量企业运用全部资产的获利能力,其计算公式为:

$$总资产报酬率 = \frac{利润总额 + 利息支出}{平均资产总额} \times 100\%$$

其中,平均资产总额 = (期初资产总额+期末资产总额)/2

(3) 资本收益率

资本收益率指企业运用投资者投入资本获得收益的能力,其计算公式为:

$$资本收益率 = \frac{净利润}{实收资本} \times 100\%$$

(4) 资本保值增值率

资本保值增值率反映企业资本保值增值能力,其计算公式为:

$$资本保值增值率 = \frac{期末所有者权益总额}{期初所有者权益总额} \times 100\%$$

若该指标等于100%为资本保值,若该指标大于100%则为资本增值。

2. 反映偿债能力和资产负债水平的指标

(1) 资产负债率

资产负债率用于衡量企业负债水平的高低,其计算公式为:

$$资产负债率 = \frac{负债总额}{资产总额} \times 100\%$$

（2）流动比率或速动比率

流动比率是衡量企业在某一时点偿付即将到期债务的能力，其计算公式为：

$$流动比率 = \frac{流动资产}{流动负债} \times 100\%$$

速动比率是衡量企业在某一时点上运用随时可变现资产偿付到期债务的能力，其计算公式为：

$$速动比率 = \frac{速动资产}{流动负债} \times 100\%$$

其中，速动资产＝流动资产−存货

（3）应收账款周转率

应收账款周转率用于衡量应收账款周转速度快慢的指标，其计算公式为：

$$应收账款周转率 = \frac{赊销净额}{平均应收款项余额}$$

其中，平均应收账款余额＝（期初应收账款余额+期末应收账款余额）/2

赊销净额＝销售收入−现销收入−销售退回、折扣、折让

但是在实际应用中，由于企业赊销资料作为商业机密不对外公布，所以应收账款周转率的分子一般用赊销和现销的总额，即销售净收入。

（4）存货周转率

存货周转率用于衡量企业在一定时期内存货资产的周转次数，反映企业的购、产、销平衡效率的一种尺度，其计算公式为：

$$存货周转率 = \frac{产品销售成本}{平均存货成本}$$

其中，平均存货成本＝（期初存货成本+期末存货成本）/2

3. 反映企业对国家或社会贡献水平的指标

（1）社会贡献率

社会贡献率用于衡量企业运用全部资产为国家或社会创造或支付价值的能力，其计算公式为：

$$社会贡献率 = \frac{企业社会贡献总额}{企业平均资产总额} \times 100\%$$

其中，企业社会贡献总额包括工资（含奖金、津贴等工资性收入）、劳保退休统筹及其他社会福利支出、利息支出净额、应缴增值税、应缴产品销售税金及附加、应缴所得税、其他税收、净利润等。

（2）社会积累率

社会积累率用于衡量企业社会贡献总额中多少用于上缴国家财政，其计算公式为：

$$社会积累率 = \frac{上缴国家财政总额}{企业社会贡献总额} \times 100\%$$

其中，上缴国家财政总额包括应缴增值税、应缴产品销售税金及附加、应缴所得税、其他税收等。

（二）确定各项业绩指标的标准值

业绩评价指标标准值一般根据分析的目的和要求确定，可用企业某年的实际数，也可用同类企业、同行业、部门平均数或国际标准数。一般来说，当评价企业经营计划完成情况时，可采用企业计划水平或预算水平为标准值；当评价企业经营业绩水平或财务状况是否改善时，可采用企业前期水平或标准值；当评价企业在同行业或在国内、国际上所处地位时，可采用行业标准值、国家标准值或国际标准值为标准；当评价企业财务状况是否正常时，还可以采用经验标准值。财政部在设计这十项指标时，标准值的确定主要参考了两方面：一是适当参照国际通行标准，如流动比率为200%、速动比率为100%、资产负债率为50%等，但考虑到我国企业整体水平偏低，与发达国家差距较大，因而国际标准仅仅是一个参考依据，还应当根据我国实际情况作相应调整；二是参考我国企业在近三年的行业平均水平，使标准更适合我国国情，更有比较价值。

（三）计算各项业绩指标的单项指数

单项指数是各项指标的实际值与标准值之间的比值，其计算公式为：

$$单项指数 = \frac{实际值}{标准值}$$

这一单项指数计算公式适用于经济指标为纯正指标或纯逆指标，如果某项经济指标为正指标，则单项指数越高越好；如果为逆指标，则单项指数越低越好。如果该项经济指标既不是正指标又不是逆指标，而是如资产负债率、流动比率、速动比率这样，只要偏离标准就不好的指标，则其单项指数可按下式计算：

$$单项指数 = \frac{标准值 - |实际值 - 标准值|}{标准值}$$

【例8-2】某企业流动比率的标准值为200%，当流动比率实际值为220%时，其单项指数为：

$$单项指数 = \frac{200\% - |220\% - 200\%|}{200\%} = 0.9$$

（四）确定各项业绩指标的权数

综合经济指数不是单项指数的简单算术平均，而是一个加权平均数，因此，要计算综合经济指数，应在计算单项指数的基础上，确定各项指标的权数。各项经济指标权数的确定应依据各指标的重要程度而定，根据经验，可将各指标按重要性程度分为三类，指标越重要其权数越大，反之，则权数越小。

第一类是最重要的收益性指标。收益性是指企业的盈利能力。它是企业经营活动的主要目的，也是企业发展的客观要求和基本素质的指标，包括各种利润率，如销售利润率、总资产报酬率、资本收益率以及人均利润率、利润额等。

第二类是较为重要的稳定性指标。稳定性也称安全性，是指企业的偿债能力和营运能力。它是企业生存和发展的基本条件，也是企业必备的素质。偿债能力是企业安全程度和财务风险大小的标志，主要指标有资产负债率（或产权比例）、流动比率（或速动比率）等；营运能力反映企业生产经营活动的强弱，说明资产周转快慢及资金的节约、浪费，主要指标有应收账款周转率、存货周转率、流动资产周转率、总资产周转率等。

第三类是一般重要的成长性指标和其他指标。成长性是指企业的发展能力，它是保持企业活力的物质基础，主要指标有利润增长率、营业收入（或产值、产量）增长率、劳动效率、附加值率、资本保值增值率等；其他指标可根据评价需要设置，在财政部颁布的十项指标体系中，其他指标包括社会贡献率和社会积累率。

根据以上经验，并参照美国、日本等国家的做法，这里将十项经济效益指标的权数确定为：销售利润率15，总资产报酬率15，资本收益率15，资本保值增值率10，资产负债率5，流动比率（或速动比率）5，应收账款周转率5，存货周转率5，社会贡献率10，社会积累率15。

（五）计算综合经济指数

综合经济指数是各单项指数乘以各单项指标的权数求和而得到的一个加权平均数。综合经济指数的计算又分两种方法。

1. 按各项指标实际指数计算（不封顶）

在按各项指标实际指数计算时，其计算公式为：

综合经济指数 = $\sum$ 某指标的单项指数 × 该指标的权数

2. 按扣除超过100%后计算（封顶）

当全部指标为正指标时，如果某项指标的指数超过100%，超出部分并不计算指数，只按100%计算；如果某项指标的指数低于100%，则按该指标实际指数计算。其计算公式为：

综合经济指数 = $\sum$ 某指标的单项指数（扣除超出部分）× 该指标的权数

综合指数法举例如表8-2：

表8-2　　　　　　　　　　　　　　综合指数法计算表

经济指标	标准值	实际值	单项指数（%）	权数	综合经济指数
销售利润率（%）	18	16	89	15	13.35
总资产报酬率（%）	20	18	90	15	13.5
资本收益率（%）	25	26	104	15	15.6
资本保值增值率（%）	105	105	100	10	10
资产负债率（%）	50	60	80	5	4
流动比率	2	1.8	90	5	4.5
或速动比率	1	0.8	80	5	
应收账款周转率	12	10	83	5	4.15
存货周转率	10	9	90	5	4.5
社会贡献率（%）	35	35	109	10	10.9
社会积累率（%）	30	30	93	15	13.95
综合经济指数				100	80.5

＊社会贡献率和社会积累率实际值由于资料限制，假设其为标准值。

(六) 综合经济指数评价

一般来说，当各项业绩指标中没有逆指标时，我们可以得出如下判断：如果经济指数为100%，说明企业经营业绩的总体水平达到了标准要求；如果该指标超过100%，则企业经营业绩水平超过标准，且指标越高，表明经营业绩总体水平越高；如果该指标低于100%，则表明企业没有达到标准要求，且该标准越低，企业经营业绩总体水平越差。本例中企业综合经济指数为80.5，只达到标准的80.5%，在十项经济指标中有3项达到了标准值，其余7项低于标准值，在经营管理方面还需要改进。

在运用综合经济指数法进行经营业绩综合评价时，应特别注意以下两个问题：

1. 各项经济指标评价标准的方向问题

选择的各项经济指标在评价标准上应尽量保持方向的一致性，即尽量都选择正指标或都选择逆指标。因为全部为正指标，则评价标准越高越好；全部为逆指标，则评价标准越低越好；如果既有正指标又有逆指标，则可能产生指标体系的内部抵消现象，导致得出错误结论，此时应将逆指标转变为正指标或相反。如上例中的周转率指标，以周转次数计算为正指标，以天数计算为逆指标，因为大部分指标都是正指标，因此周转率也采用正指标形式。至于资产负债率、流动比率和速动比率这种既不是正指标又不是逆指标的指标，其标准值具有绝对性，即越接近标准值越好。在进行综合经济效益指数评价时应注意这些指标的特点，不能只从综合指数合计数来评价，还应具体分析各单项指标，否则可能得出错误结论。

2. 综合经济指数是否可高于100%的问题

(1) 如果各单项指数取值可高于100%，则综合经济指数有时会高于100%。这样做的优点是：综合经济指数不封顶，该指标越高，说明企业经营业绩越好；缺点是：可能以某些完成状况好的指标数值弥补完成状况差的指标数值，即使综合指数大于或等于100%，也不能说明企业各项经济指标都达到了标准的要求，掩盖了企业在某些方面可能存在的问题。

(2) 如果各单项指数取值最高为100%，即大于100%时按100%计算，小于100%时按实际值计算，则综合经济指数最高为100%。这样做的优点是：只要综合经济指数达到了100%，就说明企业各项经济指标都达到了标准值，取得了理想的经营业绩，而低于100%则说明企业在某方面一定存在问题；缺点是：如果几个企业的综合效益指数都达到100%，则很难分出优劣。

因此，在进行企业业绩综合评价时，如果标准值比较先进，则可采用指数封顶的方法；当标准值为平均值时，则应采用指数不封顶的方法。企业在进行自身经营业绩评价时，无论采用了哪种方法，都应当考虑各单项指数本身的特点，同时，也不能拘泥于形式，可将两种方法结合使用，取长补短，从不同角度评价企业的经营业绩。

三、经济增加值 (EVA)

(一) EVA 的产生

在现代经济条件下，企业的资本金来源有两种方式，其一是外借，即债务资本；

其二是自有，即权益资本。企业在筹资过程中，不论是外借的还是自有的资金，都要进行资金成本分析，以确定合理的资金来源结构，从而达到以最低的资金成本来实现企业经营所需的资本。然而所需资本一经形成，现行会计制度对权益资本和债务资本的处理就不同了。债务资本的成本是将其作为当期的费用直接计入当期的损益，而对权益资本成本则是将其作为收益分配处理。权益资本成本的隐含部分，即占用权益资本的机会成本未加以揭示，使经营者有可能认为权益资本是一种"免费资本"，对外公开财务报告的净收益实际上包括两部分，即权益资本成本和真实利润。如果某企业会计报告的净收益为零，按照现行财务会计的特点，报告阅读者就会认为所有的资本都得到了补偿。但实际上此时获得补偿的只是债务资本成本，权益资本成本并未得到补偿。因此，不确认和计量权益资本成本实质上虚增了利润，就有可能误导投资者作出错误的决策。

关于企业业绩评价的方法总是在不断发展的，也正是在这种情况下，经济增加值EVA才应运而生。20世纪50年代，通用汽车公司就采用了类似的方法评价企业业绩。最后，美国思特恩公司把理论和实践结合起来，在1982年提出了经济增加值EVA的概念，建立了EVA的管理模式，使EVA方法在财务策略和资本负债结构方面得到了运用。同以往的财务业绩评价工具不同的是，EVA考虑了对所有者投入资本所应该获得的投资机会报酬的补偿，量化了企业能够提供给投资者的增值收益，消除了传统利润计算中对债务资本使用的有偿性和所有者资本使用的无偿性的差别对待。EVA是企业在满足债务资本提供者和权益资本提供者的投资机会报酬之后的剩余利润。这种利润实质上才是属于所有者所有的真实利润。

（二）经济增加值的计算原理

EVA是公司经过调整的营业净利润（NOPAT）减去该公司现有资产经济价值的机会成本后的余额，其公式为：

EVA＝营业净利润−企业的加权平均资本成本×公司资产起初的经济价值

营业净利润是以报告期的营业利润为基础，经过下述调整得到的：①加上坏账准备的增加；②加上后进先出法计价方法下存货的增加；③加上商誉的摊销；④加上净资本化研究开发费用的增加；⑤加上其他营业收入（包括投资收益）；⑥减去现金营业税等。企业的加权资本平均成本通过下列公式得出：

加权平均资本成本＝［负债的市场价值/（负债的市场价值＋所有者权益的市场价值）］×（1−T）×负债的税前成本＋［所有者权益的市场价值/（所有者权益的市场价值＋负债的市场价值）］×所有者权益的成本

下面的公式可以很好地说明了EVA的构成：

EVA＝经营活动净现金流量＋应计项目＋税后利息费用−资本成本＋调整项目

运用EVA指标可以对企业业绩和股东财富是否增加作出解释：这里假设公司的投资者可以自由地将他们投资于公司的资本变现，并将其投资于其他资产。因此，投资者从公司至少应获得其投资的机会成本。这意味着，从经营利润中扣除按权益的经济价值计算的资本的机会成本后，才是股东从经营活动中得到的增值收益。

（三）经济增加值的调整原理

1．调整思路

在计算 EVA 的过程中，斯特恩公司从经济学的角度对财务数据进行了一系列调整。会计调整的潜在可能性很多，因而无法一一详述。然而，各种各样的调整都包括对以下项目的处理：确认支出和营业收入的时间；对可转让证券的消极投资；证券化资产和其他表外融资项目；重组费用；通货膨胀；外币折算；存货估计；各项准备；坏账确认；无形资产；税收；年金；退休后支出；营销费用；商誉和其他收购问题；战略性投资。有些调整是为了避免把经营决策和融资决策混同起来；有些调整是为了提供一个长期视角；有些则是为了避免把存量和流量相混同；有些调整是将公认会计准则的权责发生制项目转换为收付实现制项目；有些调整则把公认会计准则的现金流量项目转换为资本的加项；还有一些调整（比如管理费用分摊和转移定价问题）改变了内部会计处理，以便解决造成决策扭曲的组织层面上的问题。

2．主要调整项目

下面列举说明一些主要的调整项目，这些调整主要是把 NOPAT 和资本概念建立在经济合理的基础上，然后进一步说明在这些领域中公认会计准则是如何扭曲实现的。

（1）资本化费用

此类对公司未来和长期发展有贡献的支出发挥效应的期限并非只是这些支出发生的会计期，全部计入当期损益显然不合理，而且计入当年费用容易打击管理者对此类费用投入的积极性，不利于公司长期发展，因此需要调整。另外，为了保证对此类费用的支出有合理的回报，需要其在一定的收益期间内收回这些投入。

而公认会计准则对这类费用的处理方法是当期全部计入损益，因此，调整的方法应该是：将此类费用资本化，并按一定收益期限摊销。这样，可以鼓励管理人员对这些有益于公司长期发展和提高公司发展后劲的费用的投入。

（2）营业外收支

营业外收支主要包括资产处置带来的收益或损失，重组费用，不可抗力带来的损失等。

由于 EVA 衡量的是营业利润，因此所有营业外的收支、与营业无关的收支及非经常性发生的收支均应剔除在 EVA 的核算之外，以保证最终核算结果能够真正反映公司的营业状况。另外，将营业外收支在当期 EVA 业绩中剔除的同时，还需对其资本化处理，使其与公司的未来收益或损失相匹配，由股东永久性承担。

具体的调整方法是，将当期发生的营业外收支从 NOPAT 中剔除，并资本化处理，并需考虑以前年度累计资本化的影响；同时调整对营业所得税的影响。

这样，就使得 EVA 的结果中只体现营业业绩，从而提出了非营业活动对管理层业绩评判的影响。

（3）财务费用

财务费用包括：汇兑损益、负债利息。

对于非责任性、不可控的汇兑损益由于属公司正常运营意外发生的损失或收益，公司并不能将此损益作为考核的一部分，因此，不将其剔除会影响公司的 EVA 业绩的公正性。

至于负债利息支出，它属于资本成本的一部分，应从税后净利润的计算中剔除，统一在资本成本中核算。

其具体的调整方法是：当期发生的汇兑损益从税后净利润中剔除，并资本化处理，且需要考虑以前年度资本化累计影响；同时调整对现金营业所得税的影响。另外，将债务的利息支出从税后净利润的计算中剔除，并对现金营业所得税进行调整。

汇兑损益调整使得 EVA 的结果真实体现了营业业绩，并剔除了汇兑损益对管理层业绩评判的影响；而负债利息支出的调整使得税后净利润的计算中真实体现了营业成本，将资本所有人对预期回报的要求在资本成本一项中计算，从而清楚地衡量了管理层的业绩。

（4）会计准备

应计制会计要求，企业应为将来发生的费用提取准备金，如存货跌价准备，坏账准备等。EVA 倡导者认为，准备金的提取扩大了会计利润与现金流量的差距。而且，提取准备金往往是企业管理者操纵会计利润的常用手段之一。在我国，根据现行制度的要求，需要提取八大项会计准备。会计准备的计提是基于会计保守和谨慎性原则，会计准备计提时将并未发生、今后或然发生的一部分费用提前计入损益，因而不能真实地反映公司的营业状况，并且由于会计制度的变化和会计方法的灵活性，容易引起会计操纵和对营业状况的不真实反映。

其具体的调整方法是：税后净利润计算时，把会计准备冲回，即按实际坏账发生额、实际存货跌价损失发生额、实际资产减值发生额和实际投资贬值损失发生额等计入相应的会计期间。

计算资本时，按应收账款、存货原值、短期投资和长期投资以及固定资产、无形资产账面值等计入资本。

（5）无报酬要求资产、非营业性资产

无报酬要求资产、非营业性资产主要包括：在建工程、非营业现金等。

对此类资产需从资本总额中减除，不为其计资本成本：在建工程在转为固定资产前不产生收益，因此对其计资本成本会导致与此项资本成本相关的收益与其相匹配；非营业现金为公司营业中的现金溢余，由于其不参加营业价值创造，故需要将其从资本总额中剔除。

其具体的调整方法为：将在建工程和非营业现金从资本总额中剔除，不计算相关的资本成本；对非营业现金的相关收益也从 NOPAT 中剔除。

对在建工程的调整可以鼓励管理层对在建工程的投资，因为在在建工程转为固定资产前不计资本成本；对非营业现金的调整则可以剔除非营业现金对管理层业绩的影响。

（6）无息流动负债

无息流动负债属于流动负债，并且不担负资本占用费用，流动资产减无息流动负债即净营运资产，它是维持公司正常经营所需的流动资金，因此，无息流动负债需从资本总额中减除。

将无息流动负债从资本总额中减除可以鼓励管理层合理管理净营运资产，避免占压过多的流动资金。

（7）EVA营业所得税

EVA营业所得税是指按照税前净营业利润或息税前利润乘以公司现行税率计算出来的所得税，它与公司利润表中的所得税费用的差异需要进行调整。这些差异主要是来自对税前经营业利润的收支调整所带来的税收影响。

其具体的调整方法为：从利润表中的所得税出发，将各项税前收支调整对所得税的影响加上去。

该项调整能真实核算营业所得税，从而反映管理层真实的EVA业绩。

（8）经营租赁

由于经营租赁也是一种融资行为，因此，也应按照融资租赁的核算方法对其进行处理。

其具体的调整方法为：按照融资租赁的处理方式对经营性租赁进行调整，确定租赁资产和租赁长期负债的金额及每期还款中经营成本费用和利息支出的数额，分别计入经营成本和资本成本。

该项调整可以鼓励管理层合理安排经营租赁活动，在满足经营活动的同时尽量减少融资的成本。

（9）商誉的处理

商誉是收购价减去公允价值之差。公认会计准则要求，公司应当在40年内把商誉摊销完。对商誉的这种处理方式扭曲了财务报告反映的信息。每年的摊销费用减少了公司的股权和资产，从而造成了权益报酬率和资产报酬率的高估。

EVA对商誉的处理方法是，把当前阶段的商誉摊销加到NOPAT中去，把过去年份已经摊销的商誉加到资本中去。

四、平衡计分卡

当企业管理进入战略管理阶段后，管理一个企业的高度复杂性要求经理们能同时从几个方面来考察业绩。由美国会计学家罗伯特·S.卡普兰和戴维·P.诺顿于1992年授衔创制的平衡计分卡是一套能使高层经理快速而全面考察企业的业绩评价系统。其目前已在世界上的许多地方得到了应用。卡普兰和诺顿将平衡计分卡比作"飞机驾驶舱"，在这个驾驶舱的仪表盘上显示了与企业战略相关的各种信息。平衡计分卡包含财务指标，说明了已采取的行动所产生的后果。同时，平衡计分卡通过对顾客满意度、内部程序及组织的创新和提高活动进行测评的业务指标来补充财务指标。业务指标是未来财务业绩的推进器。平衡计分卡并不是取代财务指标，而是对其加以补充。平衡计分卡能从四个方面，即财务、顾客、内部业务、学习和创新来观察企业。平衡计分卡流程如图8-6所示。

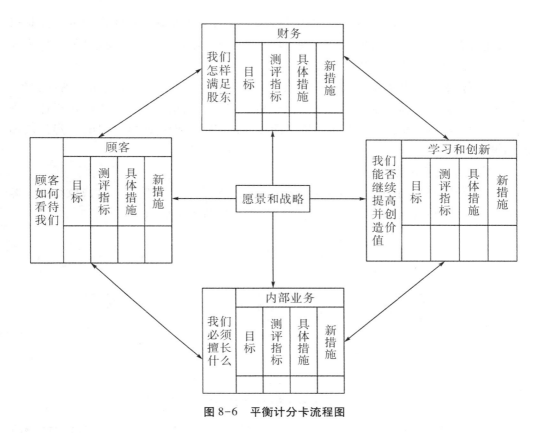

图 8-6 平衡计分卡流程图

（一）平衡计分卡指标体系

根据卡普兰和诺顿的研究，战略平衡计分卡的指标体系主要由财务、客户、内部经营过程以及学习与成长四个层面的指标构成。

1. 财务层面的业绩评价指标

财务层面的业绩评价指标一般包括：收入增长指标、成本降低或生产率提高指标、资产利用或投资战略指标。详细指标可根据公司的具体要求设置，一般有净资产收益率、资产负债率、投资报酬率、应收账款周转率、存货周转率、成本降低率、营业净利额和现金流量净额等。

收入增长指标应根据企业不同发展时期的不同要求而有所区别：投入期是企业生命周期的最初阶段，属发展阶段，企业在提供产品和劳务获取收入方面有巨大的潜力有待挖掘，投资规模大。这一阶段的总财务目标是目标市场收入的增长率和销售增长率的不断提高，以及客户和销售区域的不断扩大。成长期是企业生命周期中的快速成长阶段，企业需要对有发展前途的投资项目进行投资和再投资，以求较高的投资回报。这一阶段，企业的主要目标是保持已有市场份额并力争逐年有所增长，其财务目标是投资回报和经济增值的最大化。成熟期是企业在前两个时期所作投资取得回报的阶段，主要的目标是最大限度地回收现金，总的财务目标是折旧前经营现金流量的最大化和营运资本需求的减少。

成本的降低是通过降低直接和间接的产品和劳务成本来达到；生产率的提高是通过与其他经营企业分享共需资源来实现。用于评价成本降低和生产率提高的指标主要有成本费用降低率、人均销售收入等。

提高资产利用率是指通过减少营运资本的运用，生产出相同数量的产品和劳务，或者是通过提高资产运用率而不是增加营运资本来完成新增产品的生产。用于评价资产利用率水平高低的指标主要有所用资本回报（ROCE）、投资回报（ROI）、经济增加值（EVA）等。

2. 客户层面的业绩评价指标

用于评价客户方面的业绩指标主要有：市场份额、客户保持率、客户取得率、客户满意程度、客户盈利率。这几个指标之间的关系如图 8-7 所示：

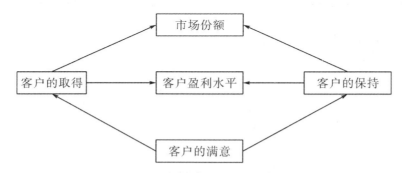

图 8-7　评价客户方面的业绩指标关系图

市场份额用于衡量在给定的市场中（可以是客户的数量，也可以是销售的数量）企业销售产品的比例。客户保持率是指企业继续保持与老客户交易关系的比例（可以是绝对数，也可以是相对数）。客户的取得率指标用于评价企业吸引或取得新客户的数量比例（可以是绝对数，也可以使相对数）。客户满意程度指标是通过一定的方法（如电话、调查表等）对客户的满意程度作出估计。客户盈利率是指企业为客户提供产品或劳务后所取得的净利润水平。对于有盈利的客户，企业应争取和保持。

此外，客户层面的业绩指标还包括市场占有率、产品质量登记率、产品交送货率、产品退货率、产品保修期限和产品维修天数等。

3. 内部经营过程层面的业绩评价指标

内部经营过程业绩指标最能说明平衡计分卡与传统的财务业绩评价方法的区别。财务业绩评价方法强调的是对已有的责任中心和部门的控制欲改进。然而，单纯对财务业绩的控制和改进很难使企业在市场中成为最具竞争实力的公司。要使企业取得和保持竞争优势，就必须创新，讲求质量，缩短产品的生产周期，提高生产率，降低成本。而平衡计分卡把对企业内部经营过程的考核指标定位在创新、经营和售后服务上，这正好体现了这种要求。具体的评价指标主要有产品制造周期、产品设计水平、工艺改造能力、生产能力利用率、机器完好率、设备利用率、安全生产率。

（1）创新。创新指标与企业研究开发费用的评价有关，包括产品及设计水平、新产品开发能力、研究开发费增长率等。

（2）经营。经营业绩指标主要用于评价企业的经营过程，这一经营过程从接受客户的订单开始到将完工产品运送到客户手中。评价指标主要是关于质量、生产周期效率、成本以及新产品进入等方面，其中质量的评价是通过次品率、浪费率、产品重做次数、废料数量等指标进行。而生产周期效率〔生产周期效率=产品加工时间/生产时间（生产时间=产品的加工时间+检查时间+搬运时间+等待或储存时间）〕这一指标越接近 1 越好，因为在生产时间中，只有加工过程活动才创造价值，其他活动均不创造价值但却要花费成本。在零库存条件下，生产周期效率有可能等于 1，这是最为理想的状态。

（3）售后服务。售后服务主要指产品质量的保证、维修服务以及对次品和退货的处理，包括服务的时间、质量、成本等，一般可参照经营业绩评价指标选择确定。

4. 学习与成长层面的业绩评价指标

平衡计分卡所强调的投资重点是未来的投资项目，诸如新产品和新设备的研究和开发，而不是传统的投资领域。这就要求企业的管理人员和职员应不断地进行新技术、新知识的培训学习，以适应时代发展的需要；建立有效的信息系统，以便及时获取信息；设立良好的激励机制，以激发全体员工的积极性。该指标体系一般包括三个主要方面：职员能力、信息系统能力以及激励、权力和协作。其具体指标一般有职员满意程度、职员保持率、职员工作效率、职员知识水平、职员的培训次数、管理水平、研究开发增长率、信息系统更新程度等。其中职员满意程度、职员保持率、职员的工作效率、职员知识水平、职员的培训次数属职员能力方面的指标。信息系统能力是指企业及时取得有关客户、内部经营过程以及他们觉得的财务结果方面的信息能力，这主要通过企业当前可取得的信息与期望所需要的信息之比等指标进行评价。激励和权力指标主要用来反映职员工作积极性激发方面的情况，可以用每个职员所提建议的数量等指标来评价。

（二）建立平衡计分卡的步骤

1. 确定平衡计分卡项目的目标

选择设计人员与企业高层就制定平衡计分卡达成共识并获得支持，企业高层应明确平衡计分卡的主要意图并在认识上取得一致，企业高层应该确定一个能够担当起平衡计分卡总体设计的人选。

2. 选择适当的业务部门

设计人员必须确定出适合实行最高级别的平衡计分卡的业务部门。最好从一个具有战略意义的业务部门开始，这个业务部门的活动最好贯穿企业的整个工作流程——创新、经营、营销、销售和服务。

3. 就该部门的战略目标达成共识

设计人员通过对部门的全面了解，帮助部门管理人员理解企业的战略目标并了解他们对平衡计分卡的评估手段的建议，解答他们提出的问题。在充分交流的基础上，确定企业的战略目标，而确定战略目标是一个重复的过程，通常需要经过反复讨论才能最终确定。

4. 选择和设计评估手段

该阶段主要包括以下要点：对于每个目标设计能够最佳实现和传达这种目标意图的评估手段；对每一种评估手段，找到必要的信息源并为获得这种信息而采取必要的行动；对于每一目标的评价体系之间的相互影响以及对其他目标的评价体系的影响进行评估。

5. 制订实施计划

以实施平衡计分卡目标部门的下属部门为单位，成立实施小组，各实施小组确定平衡计分卡的目标并制定实施计划。该计划包括如何把评估手段同数据库和信息体联系起来，负责在企业内部传播平衡计分卡，并帮助下级部门制定实施计划，直至完全建立一个全新的执行信息制度。

6. 通过最终实施计划，把平衡计分卡融入企业的管理制度并发挥作用

制定平衡计分卡一般持续三个月的时间。在制定过程中，主管人员可以有充分的时间考虑平衡计分卡和战略、信息制度以及最重要的管理过程之间的关系。制定平衡计分卡的过程，也就是企业目标在组织中进行传播的过程，如果能够让企业的各级员工参与到平衡计分卡的制定上来，将有助于战略目标的推广和得到员工的认可。

（三）平衡计分卡业绩评价系统分析

平衡计分卡以相关者利益最大化为目标导向，追求各利益相关者目标的平衡。对其产生直接影响的理论有利益相关者理论，战略管理理论等。

平衡计分卡的评价指标根源于组织的战略目标和竞争需要，通过顾客（如顾客满意度和市场占有率）、内部业务流程（如产品质量和交货时间）、学习和创新（如员工技能）方面的业绩评价指标来补充传统的财务指标。平衡计分卡要求管理者从四种角度选择数量有限的关键指标，有助于把注意力集中到战略愿景上来。

平衡计分卡建立了财务指标与非财务指标相结合的业绩评价指标体系，强调企业从整体上来考虑营销、生产、研发、财务、人力资源等部门之间的协调统一，而不再将它们割裂开来；它以实现企业的整体目标为导向，强调整体最优而非局部最优；它全面考虑了各利益相关者；它强调企业从长期和短期、结果和过程等多个视野来思考问题。

平衡计分卡认为，使用财务指标设计激励机制将导致企业行为短期化，追求局部利益最优而忽视企业整体利益最优。平衡计分卡在激励机制设计中，一方面强调非财务指标对短期行为的纠正，另一方面强调评价标准对于资源分配、企业目标实现的作用。但是，平衡计分卡没有给出业绩评价与激励机制之间的明确联系。

平衡计分卡引入了非财务指标，这些指标有的来自企业内部，有的来自企业外部，因而在使用时增加了数据获取的难度。非财务指标不仅超出了会计信息系统的"势力"范围，尤其是市场占有率、顾客满意度等外部数据的获得更对企业的管理信息系统提出了挑战。但这只是一种理论的推断，并不能成为许多企业采用平衡积分卡的障碍。平衡计分卡一般要使用十几个或更多的评价指标，对于指标的权重确定问题无法回避。从理论上来讲，确定权重的方法有多种，似乎还很复杂。但是，从本质上来讲，权重

反映了对目标的重视程度，因而在实务中许多企业采用了简便易行的定性方法来确定指标而不能产生一个业绩评价的结果，这似乎有点儿名不副实。

平衡计分卡以相关者利益最大化为目标，因而设计了多种类别的评价指标。基于这种设计思路，在实际应用时可以根据组织类型不同灵活调整指标类别。平衡计分卡的应用范围已经超越了盈利组织。其创建者也致力于在政府机构、医疗机构、教育机构等非盈利组织推广该方法。

本章思考题：

1. 财务综合分析的目的和意义是什么？

2. 什么是杜邦分析法？它有何特点？

3. 杜邦财务分析法的优点和局限性表现在哪些方面？

4. 如何运用综合指数法对企业业绩进行评价？这种方法的优点和局限性表现在哪些方面？

5. 简述 EVA 的计算原理。

6. 简述建立平衡计分卡的步骤。

第九章 企业价值评估

本章导读

　　财务报表分析的视角有很多种，企业价值视角就是其中的一个方面。在市场经济条件下，企业本身就是一种可以在产权市场上交易的商品，同时也因为企业的目标由利润最大化转变为价值最大化，使得该商品利益相关者（包括投资者、债权人、管理者）必须要了解企业价值。而企业价值评估在一定程度上是对企业财务分析所下结论的量化。这种量化过程是综合考虑了在未来期间影响企业发展的全部因素，目的是找出影响企业价值创造的驱动因素及确定管理措施，实现未来的潜在价值。

第一节　企业价值评估的原理

一、企业价值评估与财务报表的关系

　　企业价值评估是将一个企业作为一个有机整体，依据其拥有或占有的全部资产状况和整体获利能力，并充分考虑影响企业获利能力的诸多因素，对企业整体公允市场价值进行的综合性评估。

　　在市场经济条件下，企业本身就是一种可以在产权市场上交易的商品，企业目标由利润最大化转变为价值最大化。因此，如何评价企业价值受到企业管理者和投资者的重视。财务报表作为企业财务状况和经营业绩的重要反映，已经成为上市公司定期公布的法定资料。真实的财务报表数据，可以揭示企业过去的经营业绩，识别企业的优劣，预测企业的未来。也就是说，通过对企业财务报表所提供的会计数据的分析，可以评价企业价值，对企业的发展前景进行预测。

　　具体而言，财务报表本身可视为是通过反映企业经营活动过程和结果来表述企业价值的报表。首先，资产负债表是通过反映企业在一定时点上的财务状况来揭示企业价值的一种会计报表。它的左方是企业拥有的各种资产的价值和总资产的价值，右方的是负债和净资产，其中负债表示债权人应分享企业价值的份额，净资产表示所有者所拥有的企业价值的份额。资产负债表的分析是偏重于对企业拥有的各种资产的现实价值和投资者拥有的现实企业价值份额的分析，对企业偿债能力的分析则是着重于对债权人而言的现实价值分析和企业面临的财务风险的分析。其次，损益表是通过反映企业一定时期盈利状况来揭示企业价值的会计报表。最后，现金流量表是反映企业现

金流入和流出状况的报表。从财务角度看，企业可视为一个现金流程，现金一方面不断流入企业，另一方面又不断流出企业，现金是企业的"血液"。现金流量状况直接反映着企业这一组织有机体的健康状况，是揭示企业价值的重要指标。

也就是说，财务报表是企业价值信息的载体，而财务报表分析就是揭示企业价值的重要工具。

二、企业价值的内涵及其表现形式

企业价值可定义为企业遵循价值规律，通过以价值为核心的管理，使所有与企业利益相关的相关者（包括股东、债权人、管理者、普通员工、政府等）均能获得满意回报的能力。显然，企业的价值越高，企业给予其利益相关者回报的能力就越高。

从政治经济学的劳动价值观角度，企业的价值由凝结在企业中的社会必要劳动时间决定。在历史发展过程中，劳动、土地、资本、管理、技术、知识和信息，都曾经或正在充当生产价值的主要创造者，不管生产要素的主导地位如何变化，它们都是协同动作，相互配合，共同创造商品的价值，成为企业价值的不可缺少的部分。

从会计角度看，企业价值是企业全部资产的账面净值之和。采用账面价值对企业进行评价是指以会计的历史成本原则为计量依据，按照权责发生制的要求来确认企业价值。企业的财务报告可以提供相关的信息，其中资产负债表最能集中反映公司在某一特定时点的价值状况，揭示企业所掌握的资源、所负担的负债及所有者在企业中的权益。

从市场交换的角度来看，企业价值是其在资本市场上的交换价格。当企业在市场上出售时，其买卖价格即为该企业的市场价值。市场价值通常不等于账面价值，其价值大小取决于市场的供需状况，但从本质上看，市场价值亦是由内涵价值所决定。但由于人们的主观因素或市场信息不完全等诸多因素的影响，企业的市场价值会偏离其内涵价值，这种偏离程度在不成熟市场上往往会非常之大。事实上，正是由于企业价值被低估的情形存在，才有了通过资本运作等手段来获取企业内涵价值与市场价格之间的价差的空间，因此，如何准确判断企业内涵价值，便成为了问题的关键。

从未来潜力的角度看，企业价值是未来获利能力的反映，也即经济价值。经济价值（Economic Value）是金融系统中金融工具未来的现金流（包括本金和实际利息）折现至当前时点的价值，即未来现金流现值。企业价值与企业自由现金流量正相关，也就是说，同等条件下，企业的自由现金流量越大，它的价值也就越大。

从非持续经营的角度看，企业价值将表现为企业资产的变现价值，是指企业由于破产清算或其他原因，要求在一定期限内将企业或资产变现，在企业清算日预期出售资产可收回的快速变现金额，即企业的清算价值。对于企业股东而言，清算价值在优先偿还债务后的剩余价值才是股东的清算价值。企业清算时，既可整体出售企业，也可拆零出售单项资产，采用的方式以变现速度快、收入高为原则。企业在清算倒闭时价值的性质及其计量与在持续经营中的企业价值截然不同，必须明确区别。

三、进行企业价值评估的目的

1. 价值评估是企业价值管理的需要

企业价值创造最大化是现代财务管理的根本目标，每一项财务决策的好坏应以是否有利于增加企业价值而定。企业价值关注的是企业长期的盈利能力。企业价值最大化是通过企业财务上的合理经营，采用最优的财务政策，充分考虑资金的时间价值和风险与报酬的关系，在保证企业长期稳定发展的基础上使企业总价值最大。

2. 价值评估是投资者进行理性投资的需要

根据价值规律原理，在股票市场上，企业价值决定股票价格，股票价格在本质上是投资者基于对企业未来收益、现金流量、投资风险所作出的预期判断，它围绕企业价值上下波动，经常偏离股票的内在价值。这种价格与价值的市场偏离经过一段时间的调整会向企业价值回归。因此，通过对企业价值的评价、判断，投资者可以寻找并且购进被市场低估的证券或企业，以期获得高于市场平均报酬率的收益，为投资决策提供依据。

另外，这里的投资者也不单单指自然人投资者，也包括了法人投资者。所以企业价值评估不仅为自然人投资者，也为法人投资者的并购定价等目的提供了决策依据。

3. 价值评估是正确衡量企业业绩和管理者经营业绩的需要

在现代企业制度下，经理人接受股东的委托，对企业进行管理，但由于信息不对称和道德风险的存在，经理人在面临投资决策时以私人利益为重，损害股东利益，进而增加了代理成本。而用企业价值来衡量管理者经营业绩并给予薪酬激励（如股权激励）的话，作为管理者，想要使股权收益最大化，就必须努力使企业价值最大化。也就是通过有效的资本市场，将其个人的努力程度的提高表现为公司的股价上升，从而获得相应的资本收益。

四、价值评估的信息来源

为了作出适当的投资决策，分析主体们需要大量的信息，而财务报表及相关披露则是相关信息的主要载体。如果是上市公司，那么它的财务报表和相关披露是向社会公开的，可以免费获得。这些报表和披露需要依据公认的会计准则编制，且必须经过审计。

但只收集财务报表的信息会存在一定的局限性，因为会计系统本身留给企业会计人员一定的选择判断权，由此可能导致企业的财务报表因内部人的知识局限或者故意为之而发生歪曲，使会计数据出现偏误；企业取得的各项资产、所发生的各种负债都是以历史成本衡量价值，这种价值不能满足与企业相关的各种利益主体的决策需要；权责发生制和货币计量原则使得企业不可量化的资产难以呈现价值（如企业人力资源价值）；现有财务报表分析方法基本上以财务信息的定量分析为主，这种单一和线性的分析相对于具有综合性的企业价值，是难以匹配的。

为了更好地辅助决策，分析主体必须从更广阔的视角来收集信息。通常，获取信息的渠道还有股票分析师的报告、报纸杂志、公司的竞争对手和客户、竞争对手的年报和季报、经济数据、专家意见、自身经验、参观行业交易展览会，以及购买能提供销售、分销、价格等方面信息的数据服务等。

第二节　企业价值创造的原理

作为以盈利为目的的经济组织，企业存在的目的就在于为股东创造价值。从股东角度来看，企业的基本功能就是为其创造超出其投入资本以外的价值。而超出价值的多少则受制于企业价值创造能力的高低和潜力的大小。

而从企业价值创造的过程来看，能够影响或推动企业价值创造的驱动因素有很多，包括研发、生产、营销、技术、成本、质量、资产、流程、制度、机会、战略、员工素质等。而本节并不针对这些细节的因素进行分析介绍，而是着重介绍真正关键的价值要素。

一、简单的价值驱动因素树

价值理念以理解企业的价值驱动因素为核心。价值驱动因素是短期或长期影响企业绩效，并能创造价值的行为。一般来说，一个企业价值的首要驱动因素是企业的投入资本回报率（ROIC）大于企业的加权平均资本成本（WACC），第二重要的驱动因素则是企业的成长能力。图9-1展现了一家简单的制造业公司的价值驱动因素树。

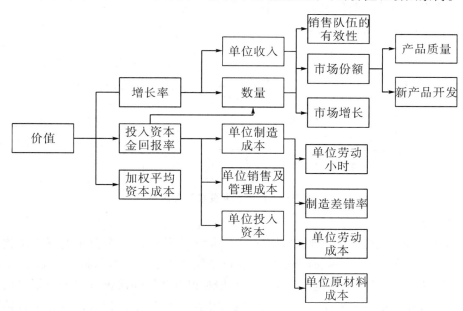

图9-1　简单制造业公司价值驱动因素树

1. 投入资本回报率（ROIC）

从总体上看，一个企业想要创造价值，其ROIC就必须高于其资本成本；同时，使用资本的机会成本应该尽可能地小，例如将资本投入股票市场的平均收益率为10%，而投资企业项目的 ROIC 为 18%，则应投资企业项目，因其回报更高。

$$ROIC = \frac{NOPLAT}{投入资本}$$

NOPLAT 是扣除调整税后的净营业利润，是指扣除与核心经营活动有关的所得税后公司核心经营活动产生的利润，也即息前税后经营利润。其计算方法在后面的小节会有详细介绍。

另外值得注意的是，在即将进行的投资决策的项目或者已有项目 ROIC 可能低于企业本身的平均 ROIC。但这并不是关键，企业的目标并非投入资本回报率最大化，而是长期的经济利润最大化，只要项目产生的经济利润高于其资本成本，企业就应该选择投资（如图 9-2 所示）。

	投入资本回报率 （百分比）	加权平均资本成本 （百分比）	差异 （百分比）	投入资本额 （1000 人民币）	经济利润 （1000 人民币）
整个公司	18	10	8	10 000	800
不包括低回报的商店时	19	10	9	8000	720

图 9-2　投入资本回报率与资本成本分析图

企业在进行新项目投资决策时，可能会发现在未来几年中，经济利润是下降的，而在若干年后，经济利润才会显著增加（如图 9-3 所示）。企业需要在经济利润短期下降和长期改善之间作出选择时，折现现金流法和经济利润折现法就会发挥作用，当折现后发现新项目能使企业价值上升，就应该选择实施。

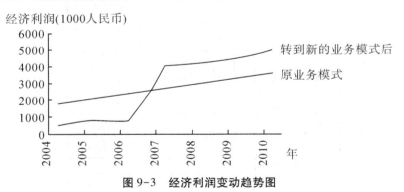

图 9-3　经济利润变动趋势图

2. WACC

公司从外部获取资金的来源主要有两种：股本和债务。一个公司的资本结构主要包含三个成分：优先股，普通股和债务。加权平均资本成本（Weighted Average Cost of Capital，WACC）考虑资本结构中每个成分的相对权重并体现出该公司的新资产的预期成本。它是以企业的各种资本在企业全部资本中所占的比重为权数，对各种长期资金的资本成本加权平均后计算出来的资本总成本。WACC 在企业价值评估中应用广泛，其计算方法在后面小节中会有详细介绍。

3. 增长率

公司的增长率是新投入资本的回报率和投资率相乘的结果。

$$增长率=新投入资本回报率\times投资率=新投入资本回报率\times\frac{净投资}{营业利润}$$

由于企业并不能总是同时提高 ROIC 和增长率,对于 ROIC 已经较高的企业,提高增长率比提高 ROIC 能创造更多价值。相反,ROIC 低的企业依靠提高 ROIC 能创造更多价值。但当 ROIC 不足以弥补 WACC 的时候,增长率的提高反而会损害企业价值。

二、价值创造的框架

在多数情况下,企业价值创造模型如下图:

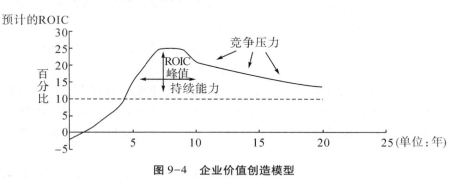

图 9-4　企业价值创造模型

企业价值创造的关键因素是 ROIC,ROIC 的峰值水平和回报率高于资本成本的持续能力是一个企业价值创造能力的衡量标准。

由于 ROIC 的计算公式可以进一步细化为:

$$ROIC=(1-T)\times\frac{(单位价格-单位成本)\times数量}{投入资本}$$

由此我们可以得出实现高 ROIC 的因素主要有如下几点:

1. 价格溢价

实现价格溢价的直接方法是成为价格的制定者,而想要成为价格的制定者,就必须销售非常规化的产品。只有实现了产品的差异化,才能限制潜在的竞争对手。而在大宗商品市场上,企业往往是价格的接受者,必须按照市场价格来进行销售。

2. 成本竞争力

实现高 ROIC 的第二个推动要素是企业能以低于竞争对手的成本出售产品和服务。比如沃尔玛,其大量采购使得其在与供应商的价格谈判上占有极大优势。

3. 资本效率

即使单位利润较小,企业也可以靠单位投入资本比竞争对手销售更多的产品来创造更丰厚的利润。

另外,在企业价值创造框架中还有一个重要因素,就是价值创造的持续能力。为了创造高价值,一家企业必须不仅在定价力、成本竞争力或资本效率上有过人之处,而且必须能在长时间内维持这样的竞争优势。如果企业无法防范其竞争对手复制其做法,高 ROIC 将是短暂的,企业的价值也将走低。

第三节　企业价值评估体系

一、概述

价值评估的本质是对企业的各种经营要素进行分析、预测，并在此基础上对投资价值进行判断。虽然其最终落脚点在企业价值或者股权价值的具体数额上，但整个分析过程才是这一工作的精神实质。任何一家公司，其资产规模、资产类别、产品结构、费用构成和影响因素都不可能简单到一目了然的程度。

企业价值的影响参数及各个参数之间的作用关系越来越复杂，从而极大地增加了企业价值判断的难度，评估过程再也不那么轻而易举。而模型就是价值评估工作中的核心工具。在模型的基础上进行企业估值不仅是一种重要的研究方法，也是相关从业人员的一种基本技能。因为模型在帮助我们深化对行业和企业的认识、预测企业的策略及其实施对公司价值的影响、了解影响企业价值的各种变量之间的相互关系等方面具有重要作用。

随着企业财务管理学科的发展，企业财务管理的目标由利润最大化向企业价值最大化转变，企业现金流量取代会计利润成为影响企业价值的最重要因素，因为只有增加企业现金流量才能满足企业各类投资者对索偿权的需求，应付市场中各种竞争因素的变化，从而保证企业的顺利发展。

由于现金流的定义接近于价值的定义，因而便于理解。现金流不但涉及企业的盈利能力和财务状况，还考虑到了企业未来的发展前景。所以基于折现现金流的模型将资产的价值与其未来的现金流量的现值联系起来，对于企业的各项决策也具有现实的指导意义。它最适合评价企业目前现金流为正值，而将来一段时间内的现金流量和风险也可以可靠地估计，并且可以根据风险计算出现金流量的贴现率的情况。

现金流折现法属于价值评估中最重要的方法之一，它认为企业的内在价值是企业经营所产生的未来现金流量的现值。该方法最明显的优点是符合金融原理，即"现值规律"。

二、基于折现现金流模型的理论框架

图 9-5 简要介绍了基于折现现金流模型的理论框架：

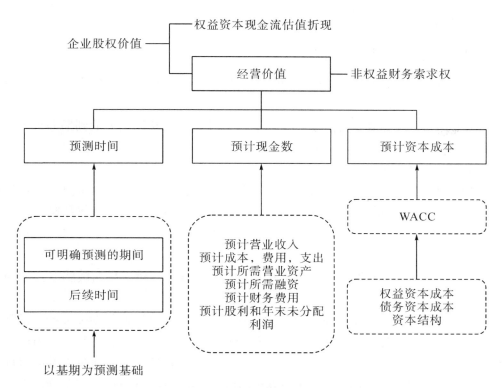

图 9-5 基于折现现金流模型的理论框架图

1. 现金流

从前面章节的关于现金流量表的学习中我们明白了现金流量是现代理财学中的一个重要概念，是指企业在一定会计期间按照现金收付实现制，通过一定经济活动（包括经营活动、投资活动、筹资活动和非经常性项目）而产生的现金流入、现金流出及其总量情况的总称。现金流量按其来源性质不同分为三类：经营活动产生的现金流量、投资活动产生的现金流量和筹资活动产生的现金流量。

2. 确定折现率

企业的现金流的折现率的高低，取决于企业所选定的资本成本的类型及大小。确定折现率的最重要原则是保证所选用的资本成本与估计的未来现金流量的定义相一致，即预测的现金流量所隐含的风险程度与折现率相一致。

资本成本是指在市场经济条件下，企业筹集和使用资金而付出的代价。通常包括权益资本成本和债券资本成本两部分。资本成本是企业获利水平的最低限，它取决于企业投资活动风险程度的大小，取决于投资者对投资报酬的要求。资本成本又常被称为要求报酬率、折现率和货币成本等。估算资本成本的方法主要有资本资产定价模型、折现现金流量模型、Fama 和 French 三因素模型、Robert Hamada 模型等。

下面主要介绍两种折现率：

（1）加权平均资本成本

加权平均资本成本最简单的形式是对税后债务资本成本和权益资本成本的加权平

均，其公式为：

$$WACC = \frac{D}{D+E}k_d(1-T_m) + \frac{E}{D+E}K_e$$

其中，D 为负债；E 为权益；k_d 为债务资本成本；k_e 为权益资本成本；T_m 为企业的边际所得税率。

要近似计算一个公司的债务资本成本，可以使用公司长期债务的到期回报率，也即利率。

（2）权益资本成本

我们通常使用资本资产定价模型（CAPM）来确定企业的权益资本成本。CAPM 模型假定任何证券的预期回报率等于无风险利率加上该证券的 β 值与市场风险溢价的乘积，其公式为：

$$k_e = r_f + \beta(r_m - r_f)$$

其中，r_f 为无风险利率；β 为企业的 β 值，也即该证券对市场的敏感度；r_m 为市场预期回报率。

虽然 CAPM 有着坚实的理论基础，但在实际应用上却难以取得相关数据。通常情况下，r_f 主要参考的是不存在违约风险的政府债券，如十年期零息债券。从国内看可以选择定期存款利率或者国债的二级市场收益率等。而 β 值则需要通过大量的市场数据回归得出，这里不进行详述。关于估算市场风险溢价，即（$r_m - r_f$），目前尚没有被统一认可的模型，主要被使用到的估算方法是进行历史数据分析。

3. 预测期

（1）短期预测：1~5 年。可预测具体的会计事项和毛利、销售费用、应收账款、存货等。

（2）中期预测：5~10 年。预测重点在于公司的关键价值要素，如营业利润、调整后税率、资本效率等。

（3）长期预测：10 年以上。逐年预测关键价值要素意义不大，主要是使用连续价值计算公式。

三、折现现金流估值模型主要分类

折现现金流估值模型如表 9-1 所示：

表 9-1　　　　　　　　　　折现现金流估值模型

模型	衡量指标	折现系数	评价
企业折现现金流模型	自由现金流	加权平均资本成本	最适用于项目、事业部和公司在按照目标水平管理资本结构的情形
经济利润估值模型	经济利润	加权平均资本成本	明确表明了一个企业在何时创造了价值
调整现值模型	自由现金流	无杠杆权益成本	突出表现在比基于 WACC 的模型更容易用于资本结构变化的情况

表9-1(续)

模型	衡量指标	折现系数	评价
资本现金流模型	资本现金流	无杠杆权益成本	在一个数据中包含了自由现金流和利息税盾，难以比较不同公司和不同时期的绩效差异
权益现金流模型	权益现金流	杠杆权益成本	由于资本结构包含在现金流量中，难于正确应用，最好用于金融机构估值

　　企业折现现金流法和折现经济利润法都对基于加权平均资本成本上的未来现金流进行了折现。当一个公司的负债比率相对稳定的时候，采用基于 WACC 的估值模型效果最好。但当一个公司的负债比率在未来可能有较大改变时，调整现值模型则更适用。与基于 WACC 的模型不同，调整限制模型对与资本结构（如税盾）有关的现金流进行估值，与资本成本是分开的。

　　在接下来的几节中，本书将介绍一些常用的企业价值评估模型，其中主要介绍基于折现现金流的模型。另外也将简要介绍一些有别于折现现金流的其他方法，如倍数法、实务期权法等。

第四节　企业折现现金流模型

　　作为量化的价值评估工具，折现现金流模型在目前我国的资本市场具有较好的适用性。它对引导价值投资、完善投资工具等都有重要的意义。企业折现现金流估值模型评估的是企业的经营现金流。

一、评估模型

　　权益资本价值=经营自由现金流折现+非营业性资产价值-非权益性财务索求权

　　其中，非营业性资产主要包括富余的有价证券、缺乏流动性的投资（如不进入合并报表的子公司）、其他权益资本投资。

　　非权益性财务索求权主要包括固定或浮动利率债务、养老金缺口金额、未偿付的员工期权、优先股、少数股东权益、经营性租赁资本化、或有负债等。

　　1. 自由现金流

　　自由现金流量=（税后净营业利润+折旧及摊销）-（资本支出+营运资本增加）

　　由自由现金流量的定义衍生出两种表现形式：股权自由现金流量（FCFE，Free Cash Flow of Equity）和公司自由现金流量（FCFF，Free Cash Flow of Firm）。

　　（1）FCFE 是公司支付所有营运费用，再投资支出，所得税和净债务支付（即利息、本金支付减发行新债务的净额）后可分配给公司股东的剩余现金流量，其计算公式为：

　　FCFE=净收益+折旧-资本性支出-营运资本追加额-债务本金偿还+新发行债务

（2）FCFF 是公司支付了所有营运费用、进行了必需的固定资产与营运资产投资后可以向所有投资者分派的税后现金流量。FCFF 是公司所有权利要求者，包括普通股股东、优先股股东和债权人的现金流总和，其计算公式为：

FCFF=税后净营业利润+折旧-资本性支出-追加营运资本

税后净营业利润（NOPLAT）=净销售收入-销售成本-销售、一般的行政费用-折旧+经营性租赁利息-调整税

模型中的经营自由现金流指 FCFF，并使用 WACC 进行折现。

2. 自由现金流的特点

（1）自由现金流量的数值都不能从资产负债表、损益表和现金流量表这三大主表中直接得到，需要根据报表中的有关资料进行计算。在会计报表中它主要属于与经营性现金流量和投资性现金流量密切相关的概念。把自由现金流量基本定义为经营活动现金流量净额减资本性支出是符合它所表示的内涵的。

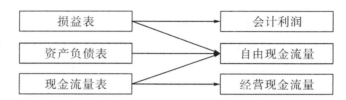

图 9-6　会计利润、自由现金流量和经营现金流量与报表的关系

（2）在计算自由现金流量时都考虑到企业的持续经营和必要的投资增长对现金流量的要求，即购买厂房、机器设备等的资本性支出。

（3）自由现金流量作为一种现金剩余是企业对债权人实施还本付息和向股东分配现金股利的财务基础。

3. 连续价值

经营自由现金流折现得出企业的经营价值，而经营价值由两部分组成，一是可明确预测期间的自由现金流现值，二是可明确预测期间之后的自由现金流现值。

可明确预测期间之后的自由现金流现值，也就是连续价值。

当我们需要计算连续价值时，多采用关键价值要素模型：

$$连续价值_t = \frac{NOPLAT_{t+1}(1-\frac{g}{RONIC})}{WACC-g}$$

其中 g 为长期增长率；

RONIC 为新投入资本回报率。

RONIC 不能直接计算，一般通过往年的 ROIC（投入资本回报率）结合企业的未来所面临的市场情况作出预测。ROIC 的算法，我们将在下一节中作比较详细的介绍。

二、评估步骤

评估步骤分为：

（1）用加权平均资本成本对经营自由现金流进行折现，从而计算出公司的经营

价值；

（2）计算非营业性资产的价值；

（3）明确并计算出所有对公司资产的非权益性财务索求权；

（4）从企业价值中减除非权益性财务索求权，从而可以求得普通股的价值。用权益资本价值除以市场流通股票数就得到股价。

第五节　经济利润估值模型

因为企业折现现金流模型只考察企业的现金流入和现金流出，所以受到学者和业界人士的青睐。但企业折现现金流模型一个不足之处在于：从每年的现金流很难看出企业绩效。自由现金流的减少说明了两种可能：一种是公司绩效不良，另一种是对未来的投资。而经济利润模型则可以说明公司何时以及如何创造价值。

一、经济利润

经济利润的基本思想是：企业所有资本，其来源无论是股权资本，还是债务资本，都是有成本的。也就是说，无论股权投资还是债务投资都有其成本。只有企业创造的利润超过所有的成本后的结余才是真正的价值创造，这就是经济利润。不同于会计利润，经济利润是从税后净利润中经过一定的调整再扣除所有资本成本之后的经济利润值。

会计利润的主要局限表现在：现行利润表中所体现的是企业已实现的利润，不能反映未实现的利润。而未实现的利润往往对决策相关人员至关重要。例如，企业为了达到增长的目标而投入资本，以会计利润为基础减去权益资本成本。如果经济利润大于零，则投资是安全的，反之则应对投资加以重点关注。另外值得注意的一点是，当企业投入资本大于零时，经济利润会永远小于会计利润。

（1）经济利润测算公司在单一期间所创造的价值，定义如下：

经济利润＝投入资本×（ROIC-WACC）

＝NOPLAT-（投入资本×WACC）

经济利润的会计估计有时也用剩余收益（RI）来表示：

$RI_t = NI_t - k_e \times BV_{t-1}$

其中，NI_t为企业在 t 时刻的会计账面净收益；BV_{t-1}为在（t-1）时刻权益的账面价值。

（2）投入资本回报率，即 ROIC 的计算公式如下：

$$ROIC = \frac{NOPLAT}{投入资本}$$
$$= \frac{息税前收益\times(1-T)}{投入资本}$$

（3）投入资本计算公式如下：

投入资本＝经营资金＋财产和设备净值＋经营租赁资本化＋其他资产净值

其中经营资金也称为流动资金。理论上，流动资金等于流动资产减去流动负债后的差额。从其定义中可以看出，企业的流动资金不是源于流动负债，而是源于企业的长期负债和自有资本。

二、估值模型

权益资本价值＝经济利润现值＋非营业性资产价值－非权益性财务索求权

其中经济利润使用 WACC 进行折现。

第六节　调整现值模型

在使用企业折现现金流模型或者经济利润模型估值时，多数分析师会把加权平均资本成本作为一个常数对所有未来现金流进行折现。但把 WACC 作为常数是假定公司把它的负债比率固定在某个目标数值上的。

除了极少情况（比如公司计划大幅度调整资本结构），负债是随着公司价值的增长而增长的。实际上负债较多的公司在现金流增长的时候常常用现金支付，从而降低未来的负债比率。在这种情况下，把 WACC 作为一个常数来进行估值将会高估税盾价值，而逐年调整 WACC 来进行计算又十分复杂。因此，我们选择另一个模型：调整现值模型。

一、评估模型

调整现值把经营价值分成两个部分：一部分是把公司的所有资本全部视为权益资本计算得出的经营价值，另一部分是由债务融资所形成的税盾的价值。

权益资本价值＝把公司所有资本全部视为权益资本计算得出自由现金流现值＋税盾的现值＋非营业性资产价值－非权益性财务索求权

二、折现率

调整现值模型直接来源于莫迪利安尼和米勒的学说。他们提出，如果没有税收（以及其他因素），公司对融资结构的选择不会影响其经济资产的价值。只有税收、财务困境成本等市场不完善因素才会影响企业价值。

这是因为，在没有税收的情况下，资本结构的变化不会改变企业经营所产生的现金流，也不会改变这些现金流的风险。而当企业选择提高负债比率时，现金流要在偿付债务之后才能考虑对权益资本的回报，于是增加了权益资本的风险，以至于权益资本投资者要求更高的回报。莫迪利安尼和米勒就假定这种权益资本回报率的提高恰好可以抵消债务权重变化引起的资本成本的变化。

在现实生活中，税收对决策是有影响的，因而资本结构能够影响现金流。由于利息是免税的，盈利的公司可以通过提高负债的方式降低纳税额。但是如果公司负债水平过高，公司的客户和供应商可能因为担心因破产而转投他家，从而限制了未来现金流。调整现值模型不是考查资本结构变动对加权平均资本成本的影响，而是具体衡量和估算融资方式对现金流的影响。

在用调整现值模型进行估值时，需要使用无负债的权益资本成本来折现自由现金流。为了求得无负债的权益资本成本，首先要介绍以下两个假设：

（1）对于一个既有负债又有权益的公司来说，两种价值分类方式如下：

$V_u + V_{txa} = D + E$

其中，V_u 是无负债的经营价值；V_{txa} 为税盾价值（因融资方式产生的价值）。

（2）按照莫迪利安尼和米勒的研究成果，公司实物资产和金融资产的总风险必定等于对这些资产财务索求权的总风险。也即经营资产的资本成本（无负债权益成本）和财务资产的资本成本（如税项资产）所构成的混合资本成本必定等于由债务的资本成本和权益的资本成本所构成的混合资本成本：

$$\frac{V_u}{V_u + V_{txa}}k_u + \frac{V_{txa}}{V_u + V_{txa}}k_{txa} = \frac{D}{D+E}k_d + \frac{E}{D+E}k_e$$

其中，k_u 为无负债权益资本成本；k_{txa} 为财务资产的资本成本。

由于等式右边的变量无法直接估算，而我们的目的是求出 k_u，于是我们将根据被评估企业的实际情况来进行以下两个假设：

①如果认为企业将把负债比率设定在一个目标水平上（企业负债随业务的增长而增长），那么税盾的价值将随经营资产价值的变化同向变化。因此可以假设税盾的风险和经营资产的风险相当了，即 $k_{txa} = k_u$。

此时，等式可以简化如下：

$$k_u = \frac{E}{D+E}k_d + \frac{D}{D+E}k_e$$

②如果认为企业的负债比率不会稳定为一个常数，那么税盾的价值就比预测债务（而不再是经营资产的价值）的相关度更高。在这种情况下，税盾的风险等于负债的风险（当一个公司不盈利的时候，它无法使用税盾获得价值，违约的风险增加了），即 $k_{txa} = k_d$。

此时，等式可改写如下：

$$k_u = \frac{D - V_{txa}}{D - V_{txa} + E}k_d + \frac{E}{D - V_{txa} + E}k_e$$

而此时的 V_{txa} 不能直接得到，行业专家常用一个约束条件进一步简化以上等式：如果负债水平的绝对金额是个常数，那么每年的期望税盾就为 $(D \times k_d) \times T_m$，其中 T_m 为边际税率。再使用无增长永续价值计算公式得出税盾价值：

$$V_{txa} = \frac{(D \times k_d) \times T_m}{k_d} = D \times T_m$$

从而得出：

$$k_u = \frac{D \times (1 - T_m)}{D \times (1 - T_m) + E}k_d + \frac{E}{D \times (1 - T_m) + E}k_e$$

三、税盾

要用调整现值模型进行估值，还需要预测税盾的价值。当一个企业违约的可能性很小的时候，我们使用企业对负债所承诺的到期回报率（即利率）和边际税率计算企业税盾的价值：

税盾价值＝净负债×预期到期回报率×边际税率

其中

净负债＝报表中的负债数额+经营性租赁资本化-富余现金

企业违约风险较小使得税盾价值易于计算。而负债比率较高的公司可能无法充分利用税盾（可能利润不足以避税）。如果违约风险的可能性比较大，就不能按照承诺的利息费用计算相应的税盾，必须建立预期税盾模型，这里不再详述。

参考文献

1. ［美］查尔斯. 吉布森. 财务报表分析：利用财务会计信息［M］. 刘筱青，等，译. 北京：中国财政经济出版社，1997.

2. ［美］弗朗西斯·L. 艾尔斯. 感知收益质量：经理需要知道什么［M］. 秦玉熙，译. 北京：经济科学出版社，2000.

3. ［美］戴维·F. 霍金斯. 公司财务报告与分析［M］. 孙铮，等，译. 大连：东北财经大学出版社，2002.

4. ［美］肯尼斯. 汉克尔，等. 现金流量与证券分析［M］. 张凯，等，译. 北京：华夏出版社，2002.

5. ［美］汤姆. 科普兰. 价值评估［M］. 郝绍伦，等，译. 北京：电子工业出版社，2002.

6. ［美］克雷沙·G. 帕利普，等. 经营透视：有效利用财务报表［M］. 李延钰，等，译. 大连：东北财经大学出版社，2003.

7. ［美］斯蒂芬. 佩因曼. 财务报表分析与证券定价［M］. 陆正飞，刘力，译. 北京：中国财政经济出版社，2005.

8. 蒂姆·科勒，马克·戈德哈特，戴维·威赛尔斯. 价值评估——公司价值的衡量与管理［M］. 4 版. 高建，魏平，朱晓龙，等，译. 北京：电子工业出版社，2007.

9. 孙铮，王鸿祥. 财务报表分析［M］. 北京：企业管理出版社，1997.

10. 汤云为，钱逢胜. 会计理论［M］. 上海：上海财经大学出版社，1998.

11. 罗宏. 盈利能力质量分析初探［J］. 黑龙江财专学报，1999（3）.

12. 罗宏. 浅谈每股收益与每股现金流量的结合［J］. 上海会计，1999（11）.

13. 荆新，刘兴云. 财务分析学［M］. 北京：经济科学出版社，2000.

14. 葛家澍，林志军. 现代西方会计理论［M］. 厦门：厦门大学出版社，2001.

15. 上海新兰德研究中心. 反思中国绩优股［N］. 上海证券报，2001-08-24.

16. 曹冈. 财务报表分析［M］. 北京：经济科学出版社，2002.

17. 汤谷良，朱蕾. 自由现金流量与财务运行体系［J］. 会计研究，2002（4）.

18. 谢志华. 财务分析［M］. 北京：高等教育出版社，2003.

19. 吕刚，郁梅. 如何评价上市公司利润质量［J］. 北京工商大学学报，2003（3）.

20. 冯丽霞，罗宏，彭艺. 财务分析学［M］. 长沙：中南大学出版社，2004.

21. 曲绍宏，郭玲. 企业财务分析［M］. 天津：南开大学出版社，2006.

22. 温亚丽. 会计报表的阅读与分析［M］. 北京：企业管理出版社，2006.

23. 陈学庸，赵阳. 财务分析［M］. 北京：中国商业出版社，2006.

24. 晏志高，徐华中. 财务分析与案例［M］. 成都：西南财经大学出版社，2006.

25. 樊行健. 财务经济分析论纲［M］. 成都：西南财经大学出版社，2006.

26. 张先治. 财务分析［M］. 大连：东北财经大学出版社，2006.

27. 穆林娟. 财务报表分析［M］. 上海：复旦大学出版社，2007.

28. 徐春立，张庆龙，彭志国. 财务报表分析精要［M］. 北京：中国时代经济出版社，2007.

29. 樊行健. 财务分析［M］. 北京：清华大学出版社，2007.

30. 周佩. 财务分析学［M］. 成都：西南财经大学出版社，2007.

31. 陈共荣，左旦平. 财务分析学［M］. 长沙：湖南人民出版社，2008.

32. 邓德军，谢振莲. 财务分析学［M］. 北京：国防工业出版社，2009.

33. 卢雁影. 财务分析［M］. 北京：科学出版社，2009.

34. 中国注册会计师协会. 财务成本管理［M］. 北京：中国财政经济出版社，2009.

35. 中国注册会计师协会. 公司战略与风险管理［M］. 北京：经济科学出版社，2009.

36. 姜国华. 财务报表分析与证券投资［M］. 北京：北京大学出版社，2008.

37. 肖月华. 一小时读懂财务报告［M］. 上海：立信会计出版社，2009.

38. 曹彩霞，张晓琴，李波. 上市公司报表附注分析［J］. 四川会计. 2002（3）.

39. 中国注册会计师协会. 会计［M］. 北京：中国财政经济出版社. 2012.

40. 海信电器、青岛海尔、TCL集团、格力电器2010、2011、2012年年报及附注.

41. 余鹏举，李碧宏. 企业偿债能力综合分析与评价方法探讨［J］. 商场现代化，2007（12）.

42. 朱姝. 财务报表分析中企业偿债能力的综合分析［J］. 经济技术协作信息，2008（23）.

43. 欧阳斌. 企业偿债能力分析方法探讨［J］. 财会通讯，2009（4）.

44. 中国注册会计师协会. 审计［M］. 北京：经济科学出版社，2012.

45. 孙福明. 财务报表分析［M］. 北京：清华大学出版社，2010.

46. 姚瑞马. 审计学［M］. 2版. 镇江：江苏大学出版社，2011.

47. 中国注册会计师协会. 中国注册会计师执业准则（2010）［M］. 北京：经济科学出版社，2010.

48. 潘学模，吕先锫，饶洁. 资产评估学［M］. 成都：西南财经大学出版社，2008：234-260.

49. 张玉双. 基于财务报表分析的企业价值研究［D］. 保定：河北大学，2007.

50. 赵明进. 基于价值评价的财务报表分析体系与方法研究［D］. 天津：南开大学，2009.

51. 卢海. 基于企业价值视角的财务报表分析研究［D］. 南京：南京师范大学，2007.

52. 刘传兴，熊楚熊. 透过财务报表认识企业价值的基本理论与方法［J］. 深圳大学学报，2002（2）.

53. 孙艳霞. 基于不同视角的企业价值创造研究综述［J］. 南开经济研究，2012（1）.

54. 张新民，钱爱民. 企业财务报表分析［M］. 北京：北京大学出版社，2008.

55. 黄世忠. 财务报表分析：理论、框架、方法与案例［M］. 北京：中国财政经济出版社，2007.

56. 刘国锋，马四海. 企业财务报表分析［M］. 北京：机械工业出版社，2010.

57. 王淑萍. 财务报告分析［M］. 北京：清华大学出版社，2003.

58. 熊敏. 基于企业生命周期的企业战略财务分析［J］. 当代经济，2008（6）.

59. 施徐红. 面向战略的财务分析［J］. 当代经济，2009（2）.

60. 闻新燕. 构建基于企业发展战略的财务报表分析框架［J］. 会计之友，2008（11）.

61. 张巧巧. 浅析企业生命周期与财务战略的选择［J］. 中国商界，2010（12）.

62. 吕茗. 企业财务报表分析的局限性及改进策略［J］. 时代经贸，2008（9）.

63. 张纯. EVA 业绩评价体系研究［M］. 北京：中国财政经济出版社，2003.

64. 王化成，刘俊勇，孙薇. 企业业绩评价［M］. 北京：中国人民大学出版社，2004.

65. 冯丽霞. 企业财务分析与业绩评价［M］. 长沙：湖南人民出版社，2002.

66. 张新民，钱爱民. 财务报表分析精要［M］. 北京：科学出版社，2006.

67. 朱学义，周咏梅. 财务分析［M］. 北京：机械工业出版社，1995.

68. 李双杰. 企业绩效评估与效率分析［M］. 北京：中国社会科学出版社，2005.

69. 张先治. 财务分析［M］. 大连：东北财经大学出版社，2005.

70. 张涛，刘兴云. 财务分析与绩效评价［M］. 北京：经济科学出版社，2011.

71. 李敏. 财务报表解读与分析［M］. 上海：上海财经大学出版社，2009.